人力资源管理从入门到精通系列

人力资源法律风险防控

全程实战指导手册

王建军　主编

化学工业出版社

·北京·

内 容 简 介

《人力资源法律风险防控——全程实战指导手册》一书由点到面、由宏观到微观，系统地阐述了人力资源管理过程中面临的法律风险及防控措施。全书由六个部分组成：建立人力资源法律风险防范体系、员工入职环节法律风险防范、员工在职管理法律风险防范、员工社会保险管理的法律风险防范、员工离职环节法律风险防范、劳动争议法律风险防范。

本书内容全面、深入浅出、易于理解，尤其注重实际操作，对所涉人力资源管理过程中面临的法律风险及防控措施做了详细介绍，并以现实中发生的案例加以说明，并提供了大量行之有效的人力资源法律风险防范文本。

本书可作为人力资源管理人员、人力资源法律事务相关工作人员的参照范本和工具书，也可供高校教师和专家学者作为实务类参考指南，还可以作为相关培训机构开展人力资源管理培训的参考资料。

图书在版编目（CIP）数据

人力资源法律风险防控：全程实战指导手册 / 王建军主编 . —北京：化学工业出版社，2021.10
（人力资源管理从入门到精通系列）
ISBN 978-7-122-39750-8

Ⅰ.①人… Ⅱ.①王… Ⅲ.①人力资源管理-劳动法-基本知识-中国 Ⅳ.①D922.5

中国版本图书馆CIP数据核字（2021）第165931号

责任编辑：刘　丹　陈　蕾　　　　装帧设计：史利平
责任校对：宋　夏

出版发行：化学工业出版社（北京市东城区青年湖南街13号 邮政编码100011）
印　　刷：三河市航远印刷有限公司
装　　订：三河市宇新装订厂
787mm×1092mm　1/16　印张16　字数320千字　2022年1月北京第1版第1次印刷

购书咨询：010-64518888　　　　　售后服务：010-64518899
网　　址：http://www.cip.com.cn

凡购买本书，如有缺损质量问题，本社销售中心负责调换。

定　价：78.00元　　　　　　　　　　　　　　　　　版权所有　违者必究

前言

人力资源管理在企业管理中的作用变得日益重要。一个企业能否健康发展，在很大程度上取决于员工素质的高低，取决于人力资源管理在企业管理中的受重视程度。

人是企业拥有的重要资源，也是企业的核心竞争力。随着企业对人力资源的利用和开发，企业的决策越来越多地受到人力资源管理的约束。目前人力资源管理逐渐被纳入企业发展战略规划中，成为企业谋求发展壮大的核心因素，也是企业在市场竞争中立于不败的至关重要的因素。人力资源管理的质量高低，直接影响到企业利润和企业的核心竞争力，人力资源管理变成了最优先级的战略性资源之一。

基于此，为了帮助人力资源管理工作者更好地完成本职工作，充分发挥人力资源管理工作在企业发展中的作用，我们组织有关专家学者编写了本书。

通过本书的学习，人力资源管理者可以全面掌握人力资源管理的技能，更好地开展人力资源管理工作。同时，本书可以作为人力资源管理入门者、中小企业管理者、各高校人力资源管理专业的学生、大型企业中层管理者自我充电、自我提升的学习手册和日常管理工作的指导手册，还可以作为相关培训机构开展岗位培训、团队学习的参考资料。

《人力资源法律风险防控——全程实战指导手册》一书主要包括建立人力资源法律风险防范体系、员工入职环节法律风险防范、员工在职管理法律风险防范、员工社会保险管理的法律风险防范、员工离职环节法律风险防范、劳动争议法律风险防范六章。

本书由王建军主编,参与编写的还有匡仲潇、刘艳玲。本书采用图文解读的方式,辅以章前概述、思维导图、法规链接等栏目,让读者在轻松阅读中了解人力资源法律防范的要领并学以致用。本书尽量做到去理论化,在确保内容准确、系统的基础上注重实操性,以精确、简洁的方式描述重要知识点,最大化地满足读者希望快速掌握人力资源法律防范技能的需求。

由于笔者水平有限,书中难免出现疏漏之处,敬请读者批评指正。

编者

随书附赠人力资源法律风险防范实用范本

目录

第一章 建立人力资源法律风险防范体系

公司人力资源法律风险防范体系的建构是一项系统工程，需要公司外部律师和公司内部人力资源部门对体系的建构统筹安排，需要公司管理层的高度重视及公司各个相关部门的相互配合。只有公司各部门做好配合，公司人力资源法律风险才能得到有效控制，才能为公司可持续性的高效增长提供强有力的人力资源保障，进而实现公司利益最大化。

第一节　人力资源法律风险防范体系概述 3
　　一、人力资源法律风险防范体系建立的必要性 3
　　二、人力资源管理法律风险的主要表现 3
　　三、人力资源法律风险防范体系建立的原则 4
　　四、人力资源法律风险防范体系建设内容 5

第二节　人力资源规章制度建设 7
　　一、规章制度制定的法律依据与要求 7
　　二、规章制度违法的法律责任 9
　　三、规章制度中常见的违法事项 10
　　四、规章制度的合规制定要求 12
　　五、规章制度的公示 20

第三节　完善人力资源管理法律文书 21
　　一、劳动合同 21
　　二、员工手册 22
　　三、职工名册 23

四、劳动合同签收单 23
　　五、职位告知书 24
　　六、入职登记表 24
　　七、签订劳动合同通知书 25
　　八、劳动合同变更协议书 25
　　九、解除、终止劳动合同通知书 26
　　十、解除、终止劳动合同的证明 26
　　十一、加班申请书 27
　　十二、劳动合同续签意向书 27
　　十三、保密协议 28
　　十四、竞业限制协议 30
　　十五、服务期协议 30

第二章　员工入职环节法律风险防范

　　企业人力资源管理过程中存在着很多风险，而员工招聘入职是人力资源管理的首要环节，也是企业极易忽视和最早遭遇用工法律风险的环节。因此在招聘入职过程中，企业更应当关注招聘、建立劳动关系过程中的法规要求、容易遇到的问题，以便提前采取措施加以防范，从而避免在招聘过程中，为企业之后的正常运营和用工管理埋下隐患，并带来不必要的法律风险。

第一节　招聘录用风险防范 35
　　一、招聘录用中的法律风险 35
　　二、对招聘广告中的承诺予以慎重 36
　　三、录用条件一定要告知 38
　　四、慎发录用通知 38
　　五、劳资双方的告知义务 41
　　六、禁止提供担保及扣押证件 43
　　七、避免双重劳动关系的风险 44

第二节　劳动关系建立——签订合同 48
　　一、劳动关系的建立时间 48
　　二、劳动合同订立的形式 49
　　三、劳动合同期限及其分类 51
　　四、劳动合同的必备条款和约定条款 55

五、劳动合同的生效 57
　　六、用人单位导致无效合同的责任 59

第三节　试用期管理 60
　　一、试用期的期限 60
　　二、试用期的工资 61
　　三、试用期解除劳动合同的限制 62
　　四、违法约定试用期的法律责任 62

第四节　保密义务和竞业限制 64
　　一、有关商业秘密保护的法律规定 64
　　二、商业秘密保护法律风险防范措施 66

第五节　竞业限制 69
　　一、竞业限制的范围 69
　　二、约定好竞业限制合同的条款 71
　　三、竞业限制管理的要点 72

附：案例解析 72
　　案例01：试用期能否延长，谁说了算 72
　　案例02：公司不给职工劳动合同文本合法吗 73
　　案例03：医疗期内，劳动合同可以期满终止吗 73
　　案例04：上班路上被车撞，企业要解除合同合法吗 74
　　案例05：试用期包含在劳动合同期限之内吗 75
　　案例06：兼职工作可以约定试用期吗 75
　　案例07：以完成一定工作任务为期限的劳动合同，可以约定试用期吗 75
　　案例08：新职工培训期长，用人单位能将试用期设为一年吗 76
　　案例09：专业技术培训费用是否应当包含培训期间的工资 76
　　案例10：未办理工作交接，用人单位能否拒绝向离职员工支付工资 77
　　案例11：职工违章操作造成工伤，用人单位扣减停工留薪期工资是否合法 78
　　案例12：推行"弹性工作时间"也得支付加班费 78
　　案例13：脱产学习人员工资基数如何确定 79
　　案例14：未签劳动合同受工伤停工期内有工资吗 80
　　案例15：职工加班未经审批，能否主张加班费 80
　　案例16：解除劳动关系还能拿到当年的年终奖吗 81
　　案例17：被借调后工资被降档，合法吗 81

案例18：试用期内零工资合法吗 82

案例19：单位发"锅"抵"米"是否合法 83

案例20：春节假期上班，加班费如何计算 83

案例21：清明小长假加班，加班费如何计算 84

第三章 员工在职管理法律风险防范

员工在职日常管理是一种常态的管理，企业不应该对其有丝毫的放松。员工在职的过程中，常常会出现很多纠纷，工资、假期、劳动卫生、违章违纪处理、调职调薪等方面都有相关法律规定，也会有相关的问题出现，所以企业要加强法规认知并采取有效的措施加以防控。

第一节　有关工作时间与节假日 87

　　一、国家工时制度 87

　　二、休息日最低保障 88

　　三、法定假日 89

　　四、工作时间延长限制 90

　　五、带薪年休假制度 91

　　六、加班 93

第二节　有关薪酬的法规与风险防范 94

　　一、支付劳动报酬的法律规定 94

　　二、最低工资保障 97

　　三、工资支付形式 98

　　四、婚丧假期间工资保障 100

　　五、延长工作时长加班（8小时外加班）的工资 101

　　六、劳动合同无效后劳动报酬的支付 103

　　七、特殊情况的工资计算 104

　　八、未依法支付劳动报酬、经济补偿等的法律责任 104

第三节　劳动保护的法规与风险防范 106

　　一、有关劳动安全卫生的法规 106

　　二、女职工特殊劳动保护 109

　　三、未成年工劳动保护 112

　　四、企业违反劳动保护的法律责任 114

第四节　员工违纪处理的法规与风险防范 115
一、处理违纪职工的方式 115
二、员工违纪处理的流程 116
三、员工违纪的处理时限 116
四、处理违纪员工应注意的事项 117

第五节　调职调薪——劳动合同变更 118
一、劳动合同变更的缘由 118
二、协商调薪调岗、变更劳动合同 119
三、单方调薪调岗、变更劳动合同 120
四、调薪调岗、变更劳动合同应注意的问题 121
五、调岗调薪常见疑难问题解答 122

附：案例解析 125
案例01：单位"任性"调岗合法吗 125
案例02：单位能否对哺乳期职工实施经济性裁员 126
案例03：某科技公司违法延长工作时间被行政处罚 126
案例04：职工休年休假是否必须自己申请 127
案例05：带薪年休假可否跨年休 127
案例06：带薪休假不能"一刀切" 128
案例07：严重违纪劳动者是否还有休假权 129
案例08：职工有病假单却不履行请假手续，用人单位可按旷工处理 129
案例09：用人单位组织劳动者周末开会，是否应当支付加班费 130
案例10：非全日制用工是否存在加班问题 131
案例11：工资计件计算就没有加班费吗 131
案例12：用人单位变相延长劳动时间是否合法 132
案例13：非全日制用工也每天都要工作吗 133
案例14：无固定期限劳动合同的连续工作时间从何时起算 133

第四章 员工社会保险管理的法律风险防范

我国《劳动合同法》对用人单位和劳动者须依法参加社会保险做出了明确规定，缴纳保险对于用人单位来说，是法定的义务。无论是员工自愿还是企业主动逃避，表面上看，的确可以为企业节省一笔开支，但其实这是给企业制造了潜在的法律风险。社会保险是强制保险，是用人单位和劳动者的义务。这就是说企业和劳动者都没有权利来决定是否缴纳社会保险，社会保险是劳动合同必备条款之一，只要存在劳动关系，企业就应该履行缴纳社会保险的义务。

第一节　社会保险及其法律风险概述 ... 137
 一、用人单位应缴纳的五大险种 ... 137
 二、企业不缴纳或不足缴纳社会保险的法律风险 ... 138
 三、为员工办理社会保险的时机 ... 142
 四、社会保险的缓缴 ... 143

第二节　基本养老保险 ... 143
 一、基本养老保险缴费基数和缴费比例 ... 143
 二、享受基本养老保险待遇条件 ... 144
 三、因病或非因公致残、死亡时应享社保待遇 ... 145

第三节　工伤保险 ... 146
 一、工伤保险的认定情形 ... 147
 二、申请工伤认定的时限 ... 148
 三、职工应当在哪里治疗工伤 ... 149
 四、有关工伤治疗所需各项费用 ... 149
 五、工伤职工应享有的待遇及救济途径 ... 150
 六、企业在出现工伤时的处理程序 ... 155

第四节　医疗保险 ... 156
 一、不给职工缴纳医保的法律风险 ... 157
 二、职工基本医疗保险的缴费方式 ... 157
 三、医疗保险待遇及享受起止时间 ... 158
 四、基本医疗保险费用的结算 ... 159

第五节　生育保险 ... 160
 一、企业未缴纳生育保险费的风险 ... 161

二、生育险的参保对象 161
三、职工生育保险报销条件 161
四、职工生育保险待遇 162
五、生育医疗费项目 163
六、生育险报销 164
七、生育津贴申领 165

附：案例解析 167
案例01：因未缴社保辞职可要求单位支付经济补偿 167
案例02：若被投诉稽核单位需补交社保同时还可能受罚 167
案例03：未缴工伤保险可要求单位支付工伤待遇 167
案例04：未缴基本医疗保险可要求单位报销医疗费 168
案例05：未缴生育保险可要求单位给付生育费用 168
案例06：在单位内上厕所滑倒摔伤是否为工伤 169
案例07：医疗终结与否是否影响工伤认定 169
案例08：职工因工多处受伤的，伤残等级如何评定 170
案例09：伤人犯罪后工伤保险待遇被终止合法吗 170
案例10：下班途中发生交通事故算工伤吗 171
案例11：工地干活被砸伤，一年后还能申请工伤认定吗 171
案例12：在单位洗澡摔伤算工伤吗 172
案例13：妻子没工作可以用老公的生育险吗 172
案例14：车间劝架被打伤算工伤吗 173
案例15：职工外出学习在休息时间受伤是工伤吗 173
案例16：合同约定因自身过失导致工伤，劳动者需自己负责是否有效 174
案例17：单位没有给职工参加基本医疗保险，职工患病的医疗费如何支付 174

第五章 员工离职环节法律风险防范

"离职"是员工与企业利益即将终结的环节，这也是企业人力资源管理中法律风险最大、问题及争议纠纷最多的环节，企业应严格依法处理，避免由于程序不合法或手续不完善导致被追究法律责任。

第一节 员工离职法律风险概述 177
一、员工离职的情形 177

二、企业解除劳动合同法律风险 ... 177
  三、员工主动辞职的法律风险 ... 178
  四、协商解除劳动合同法律风险 ... 178
  五、法律风险防范措施 ... 178

第二节　劳动合同解除与终止 ... 180
  一、劳动合同的终止规定 ... 180
  二、劳动合同的逾期终止规定 ... 181
  三、协商解除劳动合同的规定 ... 182
  四、员工解除劳动合同的规定 ... 183
  五、企业辞退员工的规定 ... 185
  六、解除劳动合同的限制 ... 188
  七、劳动合同解除或者终止后双方的义务 ... 189
  八、违法解除和拖延订立合同的责任 ... 191
  九、违法解除或终止劳动合同的法律责任 ... 192
  十、不出解除、终止书面证明的法律责任 ... 192

第三节　经济性裁员 ... 193
  一、经济性裁员的人数限定 ... 194
  二、经济性裁员的法定条件 ... 194
  三、企业裁员的实施要领 ... 195

第四节　"四金"的处理 ... 198
  一、违约金 ... 198
  二、经济补偿金 ... 199
  三、赔偿金 ... 202
  四、代通知金 ... 206

附：案例解析 ... 207
  案例01：职工辞职后发现怀孕，能否要求继续履行劳动合同 ... 207
  案例02：公司实行"末位淘汰"解除劳动合同，合法吗 ... 208
  案例03：单位能否以客观情况发生重大变化为由解雇试用期职工吗 ... 209
  案例04：劳动合同先于服务期期满的如何处理 ... 209
  案例05：解除劳动合同时劳动者是否要向用人单位赔偿培训费 ... 210
  案例06：用人单位能否在开具解除劳动合同证明时设置前提条件 ... 210
  案例07：用人单位与劳动者签订承揽合同后原劳动关系是否自动解除 ... 211

案例08：用人单位降低续订劳动合同的约定条件，劳动者不同意续订，
         能否获得经济补偿 212
案例09：劳动者违反服务期约定，应当如何支付违约金 213
案例10：合同期满公司未续签职工辞职不补偿 213
案例11：单位拖欠工资，职工能否主张加付赔偿金 214
案例12：员工给单位造成损失，如何赔偿 214
案例13：违法约定的试用期已经履行，劳动者有权主张赔偿金吗 215

第六章　劳动争议法律风险防范

劳动争议是企业经常遇到的难题，企业因为劳动纠纷败诉，其损失不仅仅是支付一定的经济补偿、赔偿以及承担仲裁行为的相关费用，还有因此产生的人工费、交通费、会议成本、时间成本等费用，最重要的是：企业因为败诉必然会在社会、客户、企业内部等范围内形成一定程度的反响，企业形象将受到一定程度的损害。因此，如何防范、避免和减少可能劳动争议，是企业追求的目标。

第一节　劳动争议概述 219
  一、何谓劳动争议 219
  二、劳动争议对企业的影响 219
  三、可以向劳动机构投诉的劳动争议 219
  四、劳动争议的处理方式 220
  五、劳动争议处理的法律依据 221
  六、处理劳动争议的机构 222

第二节　劳动争议发生的处理 223
  一、劳动争议的处理程序 223
  二、六种常见劳资纠纷的应对策略 224
  三、协调调解 226
  四、仲裁 230
  五、劳动争议诉讼 235
  六、企业如何应对劳动仲裁与诉讼 238

第一章
建立人力资源法律风险防范体系

章前概述

公司人力资源法律风险防范体系的建构是一项系统工程，需要公司外部律师和公司内部人力资源部门对体系的建构统筹安排，需要公司管理层的高度重视及公司各个相关部门的相互配合。只有公司各部门做好配合，公司人力资源法律风险才能得到有效控制，才能为公司可持续性的高效增长提供强有力的人力资源保障，进而实现公司利益最大化。

思维导图

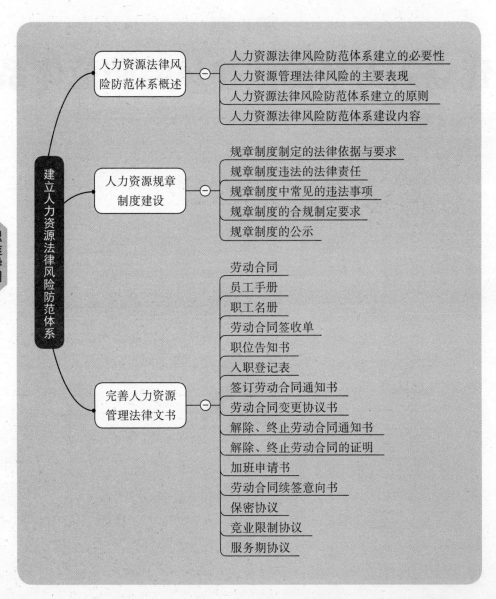

建立人力资源法律风险防范体系

- 人力资源法律风险防范体系概述
  - 人力资源法律风险防范体系建立的必要性
  - 人力资源管理法律风险的主要表现
  - 人力资源法律风险防范体系建立的原则
  - 人力资源法律风险防范体系建设内容

- 人力资源规章制度建设
  - 规章制度制定的法律依据与要求
  - 规章制度违法的法律责任
  - 规章制度中常见的违法事项
  - 规章制度的合规制定要求
  - 规章制度的公示

- 完善人力资源管理法律文书
  - 劳动合同
  - 员工手册
  - 职工名册
  - 劳动合同签收单
  - 职位告知书
  - 入职登记表
  - 签订劳动合同通知书
  - 劳动合同变更协议书
  - 解除、终止劳动合同通知书
  - 解除、终止劳动合同的证明
  - 加班申请书
  - 劳动合同续签意向书
  - 保密协议
  - 竞业限制协议
  - 服务期协议

第一节
人力资源法律风险防范体系概述

一、人力资源法律风险防范体系建立的必要性

（一）人力资源管理法律的要求更严格

近年来，我国对劳动者合法权益的保护愈发严格。《中华人民共和国劳动法》（以下简称《劳动法》）《中华人民共和国劳动合同法》（以下简称《劳动合同法》）《劳动争议调解仲裁法》《劳动合同法实施条例》《就业促进法》《职工带薪年休假条例》及其实施办法、《全国年节及纪念日放假办法》（修订）《关于职工全年月平均工作时间和工资折算问题的通知》《劳动人事争议仲裁办案规则》等法律法规相继出台，还有《中华人民共和国社会保险法》（以下简称《社会保险法》），加之此前出台的《中华人民共和国公司法》和商业秘密保护的司法解释，这一系列法律的颁布及实施必将对公司人力资源管理乃至公司整体的经营管理产生深远影响，这也意味着公司业已确定的人力资源法律风险管理模式将面临重大调整。

（二）劳动者的法律意识和自我保护意识也显著增强

劳动者作为被管理的对象，对公司的不满在劳动关系存续期间为"保住饭碗"可能隐忍下来，一旦劳动关系解除或终止便开始发难，公司往往难以应付。而司法救济程序的改变和劳动者维权成本的降低使得劳动争议案件的发生呈井喷之势。劳动争议群发性更是使公司面临重大风险。

法律环境的变化和劳动关系矛盾的暴发都显示了公司人力资源风险管理意识不足及风险管理体系的缺失，会给公司的经营管理带来的巨大法律风险。

二、人力资源管理法律风险的主要表现

人力资源管理法律风险指的是在企业人力资源管理工作中，因为人力资源管理各阶段法律问题处理不当，使企业经营管理面临损失的可能性。对于人力资源管理法律风险特征而言，主要表现如图1-1所示。

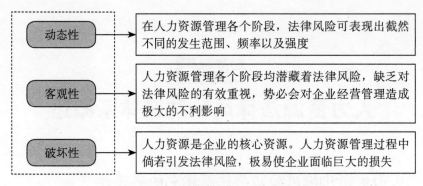

图 1-1 人力资源管理法律风险的主要表现

三、人力资源法律风险防范体系建立的原则

企业人力资源法律风险防范体系建立应遵行如下所示的基本原则。

（一）全过程管理原则

人力资源法律风险产生于企业人力资源管理的各个环节，风险防范管理也要从其源头开始，在风险产生最初加以控制。人力资源法律风险防范机制要贯穿到经营管理的全过程和各个管理环节，嵌入适当、足量的风险控制点，实现全程监控、全程管理、整体把握。

人力资源法律风险过程控制的表现如下。

1. 劳动关系建立时期

按照《劳动法》的相关规定，劳动关系的建立必须要签订劳动合同。而劳动合同签订过程中，存在一系列未切实依据相关法律法规签订合同的风险点，诸如非本人签订、签订期限与规定不符、未及时续签等，为企业人力资源管理带来法律风险。

2. 劳动关系维护时期

企业依托人力资源管理对劳动关系予以维护，诸如建立规章制度、签订培训协议、归档保管资料等，对关乎员工合法权益的各项前置条件，如果没有满足则极易产生新的风险点；劳动关系程序处理不当，也可能会引发法律风险。

3. 劳动关系解除时期

很大一部分劳动争议均发生于劳动关系解除过程中。在这一过程中员工与企业因离职事务未达成共识而会产生诸如工资结算、"五险二金"转移、经济补偿等方面的争议，这些争议极易为企业人力资源管理带来法律风险。

（二）规范化运作

人力资源法律风险防范要明确各部门、关键岗位在法律风险管理中的职责和作用。

合理配置资源，建立制度，将风险管理纳入各项管理流程，形成系统化的制度体系。

（三）动态化调整

人力资源法律风险本身是一个动态的系统，随着人力资源法律环境的不断变化，新的风险种类、性质和表现形式不断出现。随着时间的推移，法律风险的影响范围和发生可能性也在产生变化，企业对法律风险的控制要有准确性和针对性。

四、人力资源法律风险防范体系建设内容

在人力资源管理中，公司解决问题的最好办法是从日常管理入手，防患于未然：首先应当树立"以事先防范和过程控制为主，以事后救济为辅"的法律风险防范理念。显然，事先防范与事后救济相比，事后救济的成本高、效果差。事后救济的手段往往是诉讼或仲裁，由于第三方介入争议裁决，为第三方裁决投入的成本，自然都超过正常的管理成本。而且以第三方裁决为主的事后救济，其结果具有不确定性。劳动争议案件中用人单位的高败诉率也证明了这一事实，甚至有的时候即使打赢了官司，也输了管理，输了公司的凝聚力。因此对于劳动纠纷，事后救济的结果往往"杀敌一万自损三千"。而有效的事先防范，能够避免法律风险的发生，也就保障了公司正常、持续、健康的运行。

（一）健全人力资源管理制度

在人力资源管理实际操作中，一些公司通过"滥用试用期、不签订劳动合同或劳动合同短期化、任意解雇员工"等办法，来达到"节约成本，保持用工灵活性"的目的。但是在法治环境下不仅难以为继，甚至成为劳动者中"王海"式人物攫取利益的根源。因此建立健全人力资源管理制度既是法律的要求，也是公司加强管理、规范运作的必然需求。健全的人力资源管理制度是公司和谐劳动关系的根本保证，对于公司长期健康发展也将起到积极的作用。

企业应建立和优化公司人力资源管理制度的方案，通过对企业人力资源管理文件和现状的深入了解，对公司的人力资源法律风险进行全面的审查和评估，提出相应的对策。根据企业的现状和需求，设计针对企业用工方式的优化方案和相关合同文本，规范并优化公司的入职、在职、离职管理制度和流程，规范并优化公司程序管理。从而最大限度防范由于公司人力资源管理模式与法律冲突所带来的法律风险。

（二）拓宽人力资源的管理空间

有效的管理是公司快速发展的保障，实现员工的优胜劣汰是有效管理的保障。我国的解雇制度有两种：一种是劳动合同到期终止；另一种是劳动合同虽然未到期，但是在满足一定的法定条件下，用人单位可以单方解除劳动合同。我国的解雇制度的宗

旨是解除较严、终止较宽，两者相互作用达到平衡，使用人单位保持一定的用工灵活性。但是《劳动合同法》大力推行无固定期限劳动合同：规定劳动者在用人单位连续工作满十年的，必须签订无固定期限劳动合同；用人单位初次实行劳动合同制度或者国有公司改制重新订立劳动合同时，劳动者在该用人单位连续工作满十年且距法定退休年龄不足十年的，必须签订无固定期限劳动合同；连续订立两次固定期限劳动合同，且劳动者没有本法第三十九条和第四十条第一项、第二项规定的情形，续订劳动合同时，只要劳动者提出或者同意续订、订立劳动合同，就应当订立无固定期限劳动合同；用人单位自用工之日起满一年不与劳动者订立书面劳动合同的，视为用人单位与劳动者已订立无固定期限劳动合同。这样就使得用人单位不得不面对签订大量无固定期限劳动合同的问题。而无固定期限劳动合同的主要弊端是管理难度大，这与难以解雇是一脉相承的。解雇是公司管理中最终的工具，而这一工具的失灵将导致其他管理工具的失灵。新规则对解除和终止的双向收紧必然导致劳动关系的凝固化，从而使公司丧失应有的活力。

针对上述情况，企业需要从多方面建立健全有效的制度来拓宽人力资源的管理空间，如图1-2所示。

根据企业特点和岗位设置，对用工制度进行设计和优化，对一些非关键岗位采用业务外包或劳务派遣的方式控制人力资源法律风险。采用新的用工方式就需要对其利弊有充分的了解，并有效控制其法律风险

设计有效的薪酬和绩效管理制度以保证用工的灵活性。薪酬和解雇是实现管理的两种手段，灵活的解雇制度可以配以简单的薪酬体系，而劳动关系的凝固化就需要灵活的薪酬制度才能找回公司的管理空间。新规则体系下薪酬和绩效制度的重要性空前高涨，而保障其合法性是实现薪酬绩效制度有效的基本要件

完善规章制度，维护公司合法权益。公司规章制度已经成为企业维权的利剑，不加以善用将导致企业利益受损时公司管理层无所作为，是对大多数劳动者利益的损害。因此就需要制定规范的规章制度并保证其有效

图1-2　拓宽人力资源的管理空间的措施

（三）设计合理的留才机制

现代公司的竞争，本质上是人才的竞争。由核心技术研发人员、营销人员和高管人员组成的公司人力资本是公司核心竞争力的源泉，是公司可持续发展的关键因素。可以说，没有高质量人才的公司是没有竞争力的公司，没有高素质人才的公司是没有前途的公司。高素质的专业人才与管理人才是任何公司最稀缺的资源，如何吸引到合

适的人才，如何保留公司核心人才成为众多公司领导者面临的重要课题。新规则对劳动者辞职的自由给予充分的保护，违约金的使用受到了严格的限制。公司的一些传统的留人方式将不再有效，这也是《劳动合同法》对公司发展最大的也是最长久的影响。

针对此，企业的留人机制需做相应调整，以下提供约束留人和激励留人两种方案供参与。

1. 约束留人

（1）充分利用专业技术培训来约定服务期和违约金，制定有效的培训制度和培训协议。

（2）加强商业秘密保护和竞业限制。商业秘密作为公司的无形资产，给公司带来可观的经济效益的同时也使公司获得市场上的竞争优势，核心员工的流失往往会导致商业秘密泄密。竞争公司也多采取挖人的方法获知竞争对手的商业秘密。公司必须构建严密规范的商业秘密保护体系，提高公司内部的商业秘密保护意识以及确保事后司法救济过程中权利的实现，有效防范商业秘密被侵权和核心员工的流失所导致的重大损失和法律风险。

2. 激励留人

（1）特殊待遇制度：调整以往特殊待遇与服务期捆绑的方式，将特殊待遇的应用从劳动法律范畴转变为民事法律范畴，确保其有效性。

（2）除传统的薪酬方案之外对人力资本实施长期激励方案：在所有长期激励方案中，股权激励无疑最能充分体现人力资本的产权价值，并能有效降低公司的管理成本和人力资本的道德风险。

第二节
人力资源规章制度建设

用人单位的规章制度是用人单位制定的组织劳动过程和进行劳动管理的规则及制度的总和，也称为内部劳动规则，是企业内部的"法律"。规章制度内容广泛，包括了用人单位经营管理的各个方面。

一、规章制度制定的法律依据与要求

用人单位制定规章制度，要严格执行国家法律、法规的规定，保障劳动者的劳动

权利，督促劳动者履行劳动义务。《劳动合同法》第四条就用人单位规章制度的建立做出了规定。

 法规链接

《劳动合同法》第四条　用人单位应当依法建立和完善规章制度，保障劳动者享有劳动权利和履行劳动义务。

用人单位在制定、修改或者决定有关劳动报酬、工作时间、休息休假、劳动安全卫生、保险福利、职工培训、劳动纪律以及劳动定额管理等直接涉及劳动者切身利益的规章制度或者重大事项时，应当经职工代表大会或者全体职工讨论，提出方案和意见，与工会或者职工代表平等协商确定。

在规章制度和重大事项决定实施过程中，工会或者职工认为不适当的，有权向用人单位提出，通过协商予以修改完善。

用人单位应当将直接涉及劳动者切身利益的规章制度和重大事项决定公示，或者告知劳动者。

《劳动法》第八条　劳动者依照法律规定，通过职工大会、职工代表大会或者其他形式，参与民主管理或者就保护劳动者合法权益与用人单位进行平等协商。

（一）规章制度和重大事项的决定程序

规章制度的制定程序关键是要保证制定出来的规章制度内容具有民主性和科学性。规章制度的大多数内容与职工的权利密切相关，让广大职工参与规章制度的制定，可以有效地杜绝用人单位独断专行，防止用人单位利用规章制度侵犯劳动者的合法权益。

1. 平等协商的内容

直接涉及劳动者切身利益的劳动报酬、工作时间、休息休假、劳动安全卫生、保险福利、职工培训、劳动纪律以及劳动定额管理等规章制度或者重大事项。规章制度如工作时间、休息休假、劳动安全卫生、劳动纪律以及劳动定额管理等，重大事项如劳动报酬、保险福利、职工培训等。

2. 具体制定程序

根据《劳动合同法》第四条的规定，制定规章制度或者决定重大事项，应当经职工代表大会或者全体职工讨论，提出方案和意见，与工会或者职工代表平等协商确定。所以，这个程序分为两个步骤。

（1）经职工代表大会或者全体职工讨论，提出方案和意见。

（2）与工会或者职工代表平等协商确定。

一般来说，企业建立了工会的，与企业工会协商确定；没有建立工会的，与职工代表协商确定。这种程序，可以说是"先民主，后集中"。

（二）规章制度的异议程序

用人单位的规章制度既要符合法律、法规的规定，也要合理，符合社会道德。在规章制度实施过程中，工会或者职工认为用人单位的规章制度不适当的，有权向用人单位提出，通过协商做出修改并加以完善。

（三）规章制度的告知程序

直接涉及劳动者切身利益的规章制度应当公示，或者告知劳动者。关于告知的方式有很多种，如用告示栏张贴告示；把规章制度作为劳动合同的附件发给劳动者；向每个劳动者发放员工手册。无论哪种方式，只要让劳动者知道就可以。

二、规章制度违法的法律责任

制定规章制度应当体现权利与义务一致、奖励与惩罚结合，不得违反法律、法规的规定。否则，就会受到法律的制裁。《劳动合同法》第八十条是关于用人单位制定的直接涉及劳动者切身利益的规章制度违反法律、法规规定时所应承担的法律责任的规定。

> **法规链接**
>
> 《劳动合同法》第八十条　用人单位直接涉及劳动者切身利益的规章制度违反法律、法规规定的，由劳动行政部门责令改正，给予警告；给劳动者造成损害的，应当承担赔偿责任。
>
> 《劳动法》第八十九条　用人单位制定的劳动规章制度违反法律、法规规定的，由劳动行政部门给予警告、责令改正；对劳动者造成损害的，应当承担赔偿责任。

（一）规章制度制定违法的体现

《劳动合同法》第四条规定明确了用人单位制定规章制度必须要遵守有关法律、法规的规定，否则就是违法的，这体现在实体和程序两个方面。

1. 在实体方面

用人单位制定的规章制度的内容必须要符合法律、法规的规定，包括劳动安全卫生、劳动纪律、职工培训、休息休假以及劳动定额管理等方面的规章制度的内容，必须遵守劳动法、职业病防治法、劳动合同法和其他相关的行政法规、地方性法规的规定，不得与之相抵触。

2. 在程序方面

用人单位制定的直接涉及劳动者切身利益的规章制度，如劳动报酬、工作时间、休息休假、劳动安全卫生、保险福利、职工培训、劳动纪律以及劳动定额管理等规章制度必须遵守法律规定的程序。

如果用人单位制定的规章制度违反了法定程序，如拒绝让职工代表大会讨论，拒绝与工会或者职工代表平等协商，不进行公示或者不告知劳动者等，则所制定的规章制度是违法和无效的。

（二）用人单位制定违法的规章制度的法律责任

用人单位制定的直接涉及劳动者切身利益的规章制度违反法律、法规规定的，其法律后果如下。

（1）这样的规章制度不对劳动者产生拘束力，劳动者可以不予遵守。

（2）劳动者一经发现用人单位制定的规章制度违反法律、法规规定的，要向当地的劳动行政部门进行投诉，由劳动行政部门对用人单位予以责令改正，并给予警告的行政处罚。

（3）如果违法的规章制度对劳动者造成损害的，用人单位应当承担赔偿责任。

三、规章制度中常见的违法事项

企业在规章制度中常见以下违法事项。

（一）录用制度

录用制度中容易出现违法的事项包括以下两种情况。

（1）录用制度中出现就业歧视。

（2）录用时要求员工提供担保或扣押证件。

（二）试用期制度

试用期制度中容易出现违法的事项如表 1-1 所示。

表 1-1　试用期制度中容易出现违法的事项

序号	违法事项	可能导致的风险
1	试用期过后再签订合同	超过一个月双倍工资
2	随意约定试用期的期限	支付赔偿金(《中华人民共和国劳动合同法》第八十三条)
3	单独签订试用期合同	视为放弃试用期(《中华人民共和国劳动合同法》第十九条第四款)
4	试用期可以不上社保	员工随时走人(《中华人民共和国劳动合同法》第三十八条)
5	试用期可以低于最低工资	补足差额，支付赔偿金
6	试用期不符合条件可再延长	视为试用期已过
7	续签合同再规定试用期	无效
8	试用期可以随便辞退员工	违法辞退，双倍成本

（三）劳动合同变更制度

劳动合同变更制度中容易出现违法的事项包括以下两种情况。

（1）用人单位有权单方变更劳动合同。

（2）无法达成变更协议的，单位可以解除劳动合同。

（四）劳动合同解除制度

劳动合同解除制度中容易出现违法的事项包括以下四种情况。

（1）侵权类条款，如侵犯婚姻权、生育权等。

（2）提前通知即可解除劳动合同条款。

（3）增加员工通知期条款。

（4）自定退休年龄条款。

（五）离职手续办理制度

离职手续办理制度中容易出现违法的事项有：变无条件为有条件。《劳动合同法》第五十条规定，离职证明应该在离职之日出具，并于 15 天内为离职员工办理社保和档案转移手续。

（六）商业秘密保护制度

商业秘密保护制度中容易出现违法的事项包括以下两种情况。

（1）竞业限制无补偿条款。《劳动合同法》第二十三条规定，竞业限制期限内用人单位需按月给予劳动者经济补偿。

（2）竞业限制期限超过条款。《劳动合同法》第二十四条规定，竞业限制的期限最多不超过两年。

（七）培训制度

培训制度中容易出现违法的事项包括以下两种情况。

（1）出资培训概念的滥用。《劳动合同法》第二十二条规定，用人单位为劳动者提供专项培训费用，对其进行专业技术培训的，可以与劳动者订立协议，约定服务期。

（2）违约金的返还。《劳动合同法》第二十二条规定，用人单位要求劳动者支付的违约金不得超过服务期尚未履行部分所应分摊的培训费用。

（八）违约金制度

违约金制度中容易出现违法的事项包括以下两种情况。

（1）滥设违约金。《劳动合同法》第二十五条规定，除劳动者违反服务期约定或竞业限制约定的，用人单位不得与劳动者约定由劳动者承担违约金。

（2）违约金数额畸高。违反服务期的，等额递减原则支付；违反竞业限制的，双方约定，注意合理性。

（九）薪酬制度

薪酬制度中容易出现违法的事项包括以下六种情况。

（1）无底薪。

（2）试用期离职无工资。

（3）工资发放。

（4）工资扣减。

（5）年终奖。

（6）加班费方面：加班工资的计算比例不符合法律规定，自定加班工资计算基数，计算加班工资时每月按照30天计算，用调休拒付加班工资，计件工资无加班费等。

四、规章制度的合规制定要求

用人单位应当根据自身生产、经营、管理体制的特点，将法律条款具体化，让其具有操作性。法律没有规定的，企业可制作相应的条款来规范。

劳动规章制度的内容涉及企业劳动关系的各个方面，体现在企业劳动关系运行过程中的各个环节上。以下介绍各项规章制度的内容与制定要领。

（一）《员工手册》

《员工手册》既是企业规章制度的汇编，又是企业员工培训的教材，反映的是企业形象和企业文化，是企业所有员工必须遵守的行为准则。

《员工手册》没有固定的格式，也没有法定的内容，通常是根据每个企业的实际情况以及管理需求而定，但一般包括三大部分，即总则、人力资源管理制度及附则，具体说明如表1-2所示。

表1-2 《员工手册》的内容说明

序号	部分	内容说明
1	总则	总则包括编制《员工手册》的目的、规章制度的适用范围、某些用语的定义、企业简介、企业组织结构、经营宗旨、经营目标、企业精神等
2	人力资源管理制度	人力资源管理制度包括招聘制度、劳动合同制度、工资支付制度、保险福利制度、工时休假制度、劳动安全卫生制度、考勤制度、劳动纪律制度、奖惩制度、绩效考核制度、教育培训制度、保密与竞业限制制度、后勤管理制度、申诉对话制度等
3	附则	附则包括《员工手册》和规章制度的制定程序、公示程序、修订与解释权、员工查询权及修改建议权、施行时间等内容

（二）员工招聘录用管理制度

员工招聘录用管理制度是对企业的员工招聘计划、程序、职能、录用标准等进行规范的劳动用工管理制度。

员工招聘制度应明确的内容包括以下五项。

（1）非人力资源部门，任何部门不得擅自招聘、录用新员工。

（2）未经审批程序，人力资源部门不予办理新员工的招聘和录用手续。

（3）制度中需明确不得录用的人员范围。

（4）明确通知面试、通知录用的负责人。

（5）明确面试、录用程序。

（三）新员工试用期考核制度

新员工试用期考核制度是明确新员工试用期综合考核的责任和管理方式，提高考核工作执行效率的劳动管理制度。

1. 试用期考核制度的必备内容

试用期考核制度必备内容有以下四项。

（1）试用期的时间。

(2）试用期的工资。

(3）试用考核内容、方法及流程。

(4）终止试用的程序。

2. 试用期考核制度容易出现的问题

试用期考核制度容易出现表1-3所示问题，要多加注意。

表1-3 试用期考核制度容易出现的问题

序号	问题	说明
1	试用期限与劳动合同期限的问题	企业要多了解法律关于使用期限与劳动合同期限关联的规定，不可签订试用期劳动合同，对于法律规定的×年以上含与不含的准确定义要明确
2	延长试用期的问题	试用期不得延长，试用期满或解除或转正，要做出决定
3	试用期不签订劳动合同的问题	试用期包含于劳动合同期限之内，未签订劳动合同的试用期属于事实劳动关系
4	试用期不缴纳社会保险的问题	建立劳动关系，必须依法缴纳社会保险。用人单位如未依法缴纳社会保险，劳动者可随时解除劳动合同，并要求用人单位支付解除劳动合同经济补偿金
5	试用期待遇的问题	试用期工资不得低于约定工资的80%
6	转正手续的问题	转正手续不是法定手续，不是必须手续；试用期满当日24时，如用人单位未与劳动者办理解除劳动合同手续，视为建立正式劳动合同关系
7	终止试用期（解除劳动合同）的问题	劳动者被证明不符合录用条件，用人单位则应告知其原因，办理解除劳动关系手续；用人单位与劳动者解除劳动关系必须符合法定解除条件，并持有不符合录用条件的证据；新员工身体不能适应工作需要，经调整岗位后仍不适应，可以作为解除试用期劳动合同关系的理由

3. 试用期考核制度实施及执行技巧

(1）及时订立劳动合同。

(2）应聘资料个人签字。

(3）试用期考核要进行，并留下证据。

(4）试用期辞退要出具书面告知，使员工知道被辞退的理由。

(四）劳动合同管理制度

劳动合同管理制度是专门规范劳动合同的制度，也称为劳动合同制度。制定本制度，可以明确劳动合同订立规程和劳动合同的生效条件。

1. 劳动合同制度的必备内容

劳动合同制度的内容包括但不限于以下八点。

（1）劳动合同签订时间和地点。

（2）规范查验劳动者解除、终止劳动关系的证明。

（3）规定劳动合同签订的要求。

（4）明确代表企业签订劳动合同的签订人。

（5）规定代表企业签订劳动合同的签订人的权利与义务。

（6）规定劳动者拒绝签订劳动合同的后果。

（7）规定劳动合同保管制度。

（8）规定劳动合同变更、解除、终止、续订的程序。

2. 制定劳动合同管理制度时需要注意的问题

企业制定劳动合同管理制度时需要注意表1-4所示问题。

表1-4 制定劳动合同管理制度时需要注意的问题

序号	问题	说明
1	劳动合同订立的时间	《劳动合同法》第十条规定，劳动合同应自用工之日起一个月内签订，逾期签订须支付双倍工资
2	劳动合同变更的程序及记载方式	变更劳动合同应采用协商程序，变更劳动合同应使用书面方式
3	确定劳动合同附件的构成	明确附件的内容（员工手册、规章制度名称），明确劳动合同附件的法律效力
4	劳动合同续订或终止的程序和手续	终止劳动合同是否需要提前通知（参照本地区地方法规），终止时间（约定终止日期24时之前），规定转移社会保险和人事档案的程序

3. 劳动合同管理制度执行时应注意的问题

企业在执行劳动合同管理制度时应注意以下问题。

（1）严格履行制度规定的程序。

（2）禁止劳动合同一方借阅企业持有的劳动合同，禁止无关人员借阅他人劳动合同。

（3）解除或终止劳动合同时，应办理相关书面手续，并保留备查。

（4）劳动者提出解除或终止劳动合同，必须采用书面形式。

（5）解除或终止劳动合同后，必须及时办理社会保险和人事档案的转移。

（五）考勤管理制度

考勤是记录员工出勤情况、计算员工工资的重要依据。在有关工资支付、休息休假等劳动争议处理中，考勤记录是属于用人单位掌握管理的证据之一。如果用人单位不提供考勤记录，将承担不利后果。考勤制度是企业规章制度中最为重要的制度之一。

1. 考勤制度的内容

（1）作息时间（午休时间）以及考勤记载载体。

（2）漏打卡的补救措施。

（3）迟到的界定。

（4）早退的界定。

（5）旷工的界定。

（6）加班审批程序。

（7）倒休规定。

2. 制定考勤管理制度的重要性

（1）考勤管理制度是企业确定作息时间的基本制度。

（2）考勤管理制度是确定员工加班的标准与依据。

（3）考勤管理制度是员工管理的基本依据之一。

（4）考勤管理制度是加班费争议的裁判依据。

（5）考勤管理制度是关系到劳动合同关系稳定性的重要依据之一。

3. 考勤管理制度的制定要点

（1）要注明考勤记载方式。

（2）时间要明确。

（3）逻辑要清晰，递进要完善。

（4）定义要准确，无歧义。

（5）加班定义要精确，加班程序须完善。

（6）语言要精练、用语要准确。

> **小提示**
>
> （1）要求员工对考勤管理制度签字确认。
>
> （2）考勤记录必须保留至少两年备查。
>
> （3）非正常考勤状况尽量让员工签字确认。

（六）休假管理制度

休假管理制度与考勤管理制度共同构成对员工工作时间管理的重要制度，是确定员工假期及请假规程的依据，也是计算员工加班费的依据。

1. 休假管理制度的内容
（1）假的种类（病假、事假、带薪年休假、婚假、产假、丧假、探亲假等）。
（2）休假规则。
（3）休假审批程序。
2. 休假管理制度应注意的要点
（1）病假请假程序。
（2）不应对病假时间加以限制。
（3）对探亲假的法律适用。
（4）批准假期不应与法律法规相抵触。

> **小提示**
>
> 法律对于病假的认定缺乏明确的规定，而且在实际工作中，"泡病号"、假病假等现象比比皆是。针对这种情况，法律并不禁止企业对员工请病假的条件加以限制，企业在制定休假管理制度时对于病假的诊断机构、病假诊断证明的附加文件等均可做出规定。

（七）工资支付制度

工资支付制度是企业对工资支付行为进行规范的劳动保障制度。

1. 工资支付制度的内容
（1）工资的构成。
（2）工资标准的确定。
（3）工资的支付与扣除。
（4）加薪与降薪。
（5）最低工资。
（6）加班费。
（7）特殊情况下的工资支付。
2. 工资支付制度的要点
（1）工资的构成，包括基本工资、岗位工资、效益工资、奖金及各类津贴补贴等。
（2）工资标准的确定，依据《劳动法》第四十七条的规定，用人单位根据本单位的生产经营特点和经济效益，依法自主确定本单位的工资分配方式和工资水平。
（3）工资支付与扣除。
① 工资每月至少支付一次（非全日制工15天支付一次）；必须按时、足额支付；对于奖金、绩效工资等要做出授权性规定。
② 特殊群体的工资支付，包括病假工资、事假工资、产假工资等，也要做出规定。

③ 工资的扣除，包括违纪行为的扣减、损失赔偿、法定扣减。

④ 加班费：要根据《劳动法》第四十四条确定加班费的计算基数。

（4）特殊情况下的工资支付。

① 工伤治疗期间、产假期间。

② 非劳动者原因停工停产期间。

③ 综合计算工时制。

④ 不定时工时制。

> **小提示**
>
> 　　工资支付制度是企业规章制度中较重要的基本制度，它关系到企业劳动关系的稳定和企业生产经营的正常秩序。工资支付争议是劳动争议中较为常见的，工资支付制度往往成为案件裁判结果的重要依据。企业在制定本制度时，由专业人员审核。

（八）劳动纪律与奖惩制度

劳动纪律是规章制度的一部分，所有的违纪行为都必须在规章制度中规定，员工的行为违反了规章制度则构成违纪。如规章制度中未将该行为列为违纪行为，则不构成违纪，用人单位不能使用《劳动合同法》的规定对员工解除劳动合同。

1. 劳动纪律与奖惩制度的必要性

制定劳动纪律与奖惩制度可以使企业认定员工违纪有了依据，也是企业处理违纪员工的依据。

劳动纪律及奖惩制度成为"过错解除"的唯一依据，合法、合理、有效的劳动纪律与奖惩制度是用人单位处理违纪员工、保护合法权益的重要手段。

2. 劳动纪律与奖惩制度的内容

劳动纪律与奖惩制度的内容主要包括工作守则、禁止行为、上下班考勤、迟到、早退及缺勤的处理程序，还有奖励条件、奖励方式、奖励程序、处罚方式、处罚事由、处罚程序、处罚异议申诉机制等。

（九）员工福利待遇管理制度

员工福利待遇一般指现在《劳动法》所规定的劳动保障和社会保障。国家规定福利待遇一般指基本月薪、社会保险及其他保险和休假制度。养老保险、医疗保险、失业保险、工伤保险、生育保险及公积金是我国劳动部门规定各类企业必须为员工提供的社会保险福利。

1. 社会保险及福利待遇制度的内容

社会保险及福利待遇制度的内容主要包括以下两个方面。

（1）企业及员工个人参加社会保险的种类、缴费基数、缴费比例。

（2）福利的种类、福利给付条件及范围等。

2. 社会保险及福利待遇制度的要求

（1）明确企业的福利项目，尤其是国家法定的福利项目（如社会保险、法定假日等）一定要按照法律规定的要求予以办理。

（2）企业福利待遇的类别、标准、享受的人员及要求，也需有明确的规定。

（十）员工培训制度

员工培训作为人力资源管理的一项基础工作，越来越受到企业的重视。但由于其风险较大，培训对企业的价值随时间的流逝呈现递减变化的趋势。

1. 员工培训制度的内容

员工培训制度的主要内容包括：培训种类、培训条件及程序、培训费用承担、培训期间的工资及福利待遇、培训考核、培训后劳动合同的变更，以及需要另行起草的培训协议、培训考勤表等。

2. 制定员工培训制度的注意事项

（1）一定要明确培训的内容。

（2）明确培训对象的选择标准。

（3）培训中应进行全程控制。

（4）把合同管理纳入培训管理。

（5）对关键性、特殊性岗位要规定服务年限及违反要求的处罚办法。

（十一）保密与竞业限制制度

商业秘密是指不为公众所知悉，能为权利人带来经济利益，具有实用性并经权利人采取保密措施的技术信息和经营信息。用人单位采取保密措施，包括订立保密协议、建立保密制度、确定密级及采取其他合理的保密手段。

竞业限制是指用人单位与劳动者约定，劳动者在劳动合同履行和终止后一定期限内，出于保密的目的，不得自营或为他人经营与本单位同类的业务，是对劳动者就业权的一种限制，有利于保护用人单位的权利。

1. 保密与竞业限制制度的内容

保密与竞业限制制度的内容，主要包括保密范围、适用对象、保密方式、保密措施、保密资料保管和借阅及复印、泄密责任、竞业限制的时间、竞业限制补偿金及违约金的标准、竞业限制的适用人员等。

2. 保密与竞业限制制度制定的注意事项

（1）竞业限制期间的费用，法律上并无明确规定，用人单位和职工约定双方满意的数额即可。法律规定竞业限制费用需按月支付，所以不得约定到期一次付清或按季度支付。

（2）在拟定该制度时应考虑全面些，对于违约的处理等问题，需写明违约责任的承担方式，不要用语含糊不清，模棱两可。

五、规章制度的公示

企业规章制度的适用对象是本企业的全体职工和本企业行政的各个组成部分，所以它必须被企业的所有成员所知悉。

《劳动合同法》对此已有明确规定。《最高人民法院关于审理劳动争议案件适用法律若干问题的解释》第十九条规定："用人单位根据《劳动法》第四条的规定，通过民主程序制定的规章制度，不违反国家法律、行政法规及政策规定，并已向劳动者公示的，可以作为人民法院审理劳动争议案件的依据。"

企业对规章制度进行公示的时候，要注意保留已经公示的证据。通常，企业可以采用以下方法达到这样的效果。

（一）采取培训的方式

对于新员工，企业可以采取入职培训，让受训人员在培训会议上签名，并在签名簿上记载培训内容（如《员工手册》），这样就达到了公示效果；对于老员工，很多企业担心新制定的规章制度不方便向其公示。其实，老员工也可以采取培训的方式，如在不加班的时候或生产任务比较少的时候要求老员工参加培训，程序如前所述。

（二）公告拍照

在厂区对规章制度内容进行公告，将公告的现场以拍照、录像等方式记录备案，并可由厂区的治安、物业管理等人员见证。

（三）召开职工大会公示

发出通知，召开职工大会公示，并以适当方式保留证据。

（四）劳动局备案的方式

合法合理的规章制度可以在劳动部门备案，以证明规章制度的民主性、合法性及公正性，劳动部门会出具证明以证实公示的时间。

劳动部门在用人单位备案时会对规章制度进行审查，审查的内容包括以下五个方面。

（1）规章制度是否与现行法律、法规、规章和规范性文件相抵触。

（2）规章制度是否符合社会公德公序良俗。

（3）规章制度的具体内容是否公正、实际、完备。

（4）规章制度的名称、结构、文字、用语是否恰当准确。

（5）规章制度是否经本单位权力机构审议通过，并征求工会或员工意见。

（五）员工签收

将印刷成册的《员工手册》发给每一位员工，并让员工签收。这种方式对于老员工可能存在一定的操作障碍，但对新员工来说则简单易行。

> **小提示**
>
> 企业在采取上述方式制定规章制度的过程中，应注意保留职工大会、工会或者员工参与制定规章制度的证据。
>
> （1）讨论的证据，包括关于《员工手册》讨论的通知、公告以及讨论的回复。
>
> （2）平等协商的证据。
>
> （3）职工代表选举的证据，如会议记录（需与会者签字）。

第三节
完善人力资源管理法律文书

新的用工法律对企业人力资源管理提出了新要求，之前仅凭一份劳动合同就能应对日常人力资源管理的时代已经过去。而准备一套完备的人力资源管理法律文书，有助于将企业法律风险降至最小。

一、劳动合同

（一）必备理由

劳动合同在现代企业管理中所起的重要作用已不言而喻，没有与劳动者签订合同，那么企业将每月支付员工两倍工资。《劳动合同法》颁布以来，用人单位因为未签劳动合同导致败诉的比例居高不下。

（二）合同内容

企业至少应准备三份合同，包括：固定期限劳动合同、无固定期限劳动合同和以完成一定工作任务为期限的劳动合同，有需要的企业还应备一份非全日制用工劳动合同。《劳动合同法》第十七条规定，合同主要内容如下。

（1）用人单位的名称、住所和法定代表人或主要负责人。

（2）劳动者姓名、住址、居民身份证或其他有效身份证件号码。

（3）劳动合同期限。

（4）工作内容和工作地点。

（5）工作时间和休息休假。

（6）劳动报酬。

（7）社会保险。

（8）劳动保护、劳动条件和职业危害防护。

（9）法律、法规规定应当纳入劳动合同的其他事项。劳动合同除前款规定的必备条款外，用人单位与劳动者可以约定试用期、培训、保守秘密、补充保险和福利待遇等其他事项。

二、员工手册

（一）必备的理由

员工手册主要是企业内部的人事制度管理规范，同时又涵盖企业的各个方面，承载传播企业形象和企业文化的功能。它是有效的管理工具，员工的行动指南，员工手册是用人单位的"根本法"，也是用人单位管理员工的"利剑"。

公司员工手册在遵守《劳动合同法》等法规的前提下，在劳动纠纷案件里具有法律效应。在劳动仲裁委员会、人民法院的审理中，员工手册如果是有被接触劳动合同者签署过的，那么就会得到仲裁员、法官的采信，可以适用《劳动合同法》第三十九条第（二）款的"严重违反用人单位的规章制度的"认定；员工手册就起到法律效应，能够帮助公司得到胜诉的可能。

（二）员工手册内容

员工手册包括入职管理、试用期管理、工作时间与考勤制度、休假制度、工资制度、社会保险及福利制度、绩效考核制度、培训制度、劳动纪律、保密制度等。

三、职工名册

职工名册是用人单位制作的用于记录本单位劳动者基本情况及劳动关系运行情况的书面材料。

（一）必备理由

《劳动合同法》第七条规定：用人单位应建立职工名册备查。

《劳动合同法实施条例》第三十三条补充：用人单位违反劳动合同法有关建立职工名册规定的，由劳动行政部门责令限期改正；逾期不改，由劳动行政部门处2000元以上2万元以下罚款。

企业必备职工名册，既可以在产生劳动争议时作为有力的证据，也可以避免不必要的行政罚款。

（二）职业名册内容

（1）劳动者的基本信息，包括劳动者的姓名、性别、居民身份证号码、户籍地址及现住址。

（2）用工形式，包括全日制用工、非全日制用工、劳务派遣等。

（3）用工起始时间，即劳动者实际提供劳动的时间。

（4）劳动合同期限，包括固定期限、无固定期限或者以完成一定工作任务为期限。

除上述内容以外，用人单位职工名册还可以记载与用人单位或者职工有关的其他一些内容。为免发生争议和防止用人单位造假，职工名册应有劳动者的签名确认。

四、劳动合同签收单

劳动者和用人单位签订的签收单也表明劳动者已经领取了劳动合同。双方签订劳动合同后，通常会让员工在签收单里签名以示领取劳动合同签收单，因为用人单位已经有一份劳动者签字的劳动合同了。

（一）必备理由

《劳动合同法》第八十一条规定：用人单位提供的劳动合同文本未载明本法规定的劳动合同必备条款或者用人单位未将劳动合同文本交付劳动者的，由劳动行政部门责令改正；给劳动者造成损害的，应当承担赔偿责任。

企业仅仅签订劳动合同而没有送达劳动者，同样会面临着不必要的赔偿风险。

（二）劳动合同签收单内容

劳动合同签收单内容包括劳动合同文本编号、劳动者姓名、身份证号码、所属部门、具体岗位、入职时间、合同期限、签约时间、劳动合同签收时间、劳动者签收、备注等。

五、职位告知书

（一）必备理由

《劳动合同法》第八条规定：用人单位招用劳动者时，应当如实告知劳动者工作内容、工作条件、工作地点、职业危害、安全生产状况、劳动报酬，以及劳动者要求了解的其他情况。

用人单位如实告知劳动者职位情况是主动义务，即使劳动者不提出要求也应主动告知。实践中用人单位往往会忽视这个主动告知义务，导致发生因"欺诈"而使劳动合同无效并赔偿劳动者损失的法律风险。

（二）告知书内容

告知书内容包括工作内容、工作条件、工作地点、职业危害、安全生产状况、劳动报酬等。

六、入职登记表

入职登记表的作用在于以员工亲笔书写的方式固定了员工提供的信息，便于简历有假时落实责任。

（一）必备理由

《劳动合同法》第八条规定：用人单位有权了解劳动者与劳动合同直接相关的基本情况，劳动者应当如实说明。

如果劳动者在入职时存在不实或欺诈，将为日常管理员工以及日后可能发生的劳动争议纠纷的解决提供有利的重要证据。

（二）登记内容

登记内容包括劳动者与前用人单位劳动合同解除情况、竞业限制、健康状况、学历、职业资格、知识技能、工作经历、家庭住址、主要家庭成员构成等。

入职登记表内容设计应当全面、严谨，例如，必须要求填写该劳动者和紧急联系人的通信地址、电子邮箱、手机等信息，并注明发生变动的，必须在三日之日告知单位，否则，导致单位的法律文件无法送达本人的，视为送达。

如果在入职登记表设定一栏注明员工已经签收劳动合同并且入职登记表中工作岗位、工资、劳动合同期限等内容清楚明确，即使书面劳动合同万一不幸遗失，该入职登记表只要经过劳动者的签名确认，就可以作为用人单位和劳动者已经签订书面劳动合同的证据。在司法实践中，有些地方的劳动人事争议仲裁委员会、法院会据此认定双方已经签订了书面劳动合同，从而免去承担支付未签订劳动合同的双倍工资的法律责任。

七、签订劳动合同通知书

（一）必备理由

《实施条例》第五条规定：自用工之日起一个月内，经用人单位书面通知后，劳动者不与用人单位订立书面劳动合同的，用人单位应当书面通知劳动者终止劳动关系，无需向劳动者支付经济补偿，但是应当依法向劳动者支付其实际工作时间的劳动报酬。

现实中，一些员工因为种种原因不愿与企业签订劳动合同，此时一份书面的签订劳动合同通知书就显得尤为重要。

另外，人力资源部一般在员工的固定期限劳动合同到期一个月前向劳动者发续签劳动合同通知书，要求其签收，一式两份，公司留底。

如果没有及时发送续签劳动合同的通知，超过一个月未与劳动者签订劳动合同是违法的，劳动者可以要求单位支付双倍工资。

如果双方同意续签劳动合同，在发过续签劳动通知后，最好尽快签订新的劳动合同，一式两份，给劳动者一份，公司留一份。

（二）签订劳动合同通知书的主要内容

签订劳动合同通知书的主要内容应包括：劳动者姓名、入职日期、通知日期、签订劳动方式等。

八、劳动合同变更协议书

（一）必备理由

《劳动合同法》第三十五条规定：用人单位与劳动者协商一致，可以变更劳动合同约定的内容。变更劳动合同，应当采用书面形式。

劳动合同的变更是指劳动合同依法订立后，在合同尚未履行或者尚未履行完毕之前，经用人单位和劳动者双方当事人协商同意，对劳动合同内容做部分修改、补充或者删减的法律行为。劳动合同的变更是原劳动合同的派生，是双方已存在的劳动权利义务关系的发展。

（二）主要内容

劳动合同变更协议书的内容主要包括：用人单位基本情况、劳动者基本情况、原劳动合同基本情况、具体变更内容、变更日期、双方签字盖章等。

九、解除、终止劳动合同通知书

（一）必备理由

解除、终止劳动合同通知书一般是用人单位下达劳动者的通知，说明与劳动者解除劳动合同了。

解除、终止劳动合同是结束劳动者与用人单位之间关系的唯一途径，解除、终止劳动合同的具体时间是计算工资、加班费、经济补偿金数额的重要依据。

（二）解除合同内容

劳动者名称、解除或终止劳动合同的原因、解除或终止劳动合同的日期、交接手续办理的流程和时限、用人单位盖章、劳动者签收等。

十、解除、终止劳动合同的证明

（一）必备理由

解除、终止劳动合同的证明是由原公司出具的凭证，是证明原公司与职工之间已经终止或解除劳动关系的证明材料。

解除劳动合同证明的作用如下。

（1）到劳动局办理失业证，必须提供解除劳动合同证明。

（2）到社保局转移手续，必须提供解除劳动合同证明及社保手册。

（3）到住房公积金管理中心或者指定银行办理提取公积金手续，必须提供解除劳动合同证明。

（4）入职新单位，也要提供解除劳动合同证明。

《劳动合同法》第五十条规定：用人单位应当在解除或者终止劳动合同时出具解除或者终止劳动合同的证明，并在十五日内为劳动者办理档案和社会保险关系转移手续。

第八十九条规定：用人单位违反本法规规定未向劳动者出具解除或者终止劳动合同的书面证明，由劳动行政部门责令改正；给劳动者造成损害的，应承担赔偿责任。

（二）证明内容

解除、终止劳动合同的证明应当写明劳动合同期限、解除或者终止劳动合同的日期、工作岗位、在本单位的工作年限等。

十一、加班申请书

（一）必备理由

《劳动合同法》第三十一条规定：用人单位应当严格执行劳动定额标准，不得强迫或者变相强迫劳动者加班。用人单位安排加班的，应当按照国家有关规定向劳动者支付加班费。

第八十五条中规定：用人单位安排加班不支付加班费的，由劳动行政部门责令限期支付劳动报酬、加班费或者经济补偿。

《劳动合同法》第八十五条规定：用人单位有下列情形之一的，由劳动行政部门责令限期支付劳动报酬、加班费或者经济补偿；劳动报酬低于当地最低工资标准的，应当支付其差额部分；逾期不支付的，责令用人单位按应付金额50%以上100%以下的标准向劳动者支付赔偿金。

（1）未按照劳动合同的约定或者国家规定及时足额支付劳动者劳动报酬的。

（2）低于当地最低工资标准支付劳动者工资的。

（3）安排加班不支付加班费的。

（4）解除或者终止劳动合同，未依照本法规定向劳动者支付经济补偿的。

加班费的支付一直是个敏感问题，加班时间多少是计算加班费的重要根据，一份书面记录加班情况的文件尤为重要。

（二）申请书内容

加班申请书的内容包括劳动者名称、申请加班日期、加班原因、加班预计的时间、部门主管确认、人事主管确认等。

十二、劳动合同续签意向书

（一）必备理由

《劳动合同法》第四十六条第五款规定：除用人单位维持或者提高劳动合同约定

条件续订劳动合同，劳动者不同意续订的情形外，依照《劳动合同法》第四十四条第一项规定终止固定期限劳动合同的，用人单位应当向劳动者支付经济补偿。劳动合同期满后的企业的续订条件以及劳动者的续订意向是判断用人单位是否要支付经济补偿的重要标准，一份书面的文件能真实地反映双方的意向，避免日后不必要的劳动纠纷。

（二）主要内容

劳动合同续签意向书的内容包括劳动者名称、原劳动合同到期时间、续签劳动合同与原劳动合同区别、答复期限等。

十三、保密协议

（一）必备理由

《劳动合同法》第二十三条规定：用人单位与劳动者可以在劳动合同中约定保守用人单位的商业秘密和与知识产权相关的保密事项。那么，企业与员工之间签订保密协议有何作用呢？

1. 教育

企业与雇员签订保密协议，可以提高员工保密意识，起到教育员工自觉遵守公司保密规定，履行自己对公司商业秘密保护的责任和义务的作用。

2. 告知

企业通过保密协议，明确向雇员告知本企业存在商业秘密的事实、商业秘密范围以及雇员对商业秘密必须承担的权利和义务，例如：保守秘密的义务；正确使用商业秘密的义务；获得商业秘密职务成果及时汇报的义务；不得利用单位的商业秘密成立自己企业的义务；不得利用商业秘密自己开公司开展业务的义务等。

3. 警告

让雇员清楚地知道违反保密协议规定、非法侵犯企业商业秘密应承担的法律后果和赔偿责任，约束雇员的行为，强化公司商业秘密的保护力度。

4. 举证

实践中，发生离职员工侵犯公司商业秘密时，争议焦点往往不是员工有没有义务保守公司的商业秘密，而是该秘密是不是构成受法律保护的"商业秘密"，以及单位如何提供证据证明离职员工实施了侵权行为及侵权造成的损失。由于商业秘密侵权证据很难收集，或调查取证的成本非常高，往往导致单位对侵权行为束手无策。通过保密协议，企业可以证明商业秘密的存在、证明企业对商业秘密采取了保护措施，一旦发生侵犯商业秘密的行为，便于举证，有利于企业借助法律手段保护自己的商业秘密，维护合法的权益。

注意：保守商业秘密，是劳动者应尽的法定义务，既然是义务，企业是无需支付保密费的。保守商业秘密是劳动者的劳动义务之一，员工保守企业的商业秘密不受时间、地域和范围的限制，并应当诚实信用，谨慎保护。

（二）主要内容

对负有保密义务的劳动者，用人单位可以在劳动合同或者保密协议中与劳动者约定竞业限制条款，并约定在解除或者终止劳动合同后，在竞业限制期限内按月给予劳动者经济补偿。劳动者违反竞业限制约定的，应当按照约定向用人单位支付违约金。其具体内容如表1-5所示。

表1-5　保密协议的内容

序号	内容项目	说明
1	对第三人合同义务条款	此条款主要针对新聘用员工。企业在聘用新员工时应调查其在进入本企业前是否承担了对原企业的保密义务及竞业禁止义务。如未承担此类义务，应在合同中明确声明或保证，如"乙方保证在甲方工作期间使用任何知识均与前受聘单位无关，乙方承担甲方交付的任何工作或任务，均不会侵犯前受聘单位的商业秘密"。如承担了对前单位的保密义务，则应保证在本企业工作期间不利用前单位的保密信息为本企业服务
2	义务明示条款	此条款主要是把法定的、默示的保密义务明示为合同义务。员工应保证对在本企业工作期间知悉的本企业的商业秘密承担无条件的保密义务
3	企业商业秘密范围条款	首先，按照技术信息和经营信息的划分，列举所有属于本企业商业秘密的内容。其次，对该员工所在岗位涉及的技术信息或经营信息做进一步的详细规定
4	员工义务的具体描述	如对上述所列商业秘密，不得直接或间接向企业内部无关人员泄露；不得复制、披露包含企业商业秘密的文件及文件副本等
5	对公知领域的排除	此款主要是给员工以对某些保密信息的秘密性提出不同看法的机会。"如果能证明有关信息没有秘密性，那么该职工可以解除对该信息的保密义务"
6	职务成果条款	应包括以下内容：规定员工在职期间的产生成果应及时报告，明确约定职务成果的实施、转让、归属等要求（对于非职务成果也应由企业确认），规定对职务成果的奖励和报酬的额度或比例
7	离职后保密信息载体的交还	即员工办理离职手续时各种保密信息载体的交还方式、时间期限等
8	关于补偿	明确由于企业已经支付员工工资、奖金等劳动报酬，上述保密义务作为员工的忠诚义务的重要体现，不再支付任何额外报酬。可以考虑将员工现有工资中的一部分的名目列为"保密津贴"等，并约定员工离职后承担的商业秘密保护义务，不以得到任何额外补偿为条件
9	违约责任	可根据违约的不同情形约定违约金

十四、竞业限制协议

（一）必备理由

签订竞业限制协议是保护公司权益的一种方式，这一类公司一般是创业的科技公司，或者涉及比较重要商业秘密的公司，对于新招聘的核心岗位人员和掌握重要秘密和信息的工作人员进行必要的限制。目的就是要保护公司技术和商业秘密的需要。

竞业限制协议是用人单位对其商业秘密采取的一种保护措施，因此可以作为证明商业秘密保密性的证据。可以作为证明被告行为存在违法性的证据，即被告在存在约定保密义务的前提下实施了侵犯他人商业秘密的行为，当然，在多数情况下，离职员工对于公司的商业秘密也负有法定的保密义务，因此，竞业限制协议也不是行为违法性的唯一证据。

（二）主要内容

根据《中华人民共和国劳动合同法》第二十三条、二十四条规定，竞业限制协议的内容如下。

（1）竞业限制人员范围。
（2）竞业限制补偿金。
（3）违约金。
（4）竞业限制年限。

十五、服务期协议

（一）必备理由

劳动合同的服务期协议是指由用人单位与劳动者签订的，约定由劳动者为用人单位服务一定期限的劳动协议。

《劳动合同法》第二十二条规定：用人单位为劳动者提供专项培训费用，对其进行专业技术培训的，可以与该劳动者订立协议，约定服务期。

（二）协议主要内容

1. 约定服务期的培训需具备的条件

可以与该劳动者订立协议，约定服务期的培训是有严格的条件的。

（1）用人单位提供专项培训费用。
（2）对劳动者进行的是专业技术培训，包括专业知识和职业技能。比如从国外引进一条生产线或一个项目，必须有能够操作的人，为此把劳动者送到国外去培训，回来以后担任这项工作，这个培训就是本条所指的培训。

（3）培训的形式，可以是脱产的、半脱产的，也可以是不脱产的。

2.违约金的约定

用人单位与劳动者要依法约定违约金，主要包含两层意思。

（1）违约金是劳动合同双方当事人约定的结果。

劳动者违反服务期约定的，应当按照约定向用人单位支付违约金。体现了合同中的权利、义务对等原则，所谓"对等"，是指享有权利，同时就应承担义务，而且彼此的权利、义务是相应的。这要求当事人所取得财产、劳务或工作成果与其履行的义务大体相当。

（2）用人单位与劳动者约定违约金时不得违法。

即约定违反服务期违约金的数额不得超过用人单位提供的培训费用。违约时，劳动者所支付的违约金不得超过服务期尚未履行部分所应分摊的培训费用。

违反服务期约定的违约金的数额不得超过用人单位提供的培训费用。违约时，劳动者所支付的违约金不得超过服务期尚未履行部分所应分摊的培训费用。

3.关于服务期的年限

服务期的长短可以由劳动合同双方当事人协议确定，但是用人单位在与劳动者协议确定服务期年限时要遵守两点。

（1）要体现公平合理的原则，不得滥用权力。

（2）用人单位与劳动者约定的服务期较长的，用人单位应当按照工资调整机制提高劳动者在服务期间的劳动报酬。

第二章
员工入职环节法律风险防范

章前概述

企业人力资源管理过程中存在着很多风险，而员工招聘入职是人力资源管理的首要环节，也是企业极易忽视和最早遭遇用工法律风险的环节。因此在招聘入职过程中，企业更应当关注招聘、建立劳动关系过程中的法规要求、容易遇到的问题，以便提前采取措施加以防范，从而避免在招聘过程中，为企业之后的正常运营和用工管理埋下隐患，并带来不必要的法律风险。

思维导图

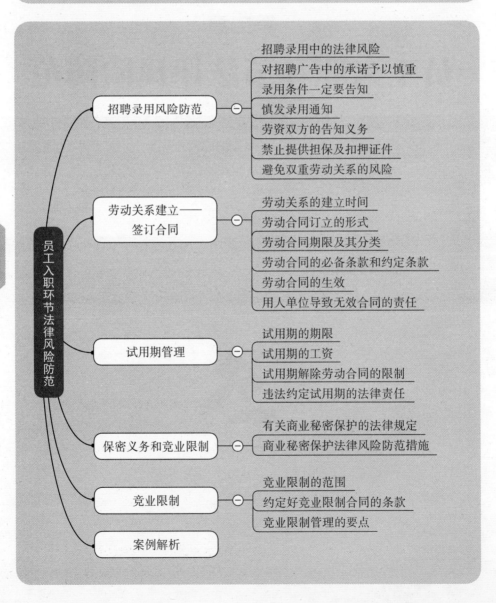

第一节
招聘录用风险防范

一、招聘录用中的法律风险

在招聘工作中,一些企业的人力资源部门往往意识不到招聘环节中的法律风险。而事实上,人力资源管理的法律风险不仅仅存在于与员工形成事实劳动关系的过程中,招聘过程中也是存在法律风险的。下面简单介绍一些常见的潜在风险。

(一)招聘条件描述不清的法律风险

企业在招聘时,招聘信息的撰写不应该是随意性的,其中要写明对应聘者有约束力的条款,如对应聘者学历、工作履历、身体条件、适合长期出差等。如果这些约束性的条款描述不清,将会带来法律风险。比如《劳动法》中,用人单位享有一项权利:"如果发现劳动者不符合录用条件,可以随时解除劳动合同。"如果企业没有写明约束性的条款,便无法证明劳动者不符合录用条件。

(二)存在多个事实劳动关系的风险

目前,很大一部分企业采用签订长期劳动合同的形式,利用高昂违约金的办法低成本用人、留人。如某些企业与员工签订劳动合同时将违约金订立得很高,但在员工离职方面却做得并不规范,导致员工在合同期内离职往往采用恶意的方式,并未与原用人单位解除劳动关系。根据《劳动法》第九十九条的规定,企业如招用了这样的员工,不管招用时的心态是故意还是过失,只要存在招用的事实,就有可能负上连带赔偿责任。根据《违反〈劳动法〉有关劳动合同规定的赔偿办法》第六条规定,连带赔偿的份额应不低于对原用人单位造成经济损失总额的70%,赔偿的损失包括对生产、经营和工作造成的直接损失,以及因获取商业秘密给原用人单位造成的经济损失。赔偿因获取商业秘密给原用人单位造成的经济损失,按《反不正当竞争法》第二十条的规定执行。

所以,企业在招聘时如不能注意到这些事项,将会给自身带来劳动纠纷,造成经济损失。

(三)录用通知书操作中的风险

在发现适合的人才后,企业人力资源部门就要给所要招聘的准员工送达录用通知书，通知其前来签订劳动合同，从而产生事实劳动关系。在这个过程中，录用通知书本身是具有法律效用的，企业如果不能操作好录用通知书，将会给招聘工作带来一定的法律风险。

除了以上所列举的各种风险外，企业在招聘过程中还有很多潜在的风险，如招聘者的职业道德风险、应聘者的职业道德风险等。

二、对招聘广告中的承诺予以慎重

（一）招聘广告的法律性质

劳动合同的订立需要经要约和承诺两个阶段，双方当事人经过要约、承诺，意思表示达成一致，劳动合同成立。用人单位发布的招聘广告，其性质如何，似乎存有争议。有人认为其为要约，而有人认为其为要约邀请。要约是指期望他人与自己订立合同的意思表示，而要约邀请则是期望他人向自己发出要约的意思表示。两者的区别在于以下四个方面。

（1）要约是订立合同的必经程序，要约邀请则不是。

（2）要约通常只能向特定的受要约人发出，要约邀请则不受此限制。

（3）要约的内容应当具体明确，包含拟定立合同的主要条款，而要约邀请则不包含。

（4）要约的目的是希望和他人订立合同，而要约邀请则是希望他人向自己发出要约。

总而言之，要约与要约邀请之间最大的区别在于，要约人与要约邀请人的法律地位是不同的。招聘广告的法律性质应为要约邀请而非要约，即企业发出招聘广告后并不具有受约束的地位，而是通过招聘广告吸引应聘者前来应聘，企业则享有是否与应聘者建立劳动关系以及与谁建立劳动关系的权利。但是，企业应该对招聘广告中的承诺予以慎重。其原因在于图2-1所示三点。

① 招聘广告的内容如果明确，从形式上符合要约的要求，并且应聘者对于要约邀请的内容产生了合理的信赖，也可能被认为具有法律约束力

② 诚信原则是订立劳动合同的基本原则，如果善意的应聘者对于招聘广告中的内容产生了合理的信赖并因此递交简历、求职申请，甚至自费"长途奔袭"参与面试等支出一定的费用，而用人单位却因过失甚至恶意的行为导致应聘者损失，则应该承担相应的赔偿责任

③ 在劳动合同的协商订立阶段，双方当事人都应该遵守诚信原则，如果用人单位违背诚信原则进行虚假的陈述则有可能构成欺诈，应承担相应的法律责任

图2-1 对招聘广告中的承诺予以慎重的原因

（二）企业在发布招聘广告时应注意的问题

（1）招聘广告发布的信息应该真实。

> **法规链接**
>
> 《就业服务与就业管理规定》第十四条　用人单位招用人员不得有下列行为。
> （一）提供虚假招聘信息，发布虚假招聘广告。
> （二）扣押被录用人员的居民身份证和其他证件。
> （三）以担保或者其他名义向劳动者收取财物。
> （四）招用未满16周岁的未成年人以及国家法律、行政法规规定不得招用的其他人员。
> （五）招用无合法身份证件的人员。
> （六）以招用人员为名牟取不正当利益或进行其他违法活动。
> 《就业服务与就业管理规定》第六十七条　用人单位违反本规定第十四条第（二）、（三）项规定的，按照劳动合同法第八十四条的规定予以处罚；用人单位违反第十四条第（四）项规定的，按照国家禁止使用童工和其他有关法律、法规的规定予以处罚。用人单位违反第十四条第（一）、（五）、（六）项规定的，由劳动保障行政部门责令改正，并可处以一千元以下的罚款；对当事人造成损害的，应当承担赔偿责任。

由《就业服务与就业管理规定》第十四条和第六十七条可知，企业招用人员不得提供虚假招聘信息，发布虚假招聘广告；企业违反该规定的由劳动保障行政部门责令改正，并可处以1000元以下的罚款；对当事人造成损害的，应当承担赔偿责任。而且，各地对于招聘广告的发布也都有明确的管理规定，如用人单位公开发布人才招聘广告，应出具有关部门批准其设立的有效证明文件或营业执照以及其他相关证明文件，如实公布拟聘用人员的数量、岗位、条件和待遇等相关信息。

（2）招聘广告的内容应该契合招聘岗位的需求。

> **法规链接**
>
> 《就业服务与就业管理规定》第十一条第二款　招用人员简章应当包括用人单位基本情况、招用人数、工作内容、招录条件、劳动报酬、福利待遇、社会保险等内容，以及法律、法规规定的其他内容。

由《就业服务与就业管理规定》第十一条第二款可知，招聘广告的内容应该契合招聘岗位的需求。另外，还包括报名的方式、时间、地点等。其中诸如报名的方式、时间、地点等注意事项通常而言并不具有法律上的意义，仅仅起到事实的通知作用。但是，尽管招聘广告是要约邀请，原则上对企业并不具有拘束力，但是招聘广告中的岗位信息以及应聘人员的基本条件等则是可能产生法律效力的。岗位信息实际上是确定人员招聘的前提条件，而且应聘者通常会针对招聘广告所公示的某个具体岗位提出求职申请。因此，当企业经过面试甄选确定录用人员时，其岗位的确定原则上应该符合招聘广告的要求。

三、录用条件一定要告知

在实际工作中，录用条件的告知一般是在招聘广告中完成的，广告中不够详细的内容则由人力资源部口头告知应聘者。而对于没有通过媒体、劳动力市场、招聘网站等公开方式招聘的岗位，录用条件的告知则更加简单和不规范。如果劳动者不知道该录用条件，则对于用人单位是非常不利的。即便劳动者不符合录用条件，企业此时也不能解除劳动合同，因为劳动者完全有理由主张不知道录用条件的要求，为此不能履行自己的劳动义务。企业一定要保证在劳动者入职时即对录用条件明知，具体形式有图2-2所示的五种。

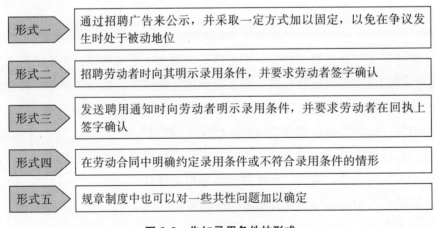

图2-2 告知录用条件的形式

但是注意规章制度中只能对一般性的共性问题加以确认，具体规定还必须以劳动合同或其他单行文件加以确认。

四、慎发录用通知

企业一般会将报到时间、地点、工作岗位、薪酬待遇等以录用通知书的形式告知录用者，当录用者收到并同意时，双方就劳动关系订立便达成合意。由于其性质属于要约关系，企业在向录用者发送录用通知后，便不得随意撤回或撤销，否则将承担赔偿损失的责任。

（一）慎发录用通知的原因

企业在经过招聘面试之后，对于合格的录用者都会发放录用通知。在特殊的情况下，如果企业发出的录用通知在内容上符合法律规定的条件，即会构成事实法律意义上的"要约"，成为企业与求职者劳动关系的证据。所以，企业在发录用通知时，一定要谨慎设计其内容。一般来说，录用通知分为两种。

第一种是要约性质的，它具备劳动合同的具体细节，劳动者一旦签订就具备了一定的法律效力。

第二种只是一种邀请的意思表示。为避免暗含通知是聘用合同的意思，在制定劳动者录用通知时，企业不妨将不予录用的除外情形逐一列明，并保留最终是否签订劳动合同的权利。

企业也可在录用通知中暗示录用通知的法律性质："劳动合同的订立以求职者到用人单位后经过双方细致协商方有最终的确定结果。"但也要注意一点，对于一些含金量高的人才，内容不确定的录用通知往往没有吸引力。如果企业已经完全确定要录用某求职者，则应采用要约性质的录用通知。如何拟定一个比较安全的录用通知，对企业是非常重要的。录用通知在法律英语中的含义是"要约"。根据《中华人民共和国民法典》（以下简称《民法典》）第四百七十二条的规定，"要约"就是希望和他人订立合同的意思表示，这个意思表示应当内容具体确定，并且要约人一旦做出了承诺就要受到意思表示的约束。因此，录用通知一旦发出，就对企业产生法律约束。

（二）录用通知的内容

因此，企业在编制录用通知时应慎重，并注意图2-3所示的四个方面。

要求一 ▶ 录用通知可附生效条件

由于录用通知发送后不得随意撤回或撤销，因此企业可在录用通知中附以生效条件，避免由此产生的法律风险。企业可注明要求劳动者提供原单位离职证明、社保记录、体检报告等材料，经审查合格，由双方签字盖章后生效。如可以事先在通知书中写明："本通知书有效的前提是个人提供的信息全部真实无讹，如发现有虚假陈述或与真实情况有出入，则本通知书不生效（或自动失效）。"

图2-3

要求二 录用通知必备失效条款

为了应对实践中经常存在的应聘者提供虚假履历等情况，企业应在录用通知书中规定失效条款，并有权撤回或撤销录用通知，从而降低由此产生的法律风险

要求三 录用通知中应对岗位职责加以规定

企业应在录用通知中对岗位职责及录用条件或不符合录用的情形加以明确规定，并作为劳动合同的附件，以便对劳动者在试用期内是否符合录用条件及是否胜任工作进行考察

要求四 录用通知中应含有冲突条款

为了避免录用通知与劳动合同条款不一致而导致的风险，企业可对两者关系做出界定。由于劳动合同一般较录用通知更为完善，因此，企业可在录用通知中规定：录用通知在劳动合同签订后即失效，或两者不一致的以劳动合同为准

图 2-3 录用通知的内容要求

《民法典》第四百七十六条 要约可以撤销，但是有下列情形之一的除外。

（一）要约人以确定承诺期限或者其他形式明示要约不可撤销。

（二）受要约人有理由认为要约是不可撤销的，并已经为履行合同做了合理准备工作。

（三）录用通知的措辞要谨慎

由《中华人民共和国民法典》（以下简单称《民法典》）第四百七十六条可知，如果录用通知书写明"请于×月×日之前答复"或"请于×月×日之前办理报到"，则该要约不可撤销，企业只能等待对方的决定。因此，如果企业不能确保录用通知发出后不会有任何变化，就不要设置以上内容。

另外，如果录用通知里写明"请于×月×日之前办理报到"，则劳动者有权不经反馈即向原用人单位辞职和准备报到事宜。如果劳动者向原用人单位辞职后，企业发生变化不再聘用的，应当赔偿造成劳动者的工资及差旅等损失。鉴于该要约是不可撤销的，如果劳动者坚持要求报到上班，则其要求也可能被司法支持。

（四）通知发出后发生变故的处理

实践中偶尔出现的问题是，企业在发出录用通知书后，自身情况发生了变化，不想聘用该人员了，这种情况比较棘手。

法规链接

《民法典》第四百七十五条 要约可以撤回。要约的撤回适用本法第一百四十一条的规定。

第四百七十七条 撤销要约的意思表示以对话方式做出的，该意思表示的内容应当在受要约人做出承诺之前为受要约人所知道；撤销要约的意思表示以非对话方式做出的，应当在受要约人做出承诺之前到达受要约人。

依《民法典》第四百七十五条和第四百七十七条规定，要约可以撤回和撤销。撤回要约的通知应当在要约到达受要约人之前或者与要约同时到达受要约人。撤销要约的通知应当在受要约人发出承诺通知之前到达受要约人。要约撤回的，其效果相当于未发出要约，企业不需要承担责任；要约撤销的，对方尚未承诺，合同不成立，用人单位一般不需要承担责任，除非已经造成劳动者实际损失。

因此，企业发出录用通知后发生变故的，应当立即以最快的方式赶在对方发出承诺通知前通知撤回或撤销要约。

五、劳资双方的告知义务

《劳动法》第八条规定了用人单位与劳动者的如实告知义务。所谓如实告知义务，是指在用人单位招用劳动者时，用人单位与劳动者应将双方的基本情况，如实向对方说明的义务。

法规链接

《劳动合同法》第八条 用人单位招用劳动者时，应当如实告知劳动者工作内容、工作条件、工作地点、职业危害、安全生产状况、劳动报酬，以及劳动者要求了解的其他情况；用人单位有权了解劳动者与劳动合同直接相关的基本情况，劳动者应当如实说明。

告知应当以一种合理并且适当的方式进行，要求能够让对方及时知道和了解。

（一）企业和劳动者告知义务的内容

1. 企业的告知义务

用人单位对劳动者的如实告知义务，体现在用人单位招用劳动者时，应当如实告知劳动者以下内容。

（1）工作内容。

（2）工作条件。

（3）工作地点。

（4）职业危害。

（5）安全生产状况。

（6）劳动报酬。

这些内容是法定的并且无条件的，无论劳动者是否提出知悉要求，企业都应当主动将上述情况如实向劳动者说明。

除此以外，对于劳动者要求了解的其他情况，如企业相关的规章制度，包括企业内部的各种劳动纪律、规定、考勤制度、休假制度、请假制度、处罚制度以及企业内已经签订的集体合同等，企业都应当进行详细的说明。

2. 劳动者的告知义务

劳动者的告知义务是附条件的，只有在企业要求了解劳动者与劳动合同直接相关的基本情况时，劳动者才有如实说明的义务。劳动者与劳动合同直接相关的基本情况包括健康状况、知识技能、学历、职业资格、工作经历以及部分与工作有关的劳动者个人情况，如家庭住址、主要家庭成员构成等。

企业与劳动者双方都应当如实告知另一方真实的情况，不能欺骗。如果一方向另一方提供虚假信息，将有可能导致劳动合同的无效。如劳动者向企业提供虚假学历证明；用人单位未如实告知工作岗位存在患职业病的可能等，都属于《中华人民共和国劳动法》规定的采取欺诈的手段订立的劳动合同，该劳动合同无效。

（二）企业履行告知义务的记录

企业的规章制度中没有关于招工录用程序的规定，或者只有一些象征性的原则性规定，很难在实际管理中发挥有益的作用，尤其是劳动合同法实施后，企业更应当认真考虑和制定本单位的员工录用程序，设计好录用过程中的相关表格和文书，并且严格执行。按照时间的顺序，至少可以从以下方面考虑。

（1）由于劳动合同法没有规定劳动者应当告知用人单位的具体内容，这就要求企业根据自己的需要，认真设计应聘者的求职简历要求和"入职登记表"，将企业认为有必要了解的情况明示出来。求职简历和"入职登记表"应当归入员工个人档案，妥善保管。

(2)在职位说明书、拟聘任通知书中，载明以下内容：工作内容、工作条件、工作地点、职业危害、安全生产状况、劳动报酬、劳动者要求了解的其他情况。当然，职业危害、安全生产状况等内容，也可以制作统一的安全生产方面的《说明书》，发放给拟聘用的劳动者，不过要做好签收记录。如果劳动合同中可以完全载明上述问题，也可以通过将上述内容约定在劳动合同中达到如实告知的目的。

其实，上述内容加上组织结构关系图、工作标准（目标）、绩效考核方法等相关内容，就可以构成一个完整的职位说明书，在劳动者入职前发放给劳动者，不但可以起到如实告知相关情况的作用，还是将来确认劳动者是否胜任工作、是否有失职行为、是否符合录用条件的重要依据，也是人力资源管理的一项基本工作。

(3)在如实告知上述内容后，实际用工前，与劳动者协商签订劳动合同，而不要实际用工后再订立劳动合同。

(4)要求劳动者在订立劳动合同前，或用工后一段时间内（一般为试用期内），提供能够证明简历或"入职登记表"内容属实的证书或文件，如身份证明、解除劳动合同证明、社会保险和人事档案关系、学历证书、体检证明等。

(5)一旦发现有与事实不符的情况，企业可以考虑按照试用期不符合录用条件解除劳动者，因弄虚作假而严重违纪解除劳动者，或者按照欺诈导致合同无效解除劳动者。

六、禁止提供担保及扣押证件

  法规链接

《劳动合同法》第九条 用人单位招用劳动者，不得扣押劳动者的居民身份证和其他证件，不得要求劳动者提供担保或者以其他名义向劳动者收取财物。

《劳动合同法》第九条是关于用人单位不得要求劳动者提供担保或者向劳动者收取财物，不得扣押劳动者的证件的规定。

(一)企业违法向劳动者收取财物的情况

企业违法向劳动者收取财物的情况主要有两种。

(1)建立劳动关系时收取风险抵押金等项费用，对不交者不与其建立劳动关系，对交者在建立劳动关系后又与其解除劳动关系且不退还风险抵押金等项费用。

(2)建立劳动关系后全员收取风险抵押金等项费用，对不交者予以开除、辞退或者下岗。

因此，无论是在建立劳动关系之前，还是在建立劳动关系之后，只要企业招用劳动者,即不得要求劳动者提供担保或以其他名义向劳动者收取财物。

(二)扣押劳动者身份证等证件的法律责任

《劳动合同法》第八十四条是关于用人单位扣押劳动者身份证等证件、要求劳动者提供担保、向劳动者收取财物以及扣押劳动者档案或者其他物品的法律责任的规定。

> **法规链接**
>
> 《劳动合同法》第八十四条 用人单位违反本法规定,扣押劳动者居民身份证等证件的,由劳动行政部门责令限期退还劳动者本人,并依照有关法律规定给予处罚。
>
> 用人单位违反本法规定,以担保或者其他名义向劳动者收取财物的,由劳动行政部门责令限期退还劳动者本人,并以每人五百元以上二千元以下的标准处以罚款;给劳动者造成损害的,应当承担赔偿责任。
>
> 劳动者依法解除或者终止劳动合同,用人单位扣押劳动者档案或者其他物品的,依照前款规定处罚。

1. 企业违反劳动合同法规定,扣押劳动者身份证等证件的法律责任

企业违反规定,扣押劳动者身份证等证件的,要由劳动行政部门责令限期退还劳动者本人;同时,对此违法行为,要依照有关法律规定给予处罚。这里的"有关法律"主要指的是《居民身份证法》。

2. 企业违反劳动合同法规定,要求劳动者提供担保、向劳动者收取财物的法律责任

企业违反这一规定要求劳动者提供担保、向劳动者收取财物的,依据《劳动合同法》第九条第二款的规定,要由劳动行政部门责令限期将违法收取的财物退还劳动者本人,并按每一名劳动者 500 元以上 2000 元以下的标准处以罚款;给劳动者造成损害的,企业应当承担赔偿责任。

七、避免双重劳动关系的风险

所谓双重劳动关系,即劳动者与两个用人单位同时存在劳动关系。

(一)企业招用未解除合同者的损害赔偿

《劳动法》第九十九条是对用人单位招用未解除合同者的损害赔偿的规定。

法规链接

《劳动法》第九十九条 用人单位招用尚未解除劳动合同的劳动者，对原用人单位造成经济损失的，该用人单位应当依法承担连带赔偿责任。

1. 适用情况

《劳动法》第九十九条主要是针对实践中出现的劳动者未与用人单位解除劳动合同，却又与另一个用人单位订立劳动合同，给原用人单位造成损失的情况。

2. 企业负连带赔偿责任的条件

认定企业承担招用未解除劳动合同的劳动者负连带赔偿责任应符合三个条件。

（1）存在招用的事实，而无论企业招用时的心态是故意还是过失。

（2）给原用人单位造成了能够计算的经济损失。

（3）原用人单位的经济损失与企业招用尚未解除劳动合同的劳动者有直接关系。

3. 追偿损失的规定

（1）原用人单位可以向企业和劳动者中的任何一方请求赔偿部分或者全部损失，企业和劳动者中的任何一方也都有义务向原用人单位履行全部或者部分的赔偿义务。

（2）如果一方对原用人单位的全部损失赔偿之后，可以要求另一方承担其应当承担的原用人单位的损失赔偿部分。

（3）根据《违反〈劳动法〉有关劳动合同规定的赔偿办法》规定，连带赔偿的份额应不低于对原用人单位造成经济损失总额的70%，赔偿的损失包括对生产、经营和工作造成的直接损失。

（4）因与用人单位解除劳动合同而带来的经济损失，及因获取商业秘密给原用人单位造成的经济损失。赔偿因获取商业秘密给原用人单位造成的经济损失，按《反不正当竞争法》第二十一条的规定执行。

（二）企业的连带赔偿责任

法规链接

《劳动合同法》第九十一条 用人单位招用与其他用人单位尚未解除或者终止劳动合同的劳动者，给其他用人单位造成损失的，应当承担连带赔偿责任。

1. 连带赔偿责任的构成要件

连带赔偿责任的构成要件，包括图2-4所示三点。

要件一	用人单位招用与其他用人单位尚未解除或者终止劳动合同的劳动者的行为,即用人单位招用劳动者时,该劳动者与其他用人单位仍存在劳动关系
要件二	用人单位招用劳动者对其他用人单位造成损失
要件三	用人单位招用劳动者的行为与其他用人单位的损失之间存在因果关系

图 2-4　连带赔偿责任的构成要件

2. 企业应负的连带赔偿责任

无论该企业是否存在过错,只要该企业存在招用与其他用人单位尚未解除或者终止劳动合同的劳动者的行为,且因该行为对其他用人单位造成损失的,该企业就应当对其损失承担连带赔偿责任,而无论该企业是否知道其招用的劳动者与其他用人单位尚未解除或者终止劳动合同。

(三) 做好入职审查以防范双重劳动关系的风险

法规链接

《劳动合同法》第八条　用人单位招用劳动者时,应当如实告知劳动者工作内容、工作条件、工作地点、职业危害、安全生产状况、劳动报酬,以及劳动者要求了解的其他情况;用人单位有权了解劳动者与劳动合同直接相关的基本情况,劳动者应当如实说明。

由《劳动合同法》第八条规定可以看出:一方面,企业负有告知义务,确保劳动者的知情权;另一方面,劳动者无主动告知义务,如果企业没有提出,劳动者无需主动说明。这就要求企业主动了解劳动者的相关信息,在招录劳动者时做好入职审查。

1. 基本信息审查

基本信息主要包括:劳动者身份、学历、技能、资格、工作经历以及是否达到法定年龄等。

由于应聘者学历、资格、工作经历等虚假情况时有发生,如企业在招聘时审查不严格,将有可能导致其无法胜任工作。虽然企业可依照《劳动法》第二十六条、《劳动合同法》第三十九条规定解除劳动合同,但也将为此承受一定损失,不但付出招聘成本仍未招录适用人才,而且根据《劳动合同法》第二十八条规定,在该劳动者工作期间,企业仍要向其支付劳动报酬、缴纳社会保险。

在进行基本信息审查时,企业可以要求应聘者填写"应聘登记表",以此来记录应聘者的基本信息，从而能更加全面地了解和掌握应聘者的信息，并且在有意外事件发生时可以及时联系到应聘者的亲戚或朋友。

《劳动法》第九十九条　用人单位招用尚未解除劳动合同的劳动者，对原用人单位造成经济损失的，该用人单位应当依法承担连带赔偿责任。

2. 劳动关系审查

根据《劳动法》第九十九条可知，用人单位在招聘劳动者时应该确认所拟录用的人员不存在其他劳动关系。如果审查不严，导致录用的人员尚未解除劳动关系，用人单位则应该承担连带赔偿责任。

因此，企业在招聘时，除新参加工作的劳动者外，还应查验其与原用人单位解除或终止劳动合同的证明，或者其他能够证明该劳动者与任何用人单位不存在劳动关系的证据，才可与其签订劳动合同。

需要注意的是，《劳动合同法》第六十九条放开了对"双重劳动关系"的限制。招聘单位接收与其他用人单位存在劳动关系的劳动者，应该要确认原用人单位是否同意其再建立劳动关系。招聘单位可以要求劳动者提供原单位同意其建立双重劳动关系的书面意见，以避免日后发生纠纷。

《劳动合同法》第六十九条　非全日制用工双方当事人可以订立口头协议。

从事非全日制用工的劳动者可以与一个或者一个以上用人单位订立劳动合同；但是，后订立的劳动合同不得影响先订立的劳动合同的履行。

3. 竞业限制审查

对于一些知识型、技术型或处于管理岗位及掌握一定商业秘密的劳动者，企业一般都在劳动合同中约定竞业限制条款，或签订竞业限制协议。如企业录用的劳动者对原用人单位负有竞业限制义务，原用人单位可能就此要求该劳动者与用人单位共同承担赔偿责任，企业将因此而遭受损失。

企业在招聘此类人员时，应对其是否与其他用人单位签有竞业限制协议进行认真审查，确认拟招用的劳动者不负有上述义务后，才可与其签订劳动合同。

4. 入职体检

劳动者的身体状况不仅关系到工作能力，更为重要的是关系到用人单位的用工成本。在劳动合同履行过程中劳动者患病的,即使入职前就存在该潜在疾病或职业病,企业仍将可能对此承担责任,从而大大增加了自身的用工风险。

因此,企业应要求应聘者在入职前提供体检证明,并指明需要检查的项目,但要注意不能有对乙肝病毒携带者的歧视等。

5. 其他信息审查

企业可根据需要了解应聘者的其他重要信息,如婚姻状况、家庭情况以及有无犯罪记录等。但是需要注意,企业所了解的信息应当是与劳动合同直接相关的信息,不得涉及与工作无关的信息,不得侵犯劳动者的隐私。

第二节
劳动关系建立——签订合同

一、劳动关系的建立时间

 法规链接

《劳动合同法》第七条 用人单位自用工之日起即与劳动者建立劳动关系。用人单位应当建立职工名册备查。

《劳动法》第七条是关于用人单位与劳动者建立劳动关系的规定,具体规定了劳动关系的建立时间和建立职工名册备查两项内容。

(一)劳动关系自用工之日起建立

自企业招用劳动者从事劳动合同约定的工作之日起,劳动关系即确立。

(二)企业应当建立职工名册

对于与本企业建立劳动关系的劳动者,企业应当建立职工名册,以备劳动行政部门查看。职工名册一般包括劳动者的姓名、性别、民族、出生年月、文化程度、政治面貌、职务、级别等内容。

二、劳动合同订立的形式

> **法规链接**
>
> 《劳动合同法》第十条 建立劳动关系，应当订立书面劳动合同。
>
> 已建立劳动关系，未同时订立书面劳动合同的，应当自用工之日起一个月内订立书面劳动合同。
>
> 用人单位与劳动者在用工前订立劳动合同的，劳动关系自用工之日起建立。
>
> 《劳动合同法》第八十二条 用人单位自用工之日起超过一个月不满一年未与劳动者订立书面劳动合同的，应当向劳动者每月支付两倍的工资。
>
> 用人单位违反本法规定不与劳动者订立无固定期限劳动合同的，自应当订立无固定期限劳动合同之日起向劳动者每月支付两倍的工资。

（一）订立劳动合同应当采用书面形式

劳动合同作为劳动关系双方当事人权利和义务的协议，也有书面形式和口头形式之分。

我国《劳动法》和《劳动合同法》明确规定，劳动合同应当以书面形式订立。用书面形式订立劳动合同严肃慎重、准确可靠、有据可查，一旦发生争议时，便于查清事实，分清是非，也有利于主管部门和劳动行政部门进行监督检查。另外，书面劳动合同能够加强合同当事人的责任感，促使合同所规定的各项义务能够全面履行。

（二）未在建立劳动关系的同时订立书面劳动合同情况的处理

对于已经建立劳动关系，但没有同时订立书面劳动合同的情况，要求企业与劳动者应当自用工之日起1个月内订立书面劳动合同。

（1）根据《劳动法》规定，企业自用工之日起满1年不与劳动者订立书面劳动合同的，视为企业与劳动者已订立无固定期限劳动合同。

（2）企业未在用工的同时订立书面劳动合同，与劳动者约定的劳动报酬不明确的，新招用的劳动者的劳动报酬应当按照企业的或者行业的集体合同规定的标准执行；没有集体合同或者集体合同未做规定的，企业应当对劳动者实行同工同酬。

（3）企业自用工之日起超过1个月但不满1年未与劳动者订立书面劳动合同的，应当向劳动者支付两倍的月工资。

（三）先订立劳动合同后建立劳动关系的情况

在现实中也有一种情况，企业在招用劳动者进入工作岗位之前，先与劳动者订立了劳动合同。对于这种情况，其劳动关系从用工之日起建立，其劳动合同期限、劳动报酬、试用期、经济补偿金等，均从用工之日起计算。

（四）未订立书面劳动合同的法律责任

《劳动合同法》第八十二条对于用人单位自用工之日起超过一个月但不满一年不与劳动者订立书面劳动合同，以及用人单位违反本法规定不与劳动者订立无固定期限劳动合同的法律责任做出了规定。

1. 未订立书面劳动合同的情况

未订立书面劳动合同的情况分以下两种。

（1）企业自用工之日起超过一个月但不满一年不与劳动者订立书面劳动合同。

（2）企业违反本法规定不与劳动者订立无固定期限劳动合同。

2. 企业的法律责任

对于企业违反本法规定不与劳动者订立无固定期限劳动合同的，本条规定："自应当订立无固定期限劳动合同之日起向劳动者每月支付两倍的工资。"这里的"应当订立无固定期限劳动合同之日"应当理解为《劳动合同法》第十四条第二款、第三款规定的四种情形发生之时，具体内容如下。

（1）劳动者在同一企业连续工作满10年之日的次日。如某一劳动者2012年5月15日进入某一企业工作，到2022年5月15日已在该企业连续工作10年，如果该劳动者提出续订劳动合同，则2022年5月15日即为"应当订立无固定期限劳动合同之日"。

（2）劳动者在同一企业连续工作满10年且距法定退休年龄不足10年的情况下，企业初次实行劳动合同制度或者国有企业改制重新订立劳动合同的日子。如某一职工已在某一企业连续工作10年，此时他54岁，距60岁的退休年龄不足10年，在这种情况下，如果其所在的企业进行改制，确定于2022年8月6日重新与职工订立劳动合同，则这一天即为"应当订立无固定期限劳动合同之日"。

（3）劳动者与企业连续订立两次固定期限劳动合同，且该劳动者没有《劳动合同法》第三十九条规定的情形，在此情况下，双方续订劳动合同的日子即为"应当订立无固定期限劳动合同之日"。

（4）企业自用工之日起满一年不与劳动者订立书面劳动合同的，则满一年后的第一天为"应当订立无固定期限劳动合同之日"。如某一劳动者于2020年3月16日进入某一企业工作，到了2021年3月16日该企业还没有与该劳动者签订书面劳动合同，则视为企业与劳动者已经订立无固定期限的劳动合同，"应当订立无固定期限劳动合同之日"为工作满1年后的第一天，即2021年3月17日。

三、劳动合同期限及其分类

《劳动合同法》第十二条对劳动合同的期限做出了规定。

 法规链接

第十二条 劳动合同分为固定期限劳动合同、无固定期限劳动合同和以完成一定工作任务为期限的劳动合同。

劳动合同期限是指合同的有效时间,它一般始于合同的生效之日,终于合同的终止之时。劳动合同期限分为固定期限、无固定期限和以完成一定工作任务为期限三种,如图2-5所示。

 固定期限劳动合同是指用人单位与劳动者约定合同终止时间的劳动合同

 无固定期限劳动合同是指用人单位与劳动者约定无确定终止时间的劳动合同

 以完成一定工作任务为期限的劳动合同是指用人单位与劳动者约定以某项工作的完成为合同期限的劳动合同

图2-5 劳动合同期限的分类

(一)固定期限劳动合同

《劳动合同法》第十三条是关于固定期限劳动合同的规定。

 法规链接

第十三条 固定期限劳动合同,是指用人单位与劳动者约定合同终止时间的劳动合同。用人单位与劳动者协商一致,可以订立固定期限劳动合同。

固定期限劳动合同,是指用人单位与劳动者约定合同终止时间的劳动合同。具体是指劳动合同双方当事人在劳动合同中明确规定了合同效力的起始和终止的时间。劳动合同期限届满,劳动关系即告终止。如果双方协商一致,还可以续订劳动合同,延长期限。固定期限的劳动合同可以是较短时间的,如半年、1年、2年,也可以是较长时间的,如5年、10年,甚至更长时间。不管时间长短,劳动合同的起始和终止日期都是固定的。具体期限由当事人双方根据工作需要和实际情况确定。

（二）无固定期限劳动合同

《劳动合同法》第十四条是关于无固定期限劳动合同的规定。

法规链接

> 第十四条　无固定期限劳动合同，是指用人单位与劳动者约定无确定终止时间的劳动合同。
>
> 用人单位与劳动者协商一致，可以订立无固定期限劳动合同。有下列情形之一，劳动者提出或者同意续订、订立劳动合同的，除劳动者提出订立固定期限劳动合同外，应当订立无固定期限劳动合同。
>
> （一）劳动者在该用人单位连续工作满十年的。
>
> （二）用人单位初次实行劳动合同制度或者国有企业改制重新订立劳动合同时，劳动者在该用人单位连续工作满十年且距法定退休年龄不足十年的。
>
> （三）连续订立两次固定期限劳动合同，且劳动者没有本法第三十九条和第四十条第一项、第二项规定的情形，续订劳动合同的。
>
> 用人单位自用工之日起满一年不与劳动者订立书面劳动合同的，视为用人单位与劳动者已订立无固定期限劳动合同。

1. 什么是无固定期限劳动合同

无固定期限劳动合同，是指用人单位与劳动者约定无确定终止时间的劳动合同。

这里所说的无确定终止时间，是指劳动合同没有一个确切的终止时间，劳动合同的期限长短不能确定，但并不是没有终止时间。只要没有出现法律规定的条件或者双方约定的条件，双方当事人就要继续履行劳动合同规定的义务。一旦出现了法律规定的情形，无固定期限劳动合同也同样能够解除。

2. 无固定期限劳动合同的好处

订立无固定期限的劳动合同，劳动者可以长期在一个单位或部门工作。这种合同适用于工作保密性强、技术复杂、工作又需要保持人员稳定的岗位。这种合同对于用人单位来说，有利于维护其经济利益，减少频繁更换关键岗位的关键人员而带来的损失。对于劳动者来说，也有利于实现长期稳定职业，钻研业务技术。

3. 无固定期限劳动合同的订立

根据《劳动合同法》第十四条规定，只要出现了本条规定的三种情形，在劳动者主动提出续订劳动合同或者用人单位提出续订劳动合同且劳动者同意的情况下，就应当订立无固定期限劳动合同。

这三种情形如表 2-1 所示。

表 2-1　应当订立无固定期限劳动合同的三种法律规定的情形

序号	法律规定的情形	说明
1	劳动者在该用人单位连续工作满 10 年	指劳动者与同一用人单位签订的劳动合同的期限不间断达到 10 年。如有的劳动者在用人单位工作 5 年后，离职到别的单位去工作了 2 年，然后又回到了这个用人单位工作 5 年。虽然累计时间达到了 10 年，但是劳动合同期限有所间断，不符合"在该用人单位连续工作满 10 年"的条件。劳动者工作时间不足 10 年的，即使提出订立无固定期限劳动合同，用人单位也有权不接受
2	用人单位初次实行劳动合同制度或者国有企业改制重新订立劳动合同时，劳动者在该用人单位连续工作满 10 年且距法定退休年龄不足 10 年	对于已在该用人单位连续工作满 10 年并且距法定退休年龄不足 10 年的劳动者，在订立劳动合同时，允许劳动者提出签订无固定期限劳动合同。如果一个劳动者已在该用人单位连续工作满 10 年，但距离法定退休年龄超过 10 年，则不属于本项规定的情形
3	连续订立两次固定期限劳动合同，且劳动者没有本法第三十九条和第四十条第一项、第二项规定的情形续订劳动合同	根据这一项规定，在劳动者没有本法第三十九条和第四十条第一项、第二项规定的用人单位可以解除劳动合同的情形下，如果用人单位与劳动者签订了一次固定期限劳动合同，在签订第二次固定期限劳动合同时，就意味着下一次必须签订无固定期限劳动合同。所以在第一次劳动合同期满，用人单位与劳动者准备订立第二次固定期限劳动合同时，应当做出慎重考虑

4. 如何解除无固定期限劳动合同

（1）协商解除。无固定期限的劳动合同在履行过程中，任何一方由于某种原因希望或已提出解除劳动合同，另一方只要表示同意，双方达成一致意见，就可以依据《中华人民共和国劳动法》第三十六条的规定解除劳动合同。

（2）依法解除。当法律规定的可以解除劳动合同的条件出现，或当事人在合同中约定的可以解除劳动合同的条件出现，无固定期限的劳动合同就可以依法定条件或约定条件解除。如劳动者有《中华人民共和国劳动法》第三十九条规定的情形之一出现时，用人单位就可以解除劳动合同。用人单位有《中华人民共和国劳动法》第三十八条规定的情形之一时，劳动者就可以解除劳动合同。

5. 如何变更无固定期限劳动合同

按照劳动法的规定，用人单位与劳动者协商一致，可以变更劳动合同约定的内容。除了劳动合同期限以外，双方当事人还可以就工作内容、劳动报酬、劳动条件和违反劳动合同的赔偿责任等方面协商，进行变更。在变更合同条款时，应当按照自愿、平等原则进行协商，不能采取胁迫、欺诈、隐瞒事实等非法手段，同时还必须注意变更后的内容不违法，否则，这种变更是无效的。

6. 关于视为无固定期限劳动合同

根据《劳动合同法》第十四条规定，用人单位自用工之日起满一年不与劳动者订立书面劳动合同的，视为用人单位与劳动者已订立无固定期限劳动合同。实践中很多企业无视法律的规定，仍然不与劳动者订立劳动合同。对于这种情况，《中华人民共和国劳动法》第八十二条第二款规定："用人单位违反《中华人民共和国劳动法》规定不与劳动者订立无固定期限劳动合同的，自应当订立无固定期限劳动合同之日起向劳动者每月支付两倍的工资。"

（三）以完成一定工作任务为期限的劳动合同

《劳动合同法》第十五条是关于以完成一定工作任务为期限的劳动合同的规定。

《劳动合同法》第十五条　以完成一定工作任务为期限的劳动合同，是指用人单位与劳动者约定以某项工作的完成为合同期限的劳动合同。

用人单位与劳动者协商一致，可以订立以完成一定工作任务为期限的劳动合同。

1. 什么是以完成一定工作任务为期限的劳动合同

以完成一定工作任务为期限的劳动合同，是指用人单位与劳动者约定以某项工作的完成为合同期限的劳动合同。合同双方当事人在合同存续期间建立的是劳动关系，劳动者要加入用人单位集体，参加用人单位工会，遵守用人单位内部规章制度，享受工资福利、社会保险等待遇。

2. 适用范围

一般在以下几种情况下，企业与劳动者可以签订以完成一定工作任务为期限的劳动合同。

（1）以完成单项工作任务为期限的劳动合同。

（2）以项目承包方式完成承包任务的劳动合同。

（3）因季节原因临时用工的劳动合同。

（4）其他双方约定的以完成一定工作任务为期限的劳动合同。

3. 此类合同不得约定试用期

根据《中华人民共和国劳动法》第十九条规定，以完成一定工作任务为期限的劳动合同或者劳动合同期限不满3个月的，不得约定试用期。只要劳动者按照劳动合同的要求完成了工作任务，就能说明劳动者胜任这份工作。

四、劳动合同的必备条款和约定条款

《中华人民共和国劳动法》第十七条规定了劳动合同的必备条款以及用人单位与劳动者可以协商约定的事项。

> **法规链接**
>
> 《中华人民共和国劳动法》第十七条　劳动合同应当具备以下条款。
> （一）用人单位的名称、住所和法定代表人或者主要负责人。
> （二）劳动者的姓名、住址和居民身份证或者其他有效身份证件号码。
> （三）劳动合同期限。
> （四）工作内容和工作地点。
> （五）工作时间和休息休假。
> （六）劳动报酬。
> （七）社会保险。
> （八）劳动保护、劳动条件和职业危害防护。
> （九）法律、法规规定应当纳入劳动合同的其他事项。
> 劳动合同除前款规定的必备条款外，用人单位与劳动者可以约定试用期、培训、保守秘密、补充保险和福利待遇等其他事项。

（一）劳动合同的必备条款

劳动合同的必备条款是指法律规定的劳动合同必须具备的内容。在法律规定了必备条款的情况下，如果劳动合同缺少此类条款，劳动合同就不能成立。劳动合同的必备条款如表2-2所述。

表2-2　劳动合同的必备条款

序号	必备条款	说明
1	用人单位的名称、住所和法定代表人或者主要负责人	明确劳动合同中用人单位一方的主体资格，确定劳动合同的当事人
2	劳动者的姓名、住址和居民身份证或者其他有效身份证件号码	明确劳动合同中劳动者一方的主体资格，确定劳动合同的当事人
3	劳动合同期限	即劳动合同的有效期限。劳动合同期限可分为固定期限、无固定期限和以完成一定工作任务为期限

续表

序号	必备条款	说明
4	工作内容	工作内容是指工作岗位和工作任务或职责。劳动合同中的工作内容条款应当规定得明确具体,便于遵照执行
5	工作地点	工作地点是指劳动合同的履行地,是劳动者从事劳动合同中所规定的工作内容的地点
6	工作时间	工作时间包括工作时间的长短、工作时间方式的确定,如是8小时工作制还是6小时工作制,是日班还是夜班,是标准工时还是实行不定时工作制,或者是综合计算工时制。在工作时间上的不同,对劳动者的就业选择、劳动报酬等均有影响,因此成为劳动合同不可缺少的内容
7	休息休假	休息休假的具体时间根据劳动者的工作地点、工作种类、工作性质、工龄长短等各有不同,用人单位与劳动者在约定休息休假事项时应当遵守劳动法及相关法律法规的规定
8	劳动报酬	劳动报酬主要包括以下几个方面 (1)用人单位工资水平、工资分配制度、工资标准和工资分配形式 (2)工资支付办法 (3)加班、加点工资及津贴、补贴标准和奖金分配办法 (4)工资调整办法 (5)试用期及病、事假等期间的工资待遇 (6)特殊情况下职工工资(生活费)支付办法 (7)其他劳动报酬分配办法。劳动合同中有关劳动报酬条款的约定,要符合我国有关最低工资标准的规定
9	社会保险	社会保险一般包括医疗保险、养老保险、失业保险、工伤保险和生育保险
10	劳动保护	国家为了保障劳动者的身体安全和生命健康,通过制定相应的法律和行政法规、规章,确保员工获得劳动保护,也规定用人单位应根据自身的具体情况,规定相应的劳动保护规则,以保证劳动者的健康和安全
11	劳动条件	劳动条件,主要是指用人单位为使劳动者顺利完成劳动合同约定的工作任务,为劳动者提供必要的物质和技术条件,如必要的劳动工具、机械设备、工作场地、劳动经费、辅助人员、技术资料、工具书以及其他一些必不可少的物质、技术条件和其他工作条件
12	职业危害防护	根据《职业病防治法》第三十三条的规定,用人单位与劳动者订立劳动合同时,应当将工作过程中可能产生的职业病危害及其后果、职业病防护措施和待遇等如实告知劳动者,并在劳动合同中写明,不得隐瞒或者欺骗

（二）可以在劳动合同中约定的事项

对于某些事项，法律不做强制性规定，由当事人根据意愿选择是否在合同中约定，劳动合同缺乏这种条款不影响其效力。这种条款可以称为可备条款。根据《劳动法》第十九条第二款规定，劳动合同除必备条款外，当事人可以协商约定试用期、培训、保守秘密、补充保险和福利待遇等其他事项。

（三）缺乏必备条款、不提供劳动合同文本的法律责任

> **法规链接**
>
> 《劳动合同法》第八十一条　用人单位提供的劳动合同文本未载明本法规定的劳动合同必备条款或者用人单位未将劳动合同文本交付劳动者的，由劳动行政部门责令改正；给劳动者造成损害的，应当承担赔偿责任。
>
> 《劳动合同法》第十六条　劳动合同由用人单位与劳动者协商一致，并经用人单位与劳动者在劳动合同文本上签字或者盖章生效。
>
> 劳动合同文本由用人单位和劳动者各执一份。

如果企业提供的劳动合同文本没有《劳动合同法》第十七条第一款规定的一项或者几项必备内容，或者企业未将劳动合同文本交付劳动者的要依法承担相应的法律责任，包括由劳动行政部门责令改正，对劳动者造成损害的，<u>企业应当承担赔偿责任</u>。

五、劳动合同的生效

《劳动法》第十六条对劳动合同的生效做出了规定。

> **法规链接**
>
> 《劳动法》第十六条　劳动合同是劳动者与用人单位确立劳动关系、明确双方权利和义务的协议。
>
> 建立劳动关系应当订立劳动合同。

（一）什么是劳动合同生效

劳动合同的生效，是指具备有效要件的劳动合同按其意思表示的内容产生了法律效力。双方在劳动合同上签字或者盖章即代表劳动合同成立，但是劳动合同的成

立并不代表着合同生效。如果双方当事人根据特定的需要，在劳动合同中对生效的期限或者条件做出特别约定的，那么当事人约定的期限或条件一旦成立，劳动合同即生效。

（二）劳动合同生效的条件

一份劳动合同发生法律效力必须具备一些条件，这些条件如图2-6所示。

劳动合同的双方当事人必须具备法定的资格；行为能力是签订合同的任何一方必须有法律上认可的签订劳动合同的资格。通常，年满16周岁、精神正常的人是具有签订劳动合同的行为能力的

劳动合同的内容和形式必须合法，不得违反法律的强制性规定或者社会公共利益

劳动合同需由用人单位与劳动者协商一致订立。订立劳动合同的双方必须意思表示真实，任何一方采用欺诈、胁迫等手段与另一方签订的劳动合同是无效的

图2-6 劳动合同生效的条件

（三）劳动合同的生效时间

在大多数情况下，劳动合同成立和生效是在同时的。

当事人签字或者盖章时间不一致的，以最后一方签字或者盖章的时间为准。如果有一方没有写签字时间，那么另一方写明的签字时间就是合同的生效时间。劳动合同当事人应当按照合同约定的起始时间履行劳动合同。

有时劳动合同约定的起始时间与实际履行的起始时间会不一致，这时则应按双方当事人实际履行劳动合同的起始时间确认。当事人对劳动合同的生效做出的其他约定，不得违背法律法规的规定。

（四）劳动合同的无效

劳动合同的无效有两点需要注意。

（1）劳动合同部分无效，不影响其他部分效力的，其他部分仍然有效。

（2）劳动合同的无效或者部分无效要由劳动争议仲裁机构或者人民法院确认，这一点常常被忽视。由于普通人对于无效原因的理解会发生偏差，法律将确认无效的权利限制为仲裁和诉讼，从而保障劳动合同双方当事人的合法权益。

六、用人单位导致无效合同的责任

《劳动法》第九十七条、《劳动合同法》第八十六条是有关无效合同损害责任的规定：由于用人单位的原因订立的无效合同，对劳动者造成损害的，应当承担赔偿责任。

> 《劳动法》第九十七条 由于用人单位的原因订立的无效合同，对劳动者造成损害的，应当承担赔偿责任。
>
> 《劳动合同法》第八十六条 劳动合同依照本法第二十六条规定被确认无效，给对方造成损害的，有过错的一方应当承担赔偿责任。

（一）无效劳动合同的情况

《劳动合同法》第二十六条规定，下列劳动合同无效或者部分无效。

（1）以欺诈、胁迫的手段或者乘人之危，使对方在违背真实意思的情况下订立或者变更劳动合同的。

（2）用人单位免除自己的法律责任、排除劳动者权利的。

（3）违反法律、行政法规强制性规定的。

（二）无效劳动合同的法律后果

《劳动法》第十八条明确规定："无效的劳动合同，从订立的时候起，就没有法律约束力。"因而，无效的劳动合同不受国家法律的承认和保护。对于劳动合同被确认无效的，其法律后果如下。

（1）根据劳动合同法的规定，劳动合同被确认无效，劳动者已付出劳动的，用人单位应当向劳动者支付劳动报酬。劳动报酬的数额，参考用人单位同类岗位劳动者的劳动报酬确定；用人单位无同类岗位的，按照本单位上年职工平均工资确定。

（2）无效劳动合同是由劳动合同当事人一方或者双方的过错造成的，对于无效的劳动合同，在确认其无效的同时，如给对方造成损害的，有过错的一方应当承担赔偿责任。

第三节 试用期管理

试用期是指对新录用的劳动者进行试用的期限。用人单位与劳动者可以在劳动合同中就试用期的期限和试用期期间的工资等事项做出约定，但不得违反《中华人民共和国劳动法》有关试用期的规定。

一、试用期的期限

《劳动合同法》第十九条对试用期做出了规定。

> 《劳动合同法》第十九条　劳动合同期限三个月以上不满一年的，试用期不得超过一个月；劳动合同期限一年以上不满三年的，试用期不得超过两个月；三年以上固定期限和无固定期限的劳动合同，试用期不得超过六个月。
>
> 同一用人单位与同一劳动者只能约定一次试用期。
>
> 以完成一定工作任务为期限的劳动合同或者劳动合同期限不满三个月的，不得约定试用期。
>
> 试用期包含在劳动合同期限内。劳动合同仅约定试用期的，试用期不成立，该期限为劳动合同期限。

（一）限制性规定

在用工过程中，目前滥用试用期侵犯劳动者权益的现象比较普遍，劳动合同法针对滥用试用期、试用期过长问题做出了有针对性的规定。

（1）限定约定试用期的固定期限劳动合同最短期限并予以细化。

限定能够约定试用期的固定期限劳动合同的最短期限，并且在劳动法规定试用期最长不得超过 6 个月的基础上，根据劳动合同期限的长短，将试用期细化。具体规定如下。

① 劳动合同期限在 3 个月以上的，可以约定试用期。也就是说，固定期限劳动合同能够约定试用期的最低起点是 3 个月。劳动合同期限 3 个月以上不满 1 年的，试用期不超过 1 个月。

② 劳动合同期限 1 年以上 3 年以下的，试用期不得超过 2 个月。

③ 3 年以上固定期限和无固定期限的劳动合同，试用期不得超过 6 个月。

这是针对用人单位不分情况，一律将试用期约定为 6 个月，劳动合同法的具体措施。

（2）同一用人单位与同一劳动者只能约定一次试用期。

（3）以完成一定工作任务为期限的劳动合同或者劳动合同期限不满 3 个月的，不得约定试用期。

（4）劳动合同仅约定试用期或者劳动合同期限与试用期相同的，试用期不成立，该期限为劳动合同期限。

（二）与试用期有关的问题

在试用期问题上，需要强调以下几点。

1. 不能以试用期为由解除劳动合同

试用期是一个约定的条款，如果双方没有事先约定，企业就不能以试用期为由解除劳动合同。

2. 试用期员工享有全部的劳动权利

《劳动合同法》限定了试用期的约定条件，劳动者在试用期间应当享有全部的劳动权利，这些权利包括取得劳动报酬的权利、休息休假的权利、获得劳动安全卫生保护的权利、接受职业技能培训的权利、享受社会保险和福利的权利、提请劳动争议处理的权利以及法律规定的其他劳动权利。还包括依照法律规定，通过职工大会、职工代表大会或者其他形式，参与民主管理或者就保护劳动者合法权益与用人单位进行平等协商的权利。

试用期员工不能因为试用期的身份而加以限制，与其他员工区别对等。

3. 试用期包括在劳动合同期限内

也就是说，不管劳动合同双方当事人订立的是 1 年期限的劳动合同，还是 3 年、5 年期限的劳动合同，如果约定了试用期，劳动合同期限的前一段期限（比如可能是 3 天、5 天或者一个星期，可能是 1 个月或者 2 个月）是试用期，试用期包括在整个劳动合同期限里。不管试用期之后是订立劳动合同还是不订立劳动合同，都不允许单独约定试用期。

4. 劳动合同双方当事人权利义务的大体平等

劳动合同法关于试用期的规定体现了劳动合同双方当事人权利义务的大体平等。如关于劳动合同的解除中规定，员工在试用期内可以通知企业解除劳动合同；员工在试用期期间被证明不符合录用条件的，企业也可以解除劳动合同。

二、试用期的工资

《劳动合同法》第二十条是关于试用期工资的规定。对本条的理解，应把握以下几点。

法规链接

《劳动合同法》第二十条 劳动者在试用期的工资不得低于本单位相同岗位最低档工资或者劳动合同约定工资的百分之八十，并不得低于用人单位所在地的最低工资标准。

（1）员工和企业即劳动合同双方当事人在劳动合同里约定了试用期工资，而约定的试用期工资又高于本条规定的标准的，按约定执行。

（2）约定试用期工资应当体现同工同酬的原则。

（3）员工在试用期的工资际上规定了两个最低标准：其一，不得低于本企业同岗位最低档工资；其二，劳动合同约定工资的80%。

（4）员工在试用期的工资不得低于企业所在地的最低工资标准。

三、试用期解除劳动合同的限制

《劳动合同法》第二十一条是关于试用期解除劳动合同限制的规定。

法规链接

《劳动合同法》第二十一条 在试用期中，除劳动者有本法第三十九条和第四十条第一项、第二项规定的情形外，用人单位不得解除劳动合同。用人单位在试用期解除劳动合同的，应当向劳动者说明理由。

为遏制部分用人单位恶意使用试用期，劳动合同法做出了针对性规定，在试用期中，除有证据证明劳动者不符合录用条件外，用人单位不得解除劳动合同。用人单位在试用期解除劳动合同的，应当向劳动者说明理由。

这意味着企业在试用期中，要解除与劳动者的劳动合同，必须有证据、有理由，证明劳动者哪些方面不符合录用条件，为什么不合格。如果企业恶意使用劳动者，不尽应尽的义务，劳动者诉诸法律时，用人单位要承担败诉的风险。

四、违法约定试用期的法律责任

《劳动合同法》第八十三条是关于用人单位违反劳动合同法规定与劳动者约定试用期的法律责任的规定。

> **法规链接**
>
> 《劳动合同法》第八十三条 用人单位违反本法规定与劳动者约定试用期的，由劳动行政部门责令改正；违法约定的试用期已经履行的，由用人单位以劳动者试用期满月工资为标准，按已经履行的超过法定试用期的期间向劳动者支付赔偿金。

（一）违反劳动合同法规定与劳动者约定的试用期无效的情形

企业违反劳动合同法规定与劳动者约定的试用期无效的情形包括图 2-7 所示的四种情形。

情形一	约定的试用期超过法律规定的最高时限。《劳动合同法》第十九条对不同期限、不同种类的劳动合同，规定了长短不同的试用期，如果企业与员工约定的试用期超过了法律规定的最长时限就是违法的
情形二	同一用人单位与同一劳动者约定了超过一次的试用期
情形三	以完成一定工作任务为期限的劳动合同或者劳动合同期限不满3个月的，约定了试用期的
情形四	劳动合同仅约定试用期或者劳动合同期限与试用期相同的

图 2-7 违反劳动合同法规定与劳动者约定的试用期无效的情形

（二）违反劳动合同法规定与劳动者约定试用期的法律责任

（1）根据《劳动合同法》第八十三条的规定，企业违反劳动合同法规定与员工约定试用期的，由劳动行政部门责令改正，违法约定的试用期已经履行的，由企业以员工试用期满月工资为标准，按已经履行的超过法定试用期的期间向劳动者支付赔偿金。

（2）根据这一规定，企业违反《劳动合同法》规定，与员工所约定的试用期，如果还没有实际履行的，由劳动行政部门责令企业予以改正，使之符合《劳动合同法》的规定；如果无效的试用期约定已经实际履行，则由企业以员工试用期满月工资为标准，按已经履行的超过法定试用期的期间向员工支付赔偿金。

> **小提示**
>
> 对于违法约定的试用期，只要员工已经实际履行，企业要按照已经履行的超过法定试用期的期间向员工支付赔偿金，对于员工尚未履行的期间，则企业不需要支付赔偿金。

第四节
保密义务和竞业限制

在激烈的市场竞争中,任何一个企业生产经营方面的商业秘密都十分重要。企业可以在合同中就保守商业秘密的具体内容、方式、时间等,与员工约定,防止自己的商业秘密被侵占或泄露。

一、有关商业秘密保护的法律规定

有关商业秘密的法律规定有《反不正当竞争法》第9条规定了商业秘密的定义和侵犯商业秘密的类型;《刑法》第219条规定侵犯商业秘密的罪状和应当承担的刑事责任;国家工商行政管理局《关于禁止侵犯商业秘密行为的若干规定》(共12条)对侵犯商业秘密的行为做了具体的规定;劳动和社会保障部《违反〈劳动法〉有关劳动合同规定的赔偿办法》第5条关于雇员违反劳动合同中约定保密事项,对用人单位造成经济损失的,按《反不正当竞争法》第二十一条的规定支付用人单位赔偿费用的规定。

(一)保密义务的规定

《劳动合同法》第二十三条是关于劳动者的保密义务的规定。

法规链接

《劳动合同法》第二十三条 用人单位与劳动者可以在劳动合同中约定保守用人单位的商业秘密和与知识产权相关的保密事项。

对负有保密义务的劳动者,用人单位可以在劳动合同或者保密协议中与劳动者约定竞业限制条款,并约定在解除或者终止劳动合同后,在竞业限制期限内按月给予劳动者经济补偿。劳动者违反竞业限制约定的,应当按照约定向用人单位支付违约金。

第二十五条 除本法第二十二条和第二十三条规定的情形外,用人单位不得与劳动者约定由劳动者承担违约金。

《劳动合同法》第二十三条规定，对负有保密义务的劳动者，用人单位可以在劳动合同或者保密协议中与劳动者约定竞业限制条款。在劳动合同解除后，不得使用或者披露信息的义务包含生产的秘密环节，以及足以构成商业秘密的其他信息。

企业要确定究竟哪些信息在劳动合同解除后，员工仍然负有不得披露和使用商业秘密的义务，必须考虑以下因素。

1. 劳动性质

如果工作过程中要经常性地处理秘密文件，员工显然要承担比一般员工更多的忠诚义务。也就是说，除了信息类型的限制之外，员工的身份和职位也会影响到竞业限制条款的效力。如果员工在工作过程中由于同客户的接触获知了客户相关的特别信息，企业自然可以合法地使用竞业限制条款禁止该员工在劳动合同终止后拉拢客户。这一原则非常普遍地适用于各种行业。

2. 信息本身的性质

即企业是否使员工意识到信息的保密性。虽然企业只是单方面声称某些信息是保密信息本身并不充分，但是企业对待这些信息的态度可以帮助确定信息的性质。

（二）员工违法保密事项损害赔偿

> **法规链接**
>
> 《劳动法》第一百零二条　劳动者违反本法规定的条件解除劳动合同或者违反劳动合同中约定的保密事项，对用人单位造成经济损失的，应当依法承担赔偿责任。

《劳动法》第一百零二条是关于员工违法解除合同和违反保密事项损害赔偿的规定。如果员工是在《劳动法》第三十一条和第三十二条规定之外的情况下解除劳动合同，并因此给企业造成了损失，则应当按规定承担赔偿责任。企业的此类损失如下。

（1）企业招收录用其所支付的费用。

（2）企业为其支付的培训费用，双方另有约定的按约定办理。

（3）对生产、经营和工作造成的直接经济损失。

（4）劳动合同约定的其他赔偿费用。

企业应确定本企业的涉密人员范围。此类人员在调离、辞职或解除劳动合同时应接受保密教育，并应当经密级确定机关批准。未经批准擅自离职的，依法追究当事人和用人单位负责人的行政责任。情节严重，并造成国家利益重大损失的，依法追究刑事责任。

员工违反《劳动合同法》第二十一条中的保密义务，并对企业造成经济损失的，应当承担违约责任，并按《中华人民共和国反不正当竞争法》（以下简称《反不正当竞争法》)第二十一条的有关规定支付企业赔偿费用。

> **法规链接**
>
> 《反不正当竞争法》第二十一条 经营者以及其他自然人、法人和非法人组织违反本法第九条规定侵犯商业秘密的，由监督检查部门责令停止违法行为，没收违法所得，处十万元以上一百万元以下的罚款；情节严重的，处五十万元以上五百万元以下的罚款。

二、商业秘密保护法律风险防范措施

（一）确定商业秘密的范围

> **法规链接**
>
> 《反不正当竞争法》第九条 ……本法所称的商业秘密，是指不为公众所知悉、具有商业价值并经权利人采取相应保密措施的技术信息、经营信息等商业信息。

依据《反不正当竞争法》第十条的规定，商业秘密范围具体包括的内容，如表2-3所示。

表2-3 商业秘密的范围

序号	范围	具体说明
1	产品	企业开发的新产品在既没有申请专利，又未投放市场之前，是企业的商业秘密；有些产品即便公开面市，但是产品的组成方式也可能是商业秘密
2	配方	工业配方、化学配方、药品配方等是商业秘密常见的形式，包括化妆品配方，其中各种含量的比例也属于商业秘密
3	工艺程序	产品由于投放市场可能完全公开，但生产产品的工艺程序，特别是生产操作的知识和经验，是重要的商业秘密。许多技术诀窍即是这类典型的商业秘密
4	改进的机器设备	在公开的市场上购买的机器设备不是商业秘密，但企业提出特殊设计而定制的设备，或设备购买后企业技术人员对其进行改进之处，也属企业的商业秘密
5	图纸	产品图纸、模具图纸以及设计草图等都是重要的商业秘密
6	研究开发的文件	记录新技术研制开发活动内容的各类文件，比如会议纪要、实验结果、技术改进通知、检验方法等，都是商业秘密

续表

序号	范围	具体说明
7	客户情报	客户名单是商业秘密非常重要的组成部分，如被竞争对手知悉，可能危及企业的生存
8	其他资料	其他与竞争和效益有关的商业信息，如采购计划、供货渠道、销售计划、会计财务报表、价格方案、分配方案、计算机软件、重要的管理方法等。这些信息能使企业在竞争中有一定优势。经企业有意进行保密的信息，都应当是商业秘密

（二）对商业秘密进行鉴定

1. 鉴定人员

企业应当由管理者、技术人员和法律人士组成专门的鉴定小组，对企业所有情报资料进行分析鉴定。在涉及相关部门时，鉴定小组还必须首先进行咨询。

2. 鉴定标准

企业鉴定商业秘密，可以直接运用商业秘密的要件价值性、实用性、新颖性、秘密性、保密性来进行评价；企业应当分析一定区域本行业的形势，以正确估计竞争地位，从对企业有利的角度确定商业秘密，而不能单纯地从法律角度鉴定商业秘密。

（三）对商业秘密进行分类、定级

企业对商业秘密进行分类，主要是为了方便管理。其分类方法也是灵活多变的，可以从商业秘密所属范畴划分，分为技术类商业秘密、经营类商业秘密和其他类商业秘密；也可以从生产环节划分，分为开发环节商业秘密、生产环节商业秘密等。比较常见的是比较便于管理的一种分类方法，就是按照情报资料涉密的程度（或者密级）分类，具体说明如表2-4所示。

表2-4 涉密的程度（或者密级）分类

序号	涉密的程度（或者密级）	具体说明
1	关键性商业秘密（绝密级）	一个具有竞争力的企业，至少都有一部分具有价值的商业秘密，比如配方、生产工艺等。这些商业秘密是企业赖以生存的基础，一旦泄密，企业就会招致灭顶之灾，所以必须将其划出并予以特别保护。当然，将这类商业秘密无限扩大也是一个误区，企业管理者必须准确清醒地认识到危及企业生存的商业秘密是什么
2	重要性商业秘密（机密级）	这一类商业秘密也是有重大价值的，它的泄密虽然不像关键性商业秘密会给企业带来灾难性后果，但是也会使企业大伤元气，遭受巨大经济损失

续表

序号	涉密的程度（或者密级）	具体说明
3	一般性商业秘密（秘密级）	其他具备商业秘密要件的情报资料都可以归入这一类。一般性商业秘密对竞争者也是有价值的，但是竞争对手得到它不会使权利人遭受不可弥补的损害
4	其他情报资料	有些虽有价值但并不属商业秘密范围。但是由于这些可利用资料的收集和整理需要付出一定的时间和薪水，企业也应当在短时间内妥善保管

（四）与涉密人员签订保密协议

企业在生产经营过程中，其商业秘密必定要加以利用，无论其员工或是第三人都有机会接触、知悉商业秘密，所以企业应当与接触商业秘密的人员建立一个明示的保密措施——保密协议。在人力资源的范畴，主要是指企业与员工的保密协议。

1. 员工对企业的保密义务

员工对企业的保密义务基于其对企业的忠实义务的要求，其内容包括以下六个方面。

（1）保守秘密的义务。

（2）正确使用商业秘密的义务。

（3）获得商业秘密职务成果及时汇报的义务。

（4）不得利用企业的商业秘密成立自己企业的义务。

（5）不得利用商业秘密为竞争企业工作的义务。

（6）妥善保管商业秘密文件的义务。

员工对企业的上述义务不仅是单方面负有的，而且是默示义务。即使企业与员工没有书面合同或协议，员工仍然对企业商业秘密负有上述义务。

2. 保密协议

尽管如此，企业还是应当与每一个有可能接触秘密的员工签订保密协议。这个协议可以作为劳动合同里的保密条款补充，也可以是一个单独的商业秘密。

企业可以从以下三个方面入手起草保密协议。

（1）商业秘密范围的界定。对哪些属于商业秘密、涉密的范围与具体的种类性质等内容应做详尽的规定，这是侦办或诉讼时有力的证据。

（2）关于保密期限的约定。鉴于商业秘密的性质，只要不公开就会永远保持其秘密性。因此，对于权利人以外知悉商业秘密的人，权利人有权要求其无限期地负有保密义务。故不但在工作关系和劳动合同存续期间，而且在工作关系或劳动合同解除以后直至商业秘密公开为止，相关人员或员工都不得披露使用或许可他人使用企业的商业秘密。

（3）关于违约责任，这是协议中很重要的一点。由于侵犯商业秘密罪是结果犯罪，目前商业秘密损失赔偿额的确定有相当的难度，被侵害企业举证也很困难，因此有必要在协议中事先约定相关人员或员工违约造成泄密时应付的违约金和赔偿金的计算方法及具体数目。这一方面便于诉讼；另一方面昂贵的预期违约成本也有助于抑制违约泄密行为的发生。

3. 该签保密协议的人员

在具体实施时，企业除了考虑企业内部的研究开发人员、技术人员、市场计划和营销人员、财会人员、秘书人员、保安人员外，不能忽略工作交往中不得不向其提供本企业商业秘密的合作伙伴、谈判对手、重要客户、服务提供单位等。该签协议的一定要签，该履行的手续一定要履行，以防侵权后发生争执。

第五节
竞业限制

竞业限制是指企业在劳动合同、知识产权归属协议或技术保密等协议中，对与本企业技术权益和经济利益有重要影响的有关行政管理人员、科技人员和其他相关人员协商，约定劳动者在职期间和离开单位后一定时期内，不得在生产同类产品或经营同类业务且有竞争关系的单位内任职，或者自己生产、经营与原企业有竞争关系的同类产品或业务。凡有这种约定的，企业应向受竞业限制的离职人员支付一定数额的补偿费。限制时间由当事人事先约定，但不得超过两年。

竞业限制制度的重要目的，就是为了保护企业的商业秘密不为雇员所侵犯。

一、竞业限制的范围

《劳动合同法》第二十四条是关于竞业限制的范围的规定。

法规链接

《劳动合同法》第二十四条　竞业限制的人员限于用人单位的高级管理人员、高级技术人员和其他负有保密义务的人员。竞业限制的范围、地域、期限由用人单位与劳动者约定，竞业限制的约定不得违反法律、法规的规定。

在解除或者终止劳动合同后，前款规定的人员到与本单位生产或者经营同类产品、从事同类业务的有竞争关系的其他用人单位，或者自己开业生产或者经营同类产品、从事同类业务的竞业限制期限，不得超过两年。

竞业限制的实施客观上限制了劳动者的就业权，进而影响了劳动者的生存权，因此，其存在仅能以协议的方式确立。比如，竞业限制的范围、地域、期限由企业与员工约定。尽管企业因此支付一定的代价，但一般而言，该代价不能完全弥补员工因就业限制而遭受的损失。因此，为了保护劳动者的合法权益，在强调约定的同时对竞业限制进行了必要的限制。

1. 竞业限制适用的人员

《劳动合同法》对竞业限制主体范围规定为：竞业限制的人员限于用人单位的高级管理人员、高级技术人员和其他负有保密义务的人员。

如果将竞业限制扩大到全体员工，则不仅威胁到广大无关员工的生存权，而且也会极大地损失用人单位因竞业限制而过多支付员工的补偿费用，造成两败俱伤。

2. 限定竞业限制的内容

竞业限制的相关商业及技术秘密，必须是用人单位采取了必要的保护措施，建立了相应的保护制度，不为一般员工或社会公众所知悉的。未进行保护的或者与竞业限制内容相关的技术秘密、商业秘密已为公众所知悉，或者不能为本单位带来经济利益或竞争优势，不具有实用性的，即不具有或丧失其秘密性，就不能成为竞业限制的内容。

3. 竞业限制的范围、地域

竞业限制的范围、地域要界定清楚。由于竞业限制了劳动者的劳动权利，竞业限制一旦生效，劳动者要么改行，要么赋闲在家，因此不能任意扩大竞业限制的范围。鉴于商业秘密的范围可大可小，如果任由用人单位来认定，难免有被扩大之虞。原则上，竞业限制的范围、地域应当以能够与用人单位形成实际竞争关系的地域为限。

4. 竞业限制的期限

在解除或者终止劳动合同后，受竞业限制约束的劳动者到与本单位生产或者经营同类品、业务的有竞争关系的其他用人单位，或者自己开业生产或者经营与本单位有竞争关系的同类产品、业务的期限不得超过两年。

二、约定好竞业限制合同的条款

法规链接

《劳动法》第二十二条 劳动合同当事人可以在劳动合同中约定保守用人单位商业秘密的有关事项。

《劳动合同法》第二十三条 用人单位与劳动者可以在劳动合同中约定保守用人单位的商业秘密和与知识产权相关的保密事项。对负有保密义务的劳动者,用人单位可以在劳动合同或者保密协议中与劳动者约定竞业限制条款,并约定在解除或者终止劳动合同后,在竞业限制期限内按月给予劳动者经济补偿。

劳动者违反竞业限制约定的,应当按照约定向用人单位支付违约金。

《劳动合同法》第九十条 劳动者违反本法规定解除劳动合同,或者违反劳动合同中约定的保密义务或者竞业限制,给用人单位造成损失的,应当承担赔偿责任。

从企业的角度来看,在与员工约定竞业限制条款时,在保证条款内容符合法律法规的规定的同时,还要把握双方合意的原则。如果仅从自身的利益考虑单方面约定竞业限制内容,有可能导致竞业限制无效。

竞业禁止合同的内容主要包括以下五个方面。

(一)限制范围条款

限制范围条款包括时间、地域、限制领域等。

(1)时间是指离职后多少年内,不得从事限制领域的工作。

(2)地域是指在约定的地域内不得从事限制领域的工作。

(3)限制领域是指从事某种技术、产品、经营、服务等的企业或工作岗位。关于限制领域的具体内容可以结合本行业或本企业的特点,另外制定内容详尽的附件。

(二)禁止劝诱离职

员工离职后,不得诱使其他知悉企业商业秘密的员工离职。该条款意在防范近年频繁出现的员工集体叛离给企业带来严重损失的行为。

(三)补偿费

作为对员工牺牲一定程度择业自由的补偿,企业应支付一定数额的竞业限制补偿金,具体标准可由双方约定或执行相关行业或地方的规定。

三、竞业限制管理的要点

（1）竞业限制可以有效避免高级和核心人才的流失，但是《劳动合同法》规定的竞业限制适用范围缩小，成本增高，代价高昂，企业应谨慎运用，不要轻易与员工约定竞业限制义务，对没有保密义务的普通员工也签订竞业限制协议。

（2）约定竞业限制的，企业应按规定在劳动关系结束后、在竞业限制期限内按月支付经济补偿。如果企业没有尽到这一义务，就无法要求员工履行"竞业限制"的义务。在此情况下，劳动者有权解除竞业限制协议。

（3）为了避免出现纠纷，企业在与员工签订竞业限制协议时，最好明确本企业的经营范围和业务范围（可以列出竞争单位名单）。

（4）签订竞业限制协议一定要约定违约金。只有约定了违约金，一旦员工违约，即使企业没有损失，也可以依据违约责任要求员工支付违约金。如果员工给企业造成的损失超过违约金的话，企业还可以要求支付赔偿金；反之，如果事先不约定违约金，当员工违约而没有给企业造成损失的话，企业是无法主张赔偿的，即便造成损失，也要证明损失的存在才可以要求赔偿。

附：案例解析

案例01：试用期能否延长，谁说了算

【事件】张先生是一家公司的销售储备干部，2019年9月2日入职，与公司签订了5年的劳动合同，并约定试用期为3个月。在2019年11月16日的时候，张先生被公司的人力资源经理找去面谈，经理向张先生反馈，由于他试用期的表现未尽如人意，所以公司需要延长他的试用期到2020年2月28日，以待考察。

由于公司对于试用期的员工与其他员工一视同仁，试用期的待遇与转正后的待遇并没有任何的区别，张先生也知道他确实还是存在有待提高的地方，所以就没有往心里去，也同意了公司的延长试用期的决定。

之后，张先生在与朋友聊天时得知，同一用人单位与同一劳动者只能约定一次试用期。张先生心里很纳闷，公司延长试用期的做法是否合法？

【解析】根据《劳动合同法》的规定，同一用人单位与同一劳动者只能约定一次试用期。那么试用期的延长到底合不合法呢？到底符不符合以上规定呢？我们倾向认为可以从以下方面进行分析。

首先，试用期的延长一般意味着劳动合同的变更，由于劳动合同由双方签订并生效，所以劳动合同的变更也应当经由双方协商一致。因此，我们可以得出结论，试用

期的延长需要双方协商一致。也就是说，如果只是用人单位单方决定延长试用期，但职工并不同意的话，那么试用期是不能延长的。

其次，根据《劳动合同法》的规定，除了需要双方协商一致外，延长后的试用期也并不能超过法律规定的最长试用期。

最后，试用期的延长并不等同于约定了两次或多次试用期。

综合上述的分析可知，试用期能否延长，由以下两个法律节点来决定。

第一，劳资双方是否已经对延长试用期协商一致，如果已经协商一致，那么可以延长；否则，不能延长。

第二，延长后的试用期是否超过法定最长的试用期。如果不超过法定最长试用期，那么就可以延长；反之，就不能延长。

案例 02：公司不给职工劳动合同文本合法吗

【事件】 小丽大学毕业后就投入找工作的队伍中，参加了好几场招聘会，投出去几十份简历，都没有什么音讯，学文秘的她感到了就业的严峻。在她一再降低要求下，终于收到了一家民营企业的面试函。

小丽因为没有工作经验，公司说要试用3个月才可以给小丽转正。小丽很珍惜这次机会，就答应了这个条件，和公司签订了为期1年的劳动合同。小丽工作上很勤奋，也很快上手，各种文件、会议资料总是提前准备得很妥当，平时一些跑腿的活儿也抢着干。

半年过去了，小丽迅速成长。她听说公司其实并没有给职工缴纳社保，小丽才想起当初和公司签订的劳动合同，公司并没有给她一份，她去询问，公司回复说所签订的劳动合同都由公司统一管理，个人手中不能留存。小丽想知道公司的这种说法合法吗？

【解析】 依据《劳动合同法》第十六条规定："劳动合同由用人单位与劳动者协商一致，并经用人单位与劳动者在劳动合同文本上签字或者盖章生效。劳动合同文本由用人单位和劳动者各执一份。"

本案中，小丽公司的做法违反了《劳动合同法》的相关规定，是违法的。公司无权将属于劳动者的合同文本扣留。

案例 03：医疗期内，劳动合同可以期满终止吗

【事件】 已有11年工作经验的陈某于2016年7月跳槽至一家互联网公司，任销售经理，陈某与公司签订了劳动合同，期限截至2018年12月31日。2018年7月，陈某被查出罹患癌症，于是一直向公司申请休病假。2018年11月30日，公司人事

部与陈某联系，告知他的劳动合同期限即将届满，考虑到他的身体情况已无法正常上班，公司将不会与他继续签订劳动合同，双方劳动关系将在2018年12月31日到期终止。陈某认为他仍处于医疗期，根据法律规定，公司不能在医疗期内解除他的劳动合同。公司和陈某谁是对的？

【解析】 陈某享有六个月的医疗期，其劳动合同应当顺延至2019年1月医疗期满时终止，公司不能在2018年12月31日终止与陈某的劳动关系。

第一，陈某的医疗期为6个月，至2019年1月届满。

根据《劳动部关于发布〈企业职工患病或非因工负伤医疗期规定〉的通知》（劳部发〔1994〕479号）第三条规定，陈某的实际工作年限为10年以上，在本单位的工作年限为5年以下，所以陈某的医疗期为6个月。陈某从2018年7月开始休病假，其医疗期至2019年1月届满。因此，2018年12月31日陈某劳动合同期限届满时还处于医疗期内。

第二，陈某的劳动合同应当顺延至医疗期满时终止。

根据《劳动合同法》第四十二条和第四十五条的规定，劳动合同期满，但是劳动者患病或者非因工负伤，在规定的医疗期内的，劳动合同应当续延至规定的医疗期满时终止。

综上所述，陈某的劳动合同应当顺延至2019年1月医疗期满时终止，公司不能在2018年12月31日终止与陈某的劳动关系。

案例04：上班路上被车撞，企业要解除合同合法吗

【事件】 朱某是在某策划公司工作了两年的员工，他的文案工作虽然没什么经典之作，但客户对其创作还是很满意的。2018年的冬日，一场雨夹雪让整个城市的道路变得湿滑，交通缓慢。朱某特意从家早出来十分钟，在公交站台等车。一辆公交车进站台后突然失控急速撞向了人群，朱某受伤被送往医院救治。

送医后，朱某被诊断为：脑震荡，颅骨骨折，肋骨骨折。经过一段时间的治疗后，朱某虽然出院了，但却留下后遗症，总是阵发性头痛，还总爱忘事，无法集中精力进行文案创作。后来进行劳动能力等级鉴定，朱某被鉴定为：六级伤残，部分丧失劳动能力。

策划公司领导觉得，公司已经给其足够充裕的治疗期，不能长期养着不能胜任工作的人，决定和朱某解除劳动合同。这种情况，公司解聘朱某合法吗？

【解析】 朱某上班路上出现事故，导致头脑受伤，根据我国《工伤保险条例》第十四条的规定："职工有下列情形之一的，应当认定为工伤……（六）在上下班途中，受到非本人主要责任的交通事故或者城市轨道交通、客运轮渡、火车事故伤害的……"

朱某可以根据我国《工伤保险条例》第三十六条规定和《中华人民共和国劳动合同法》第四十二条规定，如果朱某本人未提出解除劳动合同，用人单位一般不可以解除劳动合同。用人单位可以考虑将朱某安排到劳动强度不大、轻松的工作岗位，如收发室等。

案例05：试用期包含在劳动合同期限之内吗

【事件】 江某在2018年7月求职一家民营公司，双方约定3个月的试用期，江某在工作了一个月后找到公司人事部门，商量要求签订劳动合同。该公司却以试用期未完，还不能签订劳动合同为由拒绝了江某的要求。江某觉得，自己已经入职公司，就应该签订劳动合同，到底谁的说法是正确的呢？

【解析】 依据《中华人民共和国劳动合同法》第十九条规定，劳动合同的试用期包含在劳动合同期限之内，对于单位以试用期为由拒绝签订劳动合同的，劳动者有权在一个月后向单位主张支付双倍工资，用人单位约定的试用期不得超过法律规定的标准。

案例06：兼职工作可以约定试用期吗

【事件】 小申是个插画师，属于自由职业者，因为年初买房之后经济压力增大，打算再做一份兼职。之后小申在某出版社找到一份符合自己要求的工作并与出版社就工作时间、工作报酬等事宜进行了协商。小申正式报到上岗后，该用人单位提出其工作的第一个月为试用期，这让小申疑惑不解，这种兼职的工作还可以约定试用期吗？

【解析】 我国以法律的形式明确规定非全日制劳动不得约定试用期，在非全日制用工的试用期问题上最大限度地维护劳动者的合法权益。

根据《劳动合同法》第七十条规定："非全日制用工双方当事人不得约定试用期。"非全日制用工本来就属于灵活用工形式，劳动关系的不确定性比全日制用工要强，而且非全日制劳动者的收入也往往低于全日制职工，所以，应严格控制试用期来加强对非全日制劳动者的保护。据此可知，案例中的兼职用工单位不得与小申约定试用期。

案例07：以完成一定工作任务为期限的劳动合同，可以约定试用期吗

【事件】 某公司招聘三名程序员，劳动合同约定试用期为两个月，期间每人每月工资15000元。三人的劳动合同还有一条补充规定，即劳动合同于三人将公司交给的软件设计完成并验收合格时自然终止。在工作一个多月的时候，总经理发现三名程序员中的谭某工作状态不佳，经常用公司的计算机做与工作无关的事，而且工作的进

展也比其他两人慢很多。总经理提出解聘谭某,而且谭某等人的工作只是软件设计,是以完成一定工作任务为期限的工作,可以不采用试用期。谭某认为他马上就要试用期满了,是公司想"白用"他两个月,不同意公司的解聘决定。谭某的说法有道理吗?

【解析】 根据《劳动合同法》第十九条规定:"以完成一定工作任务为期限的劳动合同或者劳动合同期限不满三个月的,不得约定试用期。"以完成一定工作任务为期限约定的任务必须明确、具体,有任务完成的验收标准,不能笼统地做岗位描述。如软件开发任务,可以以某个软件开发任务完成作为期限,但如果只是约定软件开发,并没有明确约定某个任务,就不属于这一用工形式。本案中,谭某等的软件设计任务,是在其设计完成并验收合格时才结束,属于这一用工形式。由于是以完成一定工作任务为期限,并且以任务的完成作为条件,因此,不能再与劳动者约定试用期。只要任务完成,合同自然终止,用人单位也不需要向劳动者支付经济补偿金。因此,本案中该公司与谭某等三人约定试用期不符合法律的规定。在工作中公司总经理认为谭某不符合公司的用人标准,可以与其协商,如不能协商一致可以与其解除劳动合同。

案例08:新职工培训期长,用人单位能将试用期设为一年吗

【事件】 某公司招聘技工若干名,因为该技工岗位从事的工作比较特殊,要经过老师傅长时间的培训和指导。因此在招聘启事中申明,因技工工作性质特殊,其试用期设为一年,前三个月试用期间按正式职工的90%计算薪酬,以后的试用期按正式职工计算薪酬。新入职的职工认为将试用期设定为一年太长,自己的权益得不到保障。该公司的做法合法吗?

【解析】 在劳动合同中规定试用期,既是订立劳动合同双方当事人的权利与义务,同时也为劳动合同其他条款的履行提供了保障。但试用期的长短要符合法律的规定,《劳动法》第二十一条规定:"试用期最长不得超过六个月。"《劳动合同法》第十九条又进一步进行了规定:"劳动合同期限三个月以上不满一年的,试用期不得超过一个月;劳动合同期限一年以上不满三年的,试用期不得超过两个月;三年以上固定期限和无固定期限的劳动合同,试用期不得超过六个月。"本案中,公司将试用期设定为一年,完全不符合法律的规定,而应当根据自己的具体情况设定合理的试用期,不能因技工工作性质特殊就违法约定试用期。

案例09:专业技术培训费用是否应当包含培训期间的工资

【事件】 黄某于2018年3月1日入职某科技公司,从事工程师工作,双方签订了为期5年的劳动合同。2019年5月31日,科技公司与黄某订立服务期协议,约定将黄某送到国外进行专业技术培训3个月，培训费用为15万元（含黄某培训期间的3个月工资6万元），黄某回国后须为科技公司服务满5年，否则应承担违约责任。黄某培训回国后工作满2年即提出辞职。双方因违约金发生争议，科技公司提出劳动人事争议仲裁申请，要求黄某支付违约金10万元。

专业技术培训费用是否应当包含培训期间的工资？

【解析】《中华人民共和国劳动合同法》第二十二条第二款规定，劳动者违反服务期约定的，应当按照约定向用人单位支付违约金。违约金的数额不得超过用人单位提供的培训费用。用人单位要求劳动者支付的违约金不得超过服务期尚未履行部分所应分摊的培训费用。

《中华人民共和国劳动合同法实施条例》第十六条规定，劳动合同法第二十二条第二款规定的培训费用，包括用人单位为了对劳动者进行专业技术培训而支付的有凭证的培训费用、培训期间的差旅费用以及因培训产生的用于该劳动者的其他直接费用。

从上述规定来看，法律并未将培训期间的工资列入培训费用。而且，用人单位安排劳动者培训，虽然可以提高劳动者的个人技能，但更多的是使劳动者为用人单位创造更大的经营效益，故即使用人单位安排劳动者脱产培训，上述培训期间仍应当视为劳动者在为用人单位提供劳动。

因此，用人单位应当依法、依约足额支付劳动者的劳动报酬，而不应因劳动者提前离职而扣减。

案例10：未办理工作交接，用人单位能否拒绝向离职员工支付工资

【事件】 张某系某网络公司的工程师，双方签订有期限自2016年3月1日～2019年2月28日的劳动合同，2018年2月14日张某因个人原因向某网络公司提出离职，但公司未向张某支付2018年1月1日～2018年2月14日的工资。

张某遂向仲裁委提起申请，要求公司支付其2018年1月1日～2018年2月14日的工资。网络公司辩称，张某未按照公司规定办理工作交接，故不同意支付张某2018年1月1日～2018年2月14日的工资，张某与其办理完工作交接后再支付工资。

劳动者未履行办理工作交接的义务，用人单位单位能否扣发其工资？

【解析】《中华人民共和国劳动合同法》第五十条第二款规定，"双方解除或终止劳动合同的，劳动者应当按照双方约定，办理工作交接"。工作交接是劳动者离职时应履行的法定义务。

那么本案中张某未办理工作交接，能否成为公司不为张某结算工资的抗辩理由呢？答案是否定的。

工资是指劳动者提供劳动后，用人单位依据国家相关规定或劳动合同的约定，以

货币形式直接支付给劳动者的劳动报酬。

根据《中华人民共和国劳动合同法》第三十条第一款规定和《中华人民共和国劳动法》第五十条规定可以看出，用人单位不得随意拖欠劳动者工资。双方解除劳动关系时，用人单位应当一次性付清劳动者工资。

劳动者和用人单位应当依法履行各自的法定义务。本案中，用人单位的正确做法应当是依法支付张某应该享受的劳动报酬，再就张某未办理工作交接的情况，向仲裁委提出仲裁申请，请求裁决张某办理工作交接。

案例 11：职工违章操作造成工伤，用人单位扣减停工留薪期工资是否合法

【事件】 2016 年年底，某煤矿经职工代表大会讨论后制定一份安全管理办法，规定员工因违章操作造成受伤或自己安全保护不到位造成受伤的，由责任人按职工在伤休期间依国家规定计算出的薪酬标准的 20% 赔偿人力资源损失。该规定已通过培训及考试形式告知全体职工。

2017 年 11 月，职工万某在工作中因违章操作受伤。12 月 30 日，万某被依法认定为工伤。2018 年 11 月 9 日，万某经劳动能力鉴定为伤残 8 级。某煤矿根据医疗机构出具的诊断证明，依法确定万某停工留薪期为 6 个月，万某无异议。随后，某煤矿以万某是因违章操作造成工伤为由，按万某原工资80%（即4000元）为基数计发其停工留薪期工资。万某认为煤矿应以其原工资5000元为基数计算停工留薪期工资。双方遂发生争议，万某提起劳动争议仲裁。

该煤矿安全管理办法的上述规定是否合法？可否依据上述制度扣减万某的停工留薪期工资？

【解析】 该煤矿不能依据该规章制度扣减万某的停工留薪期工资。

《工伤保险条例》第三十三条规定："职工因工作遭受事故伤害或者患职业病需要暂停工作接受工伤医疗的，在停工留薪期内，原工资福利待遇不变，由所在用人单位按月支付。"本案中，万某是工伤职工，由于工伤的无过错责任原则，该公司制度要求工伤职工的承担过错（或过失）责任，违反《工伤保险条例》第三十三条的规定，应认定为不合法。

因此，职工遭受工伤，应由用人单位依法承担工伤保险待遇支付责任。本案中，该煤矿应依据《工伤保险条例》第三十三条的规定足额支付万某停工留薪期工资。

案例 12：推行"弹性工作时间"也得支付加班费

【事件】 肖某是某公司的编辑，负责公司两个微信公众号以及一个微博账号的

编辑、运营工作。由于公司处于初创阶段，人手不足，公司负责人经常要求肖某加班。半年后，肖某提起了劳动仲裁，要求公司支付双休日、法定节假日加班工资等款项。公司负责人表示，公司实行"弹性工作时间"，并没有严格规定肖某的具体上下班时间，也没有对肖某记录考勤，虽然有时候存在加班情况，但肖某都已经自行安排了倒休。因此，公司不需要向肖某支付双休日、法定节假日加班工资。法院采信了肖某的主张，判决该公司向肖某支付双休日、法定节假日加班工资。

【解析】 该公司虽然主张公司实行"弹性工作时间"，不强制要求员工的到岗工作时间，但该公司无法就此提交打卡记录等有效的考勤证据，故该公司应就此承担相应的不利责任。反观肖某一方，肖某主张在职期间存在休息日、法定节假日加班，并就此提交了短信、电子邮件等材料为证。因此，从证据方面，肖某所提交的证据足以有效证明该公司在休息日、法定节假日给肖某安排了工作，要求其加班、加点完成工作任务。因此，肖某要求该公司支付加班工资有理有据，可以得到法院支持。

案例13：脱产学习人员工资基数如何确定

【事件】 网络上关于编程人员的段子非常多，各种"单身狗""加班狗"的"自黑"也是道出了这个行业的辛苦，随着互联网的发展，各种编程代码技术的更新速度飞快。于是，编程人员面临着不断学习进修的选择，年薪从十几万元也会跌落下来。

黎某是一家IT公司部门的研发人员，2015年7月，公司为了提高企业职工的技术水平，加快公司知识结构的提高，派黎某等几个人到中关村进行一年的脱产学习。在学习期间，公司给他们发放基本工资，学习结束后回原岗位工作。黎某在被派出学习前一年的月平均工资为12000元，而2014年该市职工的月平均工资是3500元，那么，黎某的个人缴费工资基数怎么确定？

【解析】 根据《劳动和社会保障部关于职工基本养老保险个人账户管理暂行办法的通知》规定，单位派出的长期脱产学习人员、经批准请长假的职工，保留工资关系的，以脱产或请假的上年月平均工资作为缴费工资基数。月平均工资按国家统计局规定列入工资总额统计的项目计算，包括工资、奖金、津贴和补贴等收入。本人月平均工资低于当地职工平均工资60%的，均按当地职工月平均工资的60%缴费；超过当地职工平均工资300%的，按当地职工月平均工资的300%缴费，超过部分不记入缴费工资基数，也不记入计发养老金的基数。据此，黎某脱产学习前一年的月平均工资是12000元，而上一年即2015年该市的职工月平均工资为3500元，也就是说黎某的月平均工资高出该市的职工月平均工资的三倍即10500元，所以只能以该市的职工月平均工资的三倍10500元为个人缴费工资基数。

案例 14：未签劳动合同受工伤停工期内有工资吗

【事件】 2018 年 11 月 5 日，某房地产开发公司后勤部招聘电瓶车司机，负责用观光电瓶车接送前来看房人员，在售楼处到所开楼盘单元这一区间往复驾驶。50 岁的老王经人介绍来应聘，被录用后和另一名电瓶车司机一起工作。

天有不测风云，2019 年春节刚过，一场降雪后，路面结冰变得异常滑。老王在开电瓶车运送看房客人时，刹车过急，造成侧翻。车上的两位客人只是皮外伤，老王却颅骨损伤，住院治疗。

老王随后申请工伤认定，被认定为工伤，停工留薪期确定为三个月。老王治疗康复期间，公司就不再为老王发工资了，老王生活无着，而且也没有和公司签订劳动合同。他想知道，自己停工留薪期间能否要求公司为其开工资？

【解析】《劳动合同法》第八十二条规定："用人单位自用工之日起超过一个月不满一年未与劳动者订立书面劳动合同的，应当向劳动者每月支付两倍的工资。"《工伤保险条例》第三十三条规定："职工因工作遭受事故伤害或者患职业病需要暂停工作接受工伤医疗的，在停工留薪期内，原工资福利待遇不变，由所在单位支付。"

老王在停工留薪期间与某房地产开发公司的关系同正常工作期间没有区别，那么，老王在停工留薪期内就有权获得未签订书面劳动合同的双倍工资。因此，老王在停工留薪期用人单位也应当为其发放工资，并且应当支付未签订劳动合同所产生的双倍工资。

案例 15：职工加班未经审批，能否主张加班费

【事件】 张某大学毕业后，进入嘉兴一家软件公司担任程序员，主要负责软件开发工作。由于对工作不熟练，在 8 小时内完不成任务，只好加班完成工作。半年后，张某提出了离职申请，同时要求公司支付自己的加班费。然而，公司拒绝了他的要求，并表示，在与张某签订的劳动合同里面清楚约定，公司实行标准工时制度，对于超出 8 小时以外的加班需要经过部门主管的审批。张某的加班没有经过审批，不符合支付加班费的条件。随后，张某提起了劳动仲裁，他的仲裁请求会得到支持吗？

【解析】 根据原劳动部《工资支付暂行规定》第十三条规定，单位支付加班费的前提是"用人单位根据实际需要安排劳动者在法定标准工作时间以外工作"，即由用人单位安排加班的，用人单位才应支付加班费。如果不是用人单位安排加班，而是由劳动者自愿加班的，用人单位依据以上规定可以不支付加班费。

本案中，张某平时的延时加班主要是因为工作不熟练，不是由公司安排，而是张某自愿进行的，并且张某也未履行公司规定的加班审批手续。因此，张某要求公司支付加班费的要求缺乏法律依据，无法得到支持。

案例 16：解除劳动关系还能拿到当年的年终奖吗

【事件】 又到了年底，年终奖成为"上班族"们衡量企业效益的标准，虽然2020年的年终奖整体比去年降低了不少，但能拿到年终奖的职工还是很喜悦的。杨某这个"小白领"往年的年终奖都是同学们羡慕的对象，可今年，杨某不但和公司解约，连年终奖也没拿到，她很郁闷。

杨某在2018年入职某印刷公司任企划一职，双方签订劳动合同到期日为2020年12月。因为公司效益严重下滑，公司决定调整，裁掉了企划部，公司不再与杨某续约，支付了相应的经济补偿金。

赋闲在家的杨某在微信朋友圈里看到公司年会上，原同事们都发到了年终奖。于是找公司沟通，认为2021年的年终奖也应该有自己的一份，公司以已经解除劳动关系为由拒绝她的要求。杨某觉得不服，找律师咨询。

【解析】《中华人民共和国劳动法》第四十六条规定："工资分配应当遵循按劳分配原则，实行同工同酬。"《中华人民共和国劳动法》第四十七条规定："用人单位根据本单位的生产经营特点和经济效益，依法自主确定本单位的工资分配方式和工资水平。"

劳动者是否能取得年终奖通常取决于以下三个条件：第一，劳动者有资格获得年终奖；第二，用人单位存在发放年终奖的事实；第三，劳动者应得的奖金数额。如劳动者主张其应获得年终奖，则应提供证据证明用人单位确实发放了该项年终奖，至于劳动者是否有获得年终奖的资格以及应得的奖金数额，则应当由用人单位进行举证。

因杨某与某印刷公司之间从未就年终奖的发放事宜进行过约定，用人单位有自主决定是否发放某项奖金及发放标准的权利。但是，用人单位一旦决定了发放某项奖金，那么根据同工同酬原则，对相同岗位相同条件或可以适用相同奖励规则的劳动者即应一视同仁，根据既定的发放规则予以发放。

而据了解，某印刷公司对完成工作任务的职工都有发放年终奖，2018年、2019年也对杨某发放了年终奖。

本案中，公司对其他员工按照以往年度的发放规则发放了2020年度的年终奖，杨某在2020年度正常地完成了自己的工作任务，按照同工同酬原则，亦应获得该项年终奖。

案例 17：被借调后工资被降档，合法吗

【事件】 赵某在某日化集团工作，正好在某年5月，签订的三年劳动合同到期。合同期满后，赵某还想继续留在集团工作，主动找公司人力资源部商量合同续签一事。

人力资源部主任说合同续签要等集团负责人出差回来商议后再定,结果,过了一个月合同也没有续签。后来,人力资源部说要借调赵某到集团分部工作一段时间,赵某同意前往分部工作。可在分部工作一个月后,赵某发现自己的工资比在集团时少了500元。

赵某于是又来人事部询问情况。得到的答复是:"赵某在集团总部负责文案属于一类岗位,现在到分公司的文员协调岗位属于集团的二类岗位,所以现在工资要比原来少500元。"对此答复,赵某很不满意。赵某认为,虽然自己和集团没有续签劳动合同,但也应该按合同中约定的工资支付。赵某不明白,现在自己的状况该怎么办,单位给他工资降档合法吗?

【解析】 虽然赵某与某日化集团的劳动合同到期,双方没有续签书面劳动合同,但没有续签是因为某日化集团方造成的,所以双方存在事实劳动关系,且赵某的工作岗位及工作职责均未发生变化,应参照原合同履行。赵某在事实劳动合同履行期间被借调到分部工作,事先也未约定好岗位和工资,应视为双方默认按原劳动合同约定的工资标准履行。因此,公司降档给赵某开工资是违反劳动合同约定的。

根据我国《劳动部关于实行劳动合同制度若干问题的通知》第十四条规定,赵某可以向当地劳动争议仲裁委员会去申请劳动仲裁,对仲裁结果不服的话,可以再向法院起诉。

案例18:试用期内零工资合法吗

【事件】 杨某是某美院设计专业毕业的高才生。2018年7月毕业后,她投递简历给一家发展不错的民营企业,经过面试后,杨某准备入职。双方签订劳动合同时,杨某发现为期1年的劳动合同,约定了一个月的试用期,试用期内不能领取工资,试用合格转正后工资为8000元+绩效。杨某想到了刚毕业工资可能不高,但试用期零工资的待遇还是让她吃惊。

她想知道公司这样的做法是否合法?

【解析】 我国《劳动合同法实施条例》第十五条规定:"劳动者在试用期的工资不得低于本单位相同岗位最低档工资的80%或者不得低于劳动合同约定工资的80%,并不得低于用人单位所在地的最低工资标准。"

本案中,杨某和公司是经过双向选择招录的,在试用期内,杨某只要上班付出劳动和时间,就应该获得工资。公司约定试用期内零工资的做法是不合法的。杨某与该企业在劳动合同中约定转正工资为每月8000元+绩效,如果8000元是基本工资,杨某的试用期工资不能低于6400元。

案例19：单位发"锅"抵"米"是否合法

【事件】 蒋某三个月没开全工资了，好不容易6月份开了整月工资，不过令他惊讶的是，除了两千多元的现金，还发了10口不粘炒锅。

蒋某是绍兴一家轻工企业的职工，近两年公司的效益不好。2021年四、五月份的工资只开了一半，单位也陷入了"三角债"的困境中。蒋某所在企业为某公司生产专用材料，货款迟迟追讨不回来，该企业也处于资金断链的状态，提议可以拿仓库里积压的不粘炒锅来充抵费用。临近6月份开工资的日子，蒋某的单位无奈，只得同意该公司拿锅充抵费用。

开工资的日子，蒋某单位的人，每人发了一半的现金工资，另一半的工资拿锅来充抵，企业这种以实物抵充工资的行为合法吗？

【解析】 《劳动法》第三条规定："劳动者享有平等就业和选择职业的权利、取得劳动报酬的权利。"《工资支付暂行规定》第五条规定："工资应当以法定货币支付。不得以实物及有价证券替代货币支付。"

因此，蒋某单位以实物冲抵工资的做法是不合法的，有关职工可以先和单位进行协商，要求单位发放应得的工资，协商不成或者不愿协商的，职工可以申请劳动仲裁。

案例20：春节假期上班，加班费如何计算

【事件】 何某是某酒楼的一名服务生，自入职以来，她工作时一直十分勤快、敬业，也得到领导和同事的好评。

由于春节期间是饮食行业的"旺季"，何某所在的酒楼希望员工能够加班，以应对春节期间的消费"高峰期"。为了响应酒楼的号召，何某在正月初一至初五加班，为广大前来酒楼用餐的食客提供了优质的服务。

在正月初七酒楼正式上班后，酒楼向全体员工张贴了春节加班的加班费支付通知。根据通知的内容，凡是在正月初一至初三加班的，酒楼将按照日工资的300%额外向职工支付每天的加班费；凡是在除夕、初四至初六加班的，统一由酒楼安排补休，对于不能安排补休的，按照日工资的200%额外向职工支付每天的加班费。

在看到酒楼的通知后，何某很疑惑，为什么同是春节假期加班，却有两种不同的加班费支付方案呢？

【解析】 春节假期实际上包含了两种不同性质的假期，即正月初一、初二、初三属于法定节假日，除夕、初四、初五、初六属于调休后的休息日。

由于正月初一、初二、初三属于法定节假日，根据相关规定，在法定节假日加班的，一般应按照日工资的300%额外向职工支付加班费；由于其余四日（即除夕、初四、

初五、初六)属于调休后的休息日,故用人单位可先安排补休,对于不能安排补休的,用人单位应当按照日工资的 200% 额外向职工支付加班费。

通过上面的分析,可知酒楼的加班费计发方案符合法律规定。

案例 21:清明小长假加班,加班费如何计算

【事件】 张某老家在四川,由于常年在丽水打工,平时周末也没办法回家。刚好清明节放假三天,张某便打算向公司请假,回去好好看望父母以及祭拜逝去的亲人。但无奈公司业务繁忙,张某无法从中抽身,清明小长假三天估计都要加班赶工程,请假一事只能作罢。

虽然不能回家,但张某仍然希望能够多赚点钱,给家里的父母买好吃的好穿的,以尽孝心。于是,张某便想问,如果清明小长假期间都在加班,公司是否需要按照三倍工资标准支付加班费?

【解析】 根据国务院于 2014 年 1 月 1 日施行的《全国年节及纪念日放假办法》规定,清明节属于全体公民放假的节日,放假一天(农历清明当日)。

换言之,法定节假日只有一天,其余两天是休息日。

因此,标准工时制下,如果清明小长假期间用人单位安排劳动者加班,清明节当天加班的,用人单位应按照不低于本人工资的 300% 支付加班工资;另外两天加班的,用人单位可以安排劳动者补休或者按照不低于本人工资的 200% 支付加班工资。

第三章
员工在职管理法律风险防范

章前概述

　　员工在职日常管理是一种常态的管理，企业不应该对其有丝毫的放松。员工在职的过程中，常常会出现很多纠纷，工资、假期、劳动卫生、违章违纪处理、调职调薪等方面都有相关法律规定，也会有相关的问题出现，所以企业要加强法规认知并采取有效的措施加以防控。

思维导图

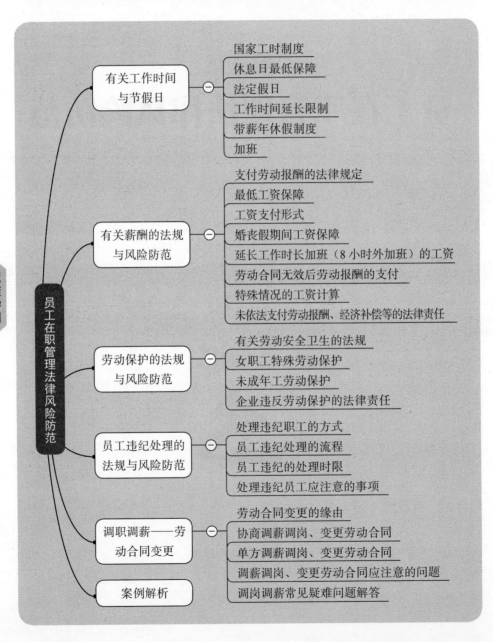

第一节
有关工作时间与节假日

工作时间是指劳动者在企业、事业、机关、团体等单位中，必须用来完成其所担负的工作任务的时间。休息休假是指企业、事业、机关、团体等单位的劳动者按规定不必进行工作，而自行支配的时间。

一、国家工时制度

工时制度，即工作时间制度。根据现有情况，我国目前有三种工作时间制度，即标准工时制、综合计算工时制、不定时工时制。

《劳动法》第三十六条确立了标准工时制度。《劳动法》第三十九条所指的其他工作和休息办法，主要有不定时工作制和综合计算工时工作制两种。

> **法规链接**
>
> 《劳动法》第三十六条　国家实行劳动者每日工作时间不超过八小时、平均每周工作时间不超过四十四小时的工时制度。
>
> 《劳动法》第三十八条　用人单位应当保证劳动者每周至少休息一日。
>
> 《劳动法》第四十一条　用人单位由于生产经营需要，经与工会和劳动者协商后可以延长工作时间，一般每日不得超过一小时；因特殊原因需要延长工作时间的，在保障劳动者身体健康的条件下延长工作时间每日不得超过三小时，但是每月不得超过三十六小时。
>
> 《国务院关于职工工作时间的规定》第三条　职工每日工作8小时、每周工作40小时。
>
> 《劳动法》第三十九条　企业因生产特点不能实行本法第三十六条、第三十八条规定的，经劳动行政部门批准，可以实行其他工作和休息办法。

（一）标准工时制

《劳动法》第三十六条是关于标准工时制的规定，另外《国务院关于职工工作时间的规定》第三条也有规定，工人每天工作的最长工时为 8 小时，周最长工时为 40 小时。并且根据《劳动法》第三十八条、第四十一条规定，标准工时制还有以下几点要求。

（1）用人单位应保证劳动者每周至少休息 1 日。

（2）因生产经营需要，经与工会和劳动者协商后可以延长工作时间，一般每天延长工作时间不得超过 1 小时。

（3）特殊原因每天延长工作时间不得超过 3 小时。

（4）每月延长工作时间不得超过 36 小时。

显然，根据标准工时制的规定，工作时间比较固定，且延长工作时间有明确严格的限制条件。

（二）综合计算工时制

综合计算工时制是指分别以周、月、季、年等为周期，综合计算工作时间的一种制度。该工时制的采用需要经过劳动行政部门的审批，企业应做到以下两点。

（1）企业实行综合计算工时制以及在实行综合计算工时工作中采取何种工作方式，一定要与工会和劳动者协商。

（2）对于第三级以上（含第三级）体力劳动强度的工作岗位，劳动者每日连续工作时间不得超过 11 小时，而且每周至少休息 1 天。经批准实行不定时工作制的职工，不受《劳动法》第四十一条规定的日延长工作时间标准和月延长工作时间标准的限制，但用人单位应采取集中工作、集中休息、轮休调休、弹性工作时间等适当的工作和休息方式。

（三）不定时工时制

不定时工时制是指针对因生产特点、工作特殊需要或职责范围的关系，无法按标准工作时间衡量或需要机动作业的职工采用的一种工时制度。

不定时工时制的特点在于，当一日工作时间超过标准工作日时，超过部分不算加班加点，不发加班工资，而只是给予补假休息。

二、休息日最低保障

《劳动法》第三十八条是关于休息日最低保障的规定，企业应当保证员工每周至少休息 1 日。

《劳动法》第三十八条　用人单位应当保证劳动者每周至少休息一日。

三、法定假日

《劳动法》第四十条　用人单位在下列节日期间应当依法安排劳动者休假。

（一）元旦。

（二）春节。

（三）国际劳动节。

（四）国庆节。

（五）法律、法规规定的其他休假节日。

《劳动法》第四十条是对于法定假日的规定。在法定假日，企业应当依法安排员工休假。关于法定假日，2013年12月11日的《全国年节及纪念日放假办法》做了明确规定。

（一）全体公民放假的节日

（1）新年，放假1天（1月1日）。

（2）春节，放假3天（农历正月初一、初二、初三）。

（3）清明节，放假1天（农历清明当日）。

（4）劳动节，放假1天（5月1日）。

（5）端午节，放假1天（农历端午当日）。

（6）中秋节，放假1天（农历中秋当日）。

（7）国庆节，放假3天（10月1日、2日、3日）。

（二）部分公民放假的节日及纪念日

（1）妇女节（3月8日），妇女放假半天。

（2）青年节（5月4日），14周岁以上的青年放假半天。

（3）儿童节（6月1日），不满14周岁的少年儿童放假1天。

（4）中国人民解放军建军纪念日（8月1日），现役军人放假半天。

四、工作时间延长限制

法规链接

《劳动法》第四十一条 用人单位由于生产经营需要，经与工会和劳动者协商后可以延长工作时间，一般每日不得超过一小时；因特殊原因需要延长工作时间的，在保障劳动者身体健康的条件下延长工作时间每日不得超过三小时，但是每月不得超过三十六小时。

第四十二条 有下列情形之一的，延长工作时间不受本法第四十一条的限制。

（一）发生自然灾害、事故或者因其他原因，威胁劳动者生命健康和财产安全，需要紧急处理的。

（二）生产设备、交通运输线路、公共设施发生故障，影响生产和公众利益，必须及时抢修的。

（三）法律、行政法规规定的其他情形。

第四十三条 用人单位不得违反本法规定延长劳动者的工作时间。

第九十条 用人单位违反本法规定，延长劳动者工作时间的，由劳动行政部门给予警告，责令改正，并可以处以罚款。

（一）工作时间延长限制规定

《劳动法》第四十一条是对工作时间延长限制做出的规定。

"延长劳动者工作时间"主要是指用人单位在国家允许的标准工作时间和延长工作时间之外，再延长劳动者的工作时间，包括图3-1所示情况。

情形一	企业因生产需要安排员工的工作时间，每日超出9小时，即超出标准工作时间8小时加允许延长工作时间1小时
情形二	企业因特殊原因需要延长工作时间的，每日超出11小时，即超出标准工作时间8小时加允许延长工作时间3小时
情形三	企业延长员工的工作时间每月累计超过36小时
情形四	实行其他工作时间制度的企业，按照上述标准折算后，超出上述规定的
情形五	企业未与工会和员工协商，强迫员工延长工作时间的

图3-1 违法延长工作时间的情况

（二）延长工作时间限制的例外

《劳动法》第四十二条是关于延长工作时间限制的例外的规定，有图3-2所示情形之一的，延长工作时间不受《劳动法》第四十一条规定的限制。

情形一　发生自然灾害、事故或者因其他原因，威胁员工生命健康和财产安全，需要紧急处理的

情形二　生产设备、交通运输线路、公共设施发生故障，影响生产和公众利益，必须及时抢修的

情形三　法律、行政法规规定的其他情形

图 3-2　不受《劳动法》第四十一条规定的限制的情形

在发生图3-2所列举的情形时，企业可以不经过协商，而直接决定延长工作时间。

（三）禁止违法延长工作时间

《劳动法》第四十三条是关于禁止违法延长工作时间的规定：用人单位不得违反《劳动法》规定延长劳动者的工作时间。

（四）对违法延长工作时间的处罚

《劳动法》第九十条是有关对违法延长工作时间处罚的规定：用人单位违反本条规定，延长劳动者工作时间的，由劳动行政部门给予警告，责令改正，并可以处以罚款。

五、带薪年休假制度

《劳动法》第四十五条和《职工带薪年休假条例》对带薪年休假制度做出了规定。

 法规链接

《劳动法》第四十五条　国家实行带薪年休假制度。
劳动者连续工作一年以上的，享受带薪年休假。具体办法由国务院规定。
《职工带薪年休假条例》（略）。

（一）年休假的天数

根据《职工带薪年休假条例》第三条可知：员工累计工作已满1年不满10年的，年休假5天；已满10年不满20年的，年休假10天；已满20年的，年休假15天。

国家法定休假日、休息日不计入年休假的假期。

（二）不能享受当年年休假的情形

根据《职工带薪年休假条例》第四条规定可知，员工有下列情形之一的，不享受当年的年休假。

（1）员工依法享受寒暑假，其休假天数多于年休假天数的。

（2）员工请事假累计20天以上且单位按照规定不扣工资的。

（3）累计工作满1年不满10年的员工，请病假累计2个月以上的。

（4）累计工作满10年不满20年的员工，请病假累计3个月以上的。

（5）累计工作满20年以上的员工，请病假累计4个月以上的。

（三）年休假的安排

根据《职工带薪年休假条例》第五条规定，企业应根据生产、工作的具体情况，并考虑员工本人意愿，统筹安排员工年休假。

年休假在1个年度内可以集中安排，也可以分段安排，一般不跨年度安排。企业因生产、工作特点确有必要跨年度安排员工年休假的，可以跨1个年度安排。

企业确因工作需要不能安排员工休年休假的，经员工本人同意，可以不安排员工休年休假。对职工应休未休的年休假天数，企业应当按照该员工日工资收入的300%支付年休假工资报酬。

（四）不安排年休假的法律责任

根据《职工带薪年休假条例》第七条规定可知。

（1）企业不安排员工年休假又不依照《职工带薪年休假条例》规定给予年休假工资报酬的，由县级以上地方人民政府人事部门或者劳动保障部门依据职权责令限期改正。

（2）对逾期不改正的，除责令该企业支付年休假工资报酬外，企业还应当按照年休假工资报酬的数额向职工加付赔偿金。

（3）对拒不支付年休假工资报酬、赔偿金的，属于公务员和参照公务员法管理的人员所在单位的，对直接负责的主管人员以及其他直接责任人员依法给予处分；属于其他单位的，由劳动保障部门、人事部门或者职工申请人民法院强制执行。

六、加班

法规链接

《劳动合同法》第三十一条 用人单位应当严格执行劳动定额标准，不得强迫或者变相强迫劳动者加班。用人单位安排加班的，应当按照国家有关规定向劳动者支付加班费。

《劳动合同法》第三十一条是关于用人单位安排劳动者加班的限制规定。由本条规定可知两层意思。

（一）企业不得强迫劳动者加班

劳动法明确规定，用人单位不得违反劳动法的规定延长劳动者的工作时间。也就是说，一般情况下，用人单位不得随意安排劳动者加班。

所以，企业在安排劳动者加班时，须依据我国劳动法的规定，注意以下几个事项，具体如表3-1所示。

表3-1 企业安排劳动者加班需注意的事项

序号	注意事项	说明
1	由于企业的生产经营需要，确实需要延长工作时间的	生产经营需要主要是指生产任务紧急，必须连续生产、运输或者经营的
2	必须与工会协商，经工会同意	企业决定安排劳动者加班的，应把安排加班的理由、涉及人数、时间长短等情况向工会说明，征得工会同意后，方可延长工作时间。如果工会不同意，不可以强令员工加班
3	必须与劳动者协商	企业决定安排员工加班的，应进一步与员工协商，如果员工不同意，也不可强令其加班
4	企业安排加班的时间长度必须符合劳动法的限制性规定	企业安排员工加班应严格控制延长工作时间的限度，一般每日不得超过1小时；因特殊原因需要延长工作时间的，在保障员工身体健康的条件下延长工作时间每日不得超过3小时，但是每月不得超过36小时
5	不受上述条件的限制的加班	企业安排加班不受《劳动法》第四十一条规定的限制

（二）企业安排员工加班的，应当支付其加班费

加班费是指员工按照企业生产和工作的需要在规定工作时间之外继续生产劳动或者工作所获得的劳动报酬。

按照《劳动法》第四十四条的规定可知，支付加班费的具体标准是：在标准工作日内安排员工延长工作时间的，支付不低于工资的150%的工资报酬；休息日安排员工工作又不能安排补休的，支付不低于工资的200%的工资报酬；法定休假日安排员工工作的，支付不低于工资的300%的工资报酬。

第二节
有关薪酬的法规与风险防范

一、支付劳动报酬的法律规定

法规链接

《劳动合同法》第三十条 用人单位应当按照劳动合同约定和国家规定，向劳动者及时足额支付劳动报酬。

用人单位拖欠或者未足额支付劳动报酬的，劳动者可以依法向当地人民法院申请支付令，人民法院应当依法发出支付令。

《劳动合同法》第三十条对用人单位支付劳动报酬的问题做出了规定。

（一）劳动报酬的组成部分

劳动报酬指员工为企业提供劳务而获得的各种报酬。企业在生产过程中支付给员工的全部报酬包括三部分。

1. 货币工资

企业以货币形式直接支付给劳动者的各种工资、奖金、津贴、补贴等。

2. 实物报酬

实物报酬即企业以免费或低于成本价提供给员工的各种物品和服务等。

3. 社会保险

社会保险是指企业为员工直接向政府和保险部门支付的失业、养老、人身、医疗、家庭财产等保险金。

（二）不属于工资范围的劳动收入

根据《劳动部关于贯彻执行〈中华人民共和国劳动法〉若干问题的意见》的规定，

工资是员工劳动收入的主要组成部分。但员工的以下劳动收入不属于工资的范围，如图 3-3 所示。

企业支付给员工个人的社会保险福利费用，如丧葬抚恤救济费、生活困难补助费、计划生育补贴等

劳动保护方面的费用，如企业支付给员工的工作服、解毒剂、清凉饮料费用等

按规定未列入工资总额的各种劳动报酬及其他劳动收入，如根据国家规定发放的创造发明奖、国家星火奖、自然科学奖、科学技术进步奖、合理化建议和技术改进奖、中华技能大奖等，以及稿费、讲课费、翻译费等

图 3-3　不属于工资范围的劳动收入情况

（三）企业向员工发放劳动报酬需要遵守有关国家规定

结合各种灵活多变的用工形式，《劳动法》允许用人单位和劳动者双方在法律允许的范围内对劳动报酬的金额、支付时间、支付方式等进行平等协商，在劳动合同中约定一种对当事人而言更切合实际的劳动报酬制度。同时，企业向员工发放劳动报酬还要遵守国家有关规定，如表 3-2 所示。

表 3-2　企业向员工发放劳动报酬需要遵守的国家规定

序号	必须遵守的规定	说明
1	最低工资制度	（1）企业支付员工的工资不得低于当地的最低工资标准。最低工资不包括延长工作时间的工资报酬，以货币形式支付的住房和企业支付的伙食补贴，中班、夜班、高温、低温、井下、有毒、有害等特殊工作环境和劳动条件下的津贴以及国家法律、法规、规章规定的社会保险福利待遇 （2）在劳动合同中约定的员工在未完成劳动定额或者承包任务的情况下，企业可低于最低工资标准支付员工工资的条款不具有法律效力；员工试用、熟练、见习期，在法定工作时间内提供了正常劳动，企业应当支付其不低于最低工资标准的工资。当然，企业下岗待工人员，由企业依据当地政府的有关规定支付其生活费，生活费可以低于最低工资标准
2	工资应当以货币形式发放	工资应当以法定货币支付，不得以发放实物或有价证券等形式代替货币支付
3	劳动者加班费	用人单位应当严格按照劳动法的有关规定支付劳动者加班费

续表

序号	必须遵守的规定	说明
4	特殊情况下，劳动者也应取得工资支付	（1）劳动者依法参加社会活动期间的工资正常支付 （2）非因员工原因停工期间的工资支付。非因员工原因造成企业停工、停产在一个工资支付周期内，企业应按劳动合同规定的标准支付员工工资。超过一个工资支付周期的，若员工提供了正常劳动，则支付员工的劳动报酬不得低于当地最低工资标准；若员工没有提供正常劳动，则按照国家有关规定办理 （3）员工休假期间的工资支付。员工依法享受年休假期间，企业应按劳动合同规定的标准支付员工工资 （4）员工在法定休假日的工资支付。法定休假日，企业应当支付员工工资 （5）员工在享受探亲假期间的工资支付。员工在国家规定的探亲休假期内探亲的，企业应按劳动合同规定的标准支付员工工资 （6）婚丧假期间的工资支付。婚丧假是指员工本人结婚假期或者直系亲属死亡的丧事假期。一般为1～3天，不在一地的，可根据路程远近给予路程假。在此期间工资照发 （7）产假期间的工资支付。为了鼓励生育，有关法律法规对产假期间的工资发放也做出了相应规定

（四）企业支付劳动报酬的时间

依照劳动法和其他有关规定，企业应当每月至少发放一次劳动报酬。

（1）实行月薪制的企业，工资必须按月发放。

（2）实行小时工资制、日工资制、周工资制的企业的工资也可以按小时、按日或者按周发放。

> **小提示**
>
> 超过企业与员工约定的支付工资的时间发放工资的即构成拖欠劳动者劳动报酬的违法行为，应当依照《劳动法》和其他有关法律法规承担一定的法律责任。

（五）不得随意扣除工资

工资不得随意扣除，企业不得将扣发工资作为处理企业的一种处罚性手段。不支付或者未足额支付劳动报酬的，则构成劳动法"克扣"员工工资的行为，是依照《劳动法》和有关法律法规应给予处罚的行为。

（六）企业拖欠或者未足额发放劳动报酬，员工的救济途径

《劳动合同法》第三十条第二款规定了用人单位拖欠或者未足额发放劳动报酬的，

劳动者可以依法向当地人民法院申请支付令。

根据《劳动法》和民事诉讼法的有关规定，企业拖欠或者未足额发放劳动报酬的，员工与企业之间没有其他债务纠纷且支付令能够送达企业的，员工可以向有管辖权的基层人民法院申请支付令。

（1）员工在申请书中应当写明请求给付劳动报酬的金额和所根据的事实、证据。

（2）员工提出申请后，人民法院应当在5日内通知其是否受理。

（3）人民法院受理申请后，经审查员工提供的事实、证据，对工资债权债务关系明确、合法的，应当在受理之日起15日内向用人单位发出支付令。

（4）人民法院经审查认为员工的申请不成立的，可以裁定予以驳回。

（5）企业应当自收到支付令之日起15日内清偿债务，或者向人民法院提出书面异议。

（6）企业在前款规定的期间不提出异议又不履行支付令的，员工可以向人民法院申请强制执行。

（7）人民法院收到企业提出的书面异议后，应当裁定终结支付令这一督促程序，支付令自行失效，员工可以依据有关法律的规定提出调解、仲裁或者起诉。

二、最低工资保障

《劳动法》第四十八条　国家实行最低工资保障制度。最低工资的具体标准由省、自治区、直辖市人民政府规定，报国务院备案。

用人单位支付劳动者的工资不得低于当地最低工资标准。

《最低工资规定》略。

《劳动法》第四十八条做出了关于最低工资保障的规定。

（一）什么是最低工资标准

根据《最低工资规定》第三条规定可知，最低工资标准是指劳动者在法定工作时间或依法签订的劳动合同约定的工作时间内提供了正常劳动的前提下，用人单位依法应支付的最低劳动报酬。

正常劳动，是指员工按依法签订的劳动合同约定，在法定工作时间或劳动合同约定的工作时间内从事的劳动。员工依法享受带薪年休假、探亲假、婚丧假、生育(产)假、节育手术假等国家规定的假期间，以及法定工作时间内依法参加社会活动期间，视为提供了正常劳动。

（二）最低工资标准的形式

《最低工资规定》第五条规定，最低工资标准一般采取月最低工资标准和小时最低工资标准的形式。月最低工资标准适用于全日制就业劳动者，小时最低工资标准适用于非全日制就业劳动者。

（三）哪些待遇不能包含在最低工资标准里面

最低工资标准不包括：延长工作时间工资，中班、夜班、高温、低温、井下、有毒有害等特殊工作环境条件下的津贴，法律、法规和国家规定的劳动者福利待遇等。即在员工提供了正常劳动的情况下，企业应支付给员工的工资，必须是剔除了上述各项工资、津贴和有关待遇以后的工资，不得低于当地最低工资标准。

（四）企业违反最低工资标准的法律责任

如果企业违反规定，将应当予以剔除的各项工资、津贴和有关待遇计入最低工资标准的，由劳动保障行政部门责令其限期补发所欠劳动者工资，并可责令其按所欠工资的 1～5 倍支付劳动者赔偿金。

三、工资支付形式

《劳动法》第五十条就工资支付形式做出了规定。

《劳动法》第五十条　工资应当以货币形式按月支付给劳动者本人。不得克扣或者无故拖欠劳动者的工资。

（一）以货币形式发放

根据劳动法的这一规定，工资应当以法定货币支付，不得以发放实物或有价证券等形式代替货币支付。

（二）按月支付

根据劳动法的这一规定，企业应向给员工按月支付工资，不得克扣或无故拖欠员工工资。

对于一次性工作或某项具体工作的员工,企业应按照协议或合同规定在工作完成后支付工资,在劳动合同解除或终止时,企业应同时一次性付清员工工资。

(三)克扣

"克扣"不包括图 3-4 所列情形。

1. 企业代扣代缴的个人所得税
2. 企业代扣代缴的应由员工个人负担的各项社会保险费用
3. 法院判决、裁定中要求代扣的抚养费、赡养费
4. 法律、法规规定可以从员工工资中扣除的其他费用

图 3-4　不属于克扣的情形

另外,克扣并不包括图 3-5 所示的减发工资情况。

情形一　国家的法律、法规中有明确规定的

情形二　依法签订的劳动合同中有明确规定的

情形三　企业依法制定并经职代会批准的厂规、厂纪中有明确规定的

情形四　企业工资总额与经济效益相联系,经济效益下浮时,工资必须下浮的(但支付给员工的工资不得低于当地的最低工资标准)

情形五　因员工请事假等情形相应减发工资等

图 3-5　不属于克扣的减发工资情况

> **小提示**
>
> 　　因员工本人原因给企业造成经济损失的,企业可按照劳动合同的约定要求其赔偿经济损失。经济损失的赔偿,可从员工本人的工资中扣除,但每月扣除的部分不得超过员工当月工资的 20%。若扣除后剩余工资部分低于当地月最低工资标准,则按最低工资标准支付。

(四)无故拖欠

"无故拖欠"不包括以下情形。

（1）企业遇到非人力所能抗拒的自然灾害、战争等原因，无法按时支付工资。

（2）企业确因生产经营困难、资金周转受到影响，在征得本企业工会同意后，可暂时延期支付员工工资，延期时间的最长限制可由各省、自治区、直辖市劳动行政部门根据各地情况确定。

其他情况下拖欠工资均属无故拖欠。

四、婚丧假期间工资保障

《劳动法》第五十一条　劳动者在法定休假日和婚丧假期间以及依法参加社会活动期间，用人单位应当依法支付工资。

由《劳动法》第五十一条可知，员工在法定休假日和婚丧假期间以及依法参加社会活动期间，企业应当依法支付工资。

（一）丧假

丧假指的是根据原国家劳动总局、财政部《关于国营企业职工请婚丧假和路程假问题的规定》[（59）中劳薪字第67号通知]，国有企业职工的直系亲属死亡时，企业应该根据具体情况，酌情给予职工1～3天的丧假。丧假期间不扣发工资，即企业应照常给员工发工资。

1. 法定丧假天数

员工休丧假的具体操作可参考原国家劳动总局、财政部《关于国营企业职工请婚丧假和路程假问题的通知》[（80）中劳总薪字29号]的法律规定如下。

（1）员工本人结婚或员工的直系亲属（父母、配偶和子女）死亡时，可以根据具体情况，由本企业行政领导批准，酌情给予一至三天的婚丧假。

（2）员工结婚时双方不在一地工作的，员工在外地的直系亲属死亡时需要员工本人去外地料理丧事的，都可以根据路程远近，另给予路程假。

（3）在批准的婚丧假和路程假期间，员工的工资照发，途中的车船费等，全部由员工自理。

2. 丧假期间的工资

根据《中华人民共和国劳动法》第五十一条和劳动部《工资支付暂行规定》第十一条规定，员工依法享有带薪休丧假的权利。因此，企业应当依照国家法律规定给予员工带薪休丧假。不过目前国家还没有对非国营企业职工休丧假多少天做出具体规定。

3. 丧假中直系亲属的规定

直系亲属包括父母、配偶和子女。

在具体执行过程中，岳父母或者公婆过世，也列入可享受丧假的范围。对于超出这一范围的亲属，企业有自行解释权。

（二）婚假工资

婚假是法定的假期，对于结婚双方可以依法享受婚假，因此婚假期间属于带薪，企业应按照正常工资进行发放。

1. 婚假的天数

根据我国法律规定，享受婚假是劳动者的基本权利。员工结婚时，企业一般给予1～3天的带薪假期。为了鼓励晚婚晚育，对于晚婚的青年，有的地方除了国家规定的3天假期外，会另给10天左右的带薪假。

2. 婚假期间的工资发多少

一般情况下，根据《关于国营企业职工请婚丧假和路程假问题的通知》规定可知，员工本人结婚，企业应酌情给予1～3天的婚丧假，假期在3个工作日以内的，工资照发。

五、延长工作时长加班（8小时外加班）的工资

> **法规链接**
>
> 《劳动法》第四十四条　有下列情形之一的，用人单位应当按照下列标准支付高于劳动者正常工作时间工资的工资报酬。
>
> （一）安排劳动者延长工作时间的，支付不低于工资的百分之一百五十的工资报酬。
>
> （二）休息日安排劳动者工作又不能安排补休的，支付不低于工资的百分之二百的工资报酬。
>
> （三）法定休假日安排劳动者工作的，支付不低于工资的百分之三百的工资报酬。

（一）延长工作时长的工资规定

根据《劳动法》第四十四条规定可知，有下列情形之一的，企业应当按照下列标准支付高于员工正常工作时间工资的工资报酬。

（1）周一至周五安排员工加班的，以150%的工资支付劳动报酬。

（2）休息日（星期六、星期天）安排员工加班又不能安排补休的，以200%的工

资支付劳动报酬。

（3）法定休假日（清明节、五一国际劳动节、端午节、中秋节、国庆节、元旦、春节）安排员工加班的，以300%的工资支付劳动报酬。

"劳动者正常工作时间工资"是指与劳动合同规定的员工本人所在工作岗位（职位）相对应的工资。工作日延长员工工作时间的，一般每日不得超过1小时，因特殊需要时，每日不得超过3小时。

"休息日"是指公休假日，即周六和周日；若员工的休息日采取轮休制，则以其轮休之日为休息日。

"法定休假日"安排员工延长工作时间，一般不安排补休。

> **小提示**
>
> 企业在休息日安排员工延长工作时间工作的，应首先安排补休，补休时间应等同于加班时间，不能补休时，才可支付不低于工资的200%的报酬。

（二）法定节假日工资计算

《劳动法》第四十四条第二、三款规定：休息日安排劳动者工作又不能安排补休的，支付不低于工资的200%的报酬；法定休假日安排劳动者工作的，支付不低于工资的300%的报酬。其中对此存在着一个误区，例如，国庆节假期为七天，但是根据《全国年节及纪念日放假办法》第二条规定，国庆节的法定假期为十月初的前三天，据此，如果在国庆节期间加班，只有在前三天享有三倍工资待遇，其余四天加班均为双倍工资。因此，对于实行标准工时制的企业，如果在国庆节等法定节假日安排加班，加班费应当以不低于日工资基数的3倍支付加班工资，而在10月4日及以后的假期加班应当以公休日加班的标准给予双倍支付工资。

（三）休息日加班工资

1. 计件工资时的加班工资

根据《工资支付暂行规定》第十三条规定可知，实行计件工资的员工，在完成计件定额任务后，由企业安排延长工作时间的，应根据上述规定的原则，分别按照不低于其本人法定工作时间计件单价的150%、200%、300%支付其工资。经劳动行政部门批准实行综合计算工时工作制的，其综合计算工作时间超过法定标准工作时间的部分，应视为延长工作时间，并应支付员工延长工作时间的工资。实行不定时工时制度的员工，不支付员工延长工作时间的工资。

2. 综合计算工时加班工资

我国劳动与社会保障部 2000 年 3 月 17 日颁发的《关于职工全年月平均工作时间和工资折算问题的通知》规定："职工全年月平均工作天数和工作时间分别调整为 20.92 天和 167.4 小时。"

因此，实行综合计算工作时间的，如果月平均工作天数超过 20.92 天，或者月平均工作时间超过 167.4 小时的，应该视为加点，按照《劳动法》第四十四条第一款支付加班费，即加班费不低于 150% 的工资。

综上所述，实行综合计算工时工作制的员工，在法定节假日工作的，企业应支付其不低于劳动合同确定的正常工作时间工资的 300% 的加班工资；如果员工在一定周期内的综合工作时间，未超过标准工时时间，在周休息日工作的，企业不必支付其加班工资。

六、劳动合同无效后劳动报酬的支付

法规链接

《劳合同动法》第二十八条　劳动合同被确认无效，劳动者已付出劳动的，用人单位应当向劳动者支付劳动报酬。劳动报酬的数额，参照本单位相同或者相近岗位劳动者的劳动报酬确定。

《劳合同动法》第二十八条是劳动合同无效后劳动报酬如何支付的规定。

（一）劳动合同无效后劳动报酬支付的要求

为了适应劳动合同的特殊性，劳动合同被确认无效，员工已付出劳动的，企业应当向员工支付劳动报酬。包括无营业执照经营的企业被依法处理，该企业的员工已经付出劳动的，由被处理的企业或者其出资人向员工支付劳动报酬。企业与员工有恶意串通，损害国家利益、社会公共利益或者他人合法权益的情形除外。

（二）劳动合同无效后劳动报酬的数额

劳动报酬的数额，参考企业同类岗位员工的劳动报酬确定；企业无同类岗位的，按照本企业职工平均工资确定。如果双方约定的报酬高于企业同岗位员工工资水平的，除当事人恶意串通侵害社会公共利益的情况外，员工已经付出劳动的，劳动报酬按照实际履行的内容确认。

七、特殊情况的工资计算

员工疾病或非因工负伤停止工作连续医疗期间在 6 个月以内者,根据《劳动保险条例》第十三条乙款的规定,应由该企业行政方面或资方按下列标准支付病伤假期工资。

(1)在本企业的工龄不满 2 年者,为本人工资 60%。

(2)在本企业的工龄已满 2 年不满 4 年者,为本人工资 70%。

(3)在本企业的工龄已满 4 年不满 6 年者,为本人工资 80%。

(4)在本企业的工龄已满 6 年不满 8 年者,为本人工资 90%。

(5)在本企业的工龄已满 8 年及 8 年以上者,为本人工资 100%。

八、未依法支付劳动报酬、经济补偿等的法律责任

法规链接

《劳动合同法》第八十五条 用人单位有下列情形之一的,由劳动行政部门责令限期支付劳动报酬、加班费或者经济补偿;劳动报酬低于当地最低工资标准的,应当支付其差额部分;逾期不支付的,责令用人单位按应付金额百分之五十以上百分之一百以下的标准向劳动者加付赔偿金。

(一)未按照劳动合同的约定或者国家规定及时足额支付劳动者劳动报酬的。

(二)低于当地最低工资标准支付劳动者工资的。

(三)安排加班不支付加班费的。

(四)解除或者终止劳动合同,未依照本法规定向劳动者支付经济补偿的。

《劳动合同法》第八十五条是关于企业未及时足额支付劳动者劳动报酬、低于当地最低工资标准支付劳动者工资、不支付加班费以及解除、终止劳动合同未支付经济补偿的法律责任的规定。

(一)未依法支付劳动报酬、经济补偿的违法行为

企业未依法支付劳动报酬、经济补偿的情况有四种,如表 3-3 所示。

表 3-3 未依法支付劳动报酬、经济补偿的情况

序号	违法行为	法律说明
1	未依照劳动合同的约定或者国家规定及时足额支付员工劳动报酬	（1）企业未依照劳动合同的约定或者未依照劳动合同法的规定按时支付劳动报酬的。如果企业与员工签订的劳动合同中规定，企业应当在每月的2日支付员工上个月的工资报酬，但企业没有履行这一约定，拖延不予支付的，则属于本条规定的违法行为。另外，对于非全日制劳动用工形式，如果企业违反《劳动合同法》第七十二条第二款的规定，超过15日给员工结算劳动报酬，则也属于违法行为 （2）企业违反《劳动合同法》第二十条规定给试用期间的员工支付工资的，属于违法行为 （3）企业违反《劳动合同法》第二十二条第三款的规定，没有按照正常的工资调整机制提高员工在服务期间的劳动报酬的，则属于违反违法行为
2	低于当地最低工资标准支付员工工资	如果企业与员工约定的月工资低于最低工资标准，则是违法的。如果企业向员工支付的小时工资低于所在地人民政府规定的最低小时工资标准，则也属于低于当地最低工资标准支付员工工资的违法行为
3	安排加班不支付加班费	如果企业安排员工加班，却不依据《劳动法》第四十四条规定支付加班工资的，属于违法行为，应当依法承担法律责任
4	解除或者终止劳动合同，未依照本法规定向员工支付经济补偿	对于发生《劳动合同法》第四十六条规定情形的，企业应当依照《劳动合同法》第四十七条的规定，根据员工在单位工作的年限，按每满1年支付1个月工资的标准向员工支付经济补偿金。经济补偿金由企业一次性付给员工。如果企业没有依法向员工支付经济补偿金，则属于违法行为，应当依法承担法律责任

（二）企业应负的法律责任

对于表3-3所述四类违法行为，根据《劳动合同法》第八十五条可知企业的法律责任如下。

（1）由劳动行政部门责令限期支付劳动报酬、加班费或者解除、终止劳动合同的经济补偿。

（2）劳动报酬低于当地最低工资标准的，应当支付其差额部分。

（3）逾期不支付的，责令企业按应付金额50%以上100%以下的标准向员工加付赔偿金。

第三节
劳动保护的法规与风险防范

劳动保护是指企业为了防止劳动过程中的安全事故，采取各种措施来保障员工的生命安全和健康。在劳动生产过程中，存在着各种不安全、不卫生因素，如不采取措施加以保护，将会发生工伤事故。如矿井作业可能发生瓦斯爆炸、冒顶、片帮、水火灾害等事故；建筑施工可能发生高空坠落、物体打击和碰撞等。所有这些，都会危害员工的安全健康，妨碍工作的正常进行。国家为了保障劳动者的身体安全和生命健康，通过制定相应的法律和行政法规、规章，规定劳动保护，企业也应根据自身的具体情况，规定相应的劳动保护规则，以保证员工的健康和安全。

一、有关劳动安全卫生的法规

法规链接

《劳动法》第六章　劳动安全卫生

第五十二条　用人单位必须建立、健全劳动安全卫生制度，严格执行国家劳动安全卫生规程和标准，对劳动者进行劳动安全卫生教育，防止劳动过程中的事故，减少职业危害。

第五十三条　劳动安全卫生设施必须符合国家规定的标准。

新建、改建、扩建工程的劳动安全卫生设施必须与主体工程同时设计、同时施工、同时投入生产和使用。

第五十四条　用人单位必须为劳动者提供符合国家规定的劳动安全卫生条件和必要的劳动防护用品，对从事有职业危害作业的劳动者应当定期进行健康检查。

第五十五条　从事特种作业的劳动者必须经过专门培训并取得特种作业资格。

第五十六条　劳动者在劳动过程中必须严格遵守安全操作规程。

劳动者对用人单位管理人员违章指挥、强令冒险作业，有权拒绝执行；对危害生命安全和身体健康的行为，有权提出批评、检举和控告。

第五十七条　国家建立伤亡事故和职业病统计报告和处理制度。县级以上各级人民政府劳动行政部门、有关部门和用人单位应当依法对劳动者在劳动过程中发生的伤亡事故和劳动者的职业病状况，进行统计、报告和处理。

《劳动合同法》第三十二条 劳动者拒绝用人单位管理人员违章指挥、强令冒险作业的，不视为违反劳动合同。

劳动者对危害生命安全和身体健康的劳动条件，有权对用人单位提出批评、检举和控告。

（一）企业对劳动安全的职责

根据《劳动法》第五十二条的规定可知企业的劳动安全的职责如下。

（1）企业必须建立、健全劳动安全卫生制度。

（2）企业严格执行国家劳动安全卫生规程和标准。

（3）企业对员工进行劳动安全卫生教育。

（4）企业必须防止劳动过程中的事故，减少职业危害。

（二）劳动安全卫生设施标准

根据《劳动法》第五十三条可知以下内容。

（1）企业的劳动安全卫生设施必须符合国家规定的标准。

（2）新建、改建、扩建工程的劳动安全卫生设施必须与主体工程同时设计、同时施工、同时投入生产和使用。

（三）员工劳动安全防护及健康保护

根据《劳动法》第五十四条可知企业对员工劳动安全防护及健康保护的责任如下。

（1）企业必须为劳动者提供符合国家规定的劳动安全卫生条件和必要的劳动防护用品。

（2）对从事有职业危害作业的劳动者应当定期进行健康检查。

（四）特种作业资格

《劳动法》第五十五条是关于特种作业资格的规定。

1. 特种作业的范围

特种作业的范围有以下十类。

（1）电工作业。

（2）锅炉司炉。

（3）压力容器操作。

（4）起重机械作业。

（5）爆破作业。

（6）金属焊接（气割）作业。

（7）煤矿井下瓦斯检验。

（8）机动车辆驾驶。

（9）机动船舶驾驶、轮机操作。

（10）建筑登高架设作业。

2. 企业对特种作业人员的招用与管理要求

（1）企业招用从事技术复杂以及涉及国家财产、人民生命安全和消费者利益工种（职业）的劳动者，必须从取得相应职业资格证书的人员中录用。

（2）对从事技术工种的学徒，企业应按照《工种分类目录》所规定的学徒期进行培训。

（3）对转岗从事技术工种的劳动者，企业应按照国家职业（技能）标准的要求进行培训，达到相应职业技能要求后再上岗。

（4）企业安排国家政策性安置人员从事技术工种工作的，应当先组织培训，达到相应工种（职业）技能要求后上岗。

（5）企业因特殊需要招用技术性较强，但当地培训机构尚未开展培训的技术工种人员，经劳动保障行政部门批准后，可先招收再培训，达到相应职业技能要求后再上岗。

（6）对特种作业资格考核的相关规定可参照《特种作业人员安全技术考核管理规则》。

（五）劳动过程安全防护

由《劳动法》第五十六条可知国家关于劳动过程安全防护的规定如下。

（1）员工在劳动过程中必须严格遵守安全操作规程。

（2）员工对企业管理人员违章指挥、强令冒险作业，有权拒绝执行。

（3）员工对危害生命安全和身体健康的行为，有权提出批评、检举和控告。

《劳动合同法》第三十二条是关于员工在履行劳动合同过程中所享有的劳动安全卫生权利的进一步细化规定。

（1）根据《劳动合同法》《劳动法》及其他有关法律、法规的规定，企业必须建立、健全劳动安全卫生制度，严格执行国家的劳动安全卫生规程和标准，规范化、科学化地安排生产作业，对员工进行劳动安全卫生教育，积极采取切实有效的劳动安全卫生措施，防止劳动过程中的事故，减少职业危害。

（2）企业如果没有达到国家规定的安全卫生技术标准要求，员工有权提出异议，并要求企业改正、改进。

（3）对于危害生命安全和身体健康的劳动条件，员工有权对企业提出批评，并可以向有关主管部门检举和控告。这里的有关主管部门主要为卫生部门、安全生产监督管理部门、特种设备安全监督管理部门等有关部门。

（4）企业不得因为员工行使了上述权利，就对员工进行打击报复，否则将依法承担法律责任。

二、女职工特殊劳动保护

女职工特殊劳动保护，也称女职工劳动特殊保护，是指针对女职工的生理特点、体力状况以及经期、孕期、产期、哺乳期"四期"的特殊情况等，对女职工从事劳动给予特别保护的制度。

《劳动法》第七章及《女职工劳动保护特别规定》对女职工特殊保护做出了明确的规定。

> **法规链接**
>
> 《劳动法》第七章　女职工和未成年工特殊保护
>
> 第五十八条　国家对女职工和未成年工实行特殊劳动保护。
>
> 未成年工是指年满十六周岁未满十八周岁的劳动者。
>
> 第五十九条　禁止安排女职工从事矿山井下、国家规定的第四级体力劳动强度的劳动和其他禁忌从事的劳动。
>
> 第六十条　不得安排女职工在经期从事高处、低温、冷水作业和国家规定的第三级体力劳动强度的劳动。
>
> 第六十一条　不得安排女职工在怀孕期间从事国家规定的第三级体力劳动强度的劳动和孕期禁忌从事的劳动。对怀孕七个月以上的女职工，不得安排其延长工作时间和夜班劳动。
>
> 第六十二条　女职工生育享受不少于九十天的产假。
>
> 第六十三条　不得安排女职工在哺乳未满一周岁的婴儿期间从事国家规定的第三级体力劳动强度的劳动和哺乳期禁忌从事的其他劳动，不得安排其延长工作时间和夜班劳动。
>
> 第六十四条　不得安排未成年工从事矿山井下、有毒有害、国家规定的第四级体力劳动强度的劳动和其他禁忌从事的劳动。
>
> 第六十五条　用人单位应当对未成年工定期进行健康检查。
>
> 《女职工劳动保护特别规定》（略）。

（一）对女职工实行特殊劳动保护

我国对女职工的特殊劳动保护主要包括以下几点。

（1）国家保障妇女享有与男子平等的劳动权利。

（2）实行男女同工同酬。

（3）任何单位均应根据妇女的特点，依法保护妇女在工作和劳动时的安全及健康，不得安排不适合妇女从事的工作和劳动。用人单位应当按照国家有关规定，以自办或者联办的形式，逐步建立女职工卫生室、孕妇休息室、哺乳室、托儿所、幼儿园等设施，并妥善解决女职工在生理卫生、哺乳、照料婴儿等方面的困难。

（4）国家发展社会保险、社会救济和医疗卫生事业，为年老、疾病或者丧失劳动能力的妇女获得物质资助创造条件。

（二）女职工劳动强度限制

根据《劳动法》第五十九条及《女职工劳动保护特别规定》的规定，女职工禁忌从事的劳动范围如下。

（1）矿山井下作业。

（2）体力劳动强度分级标准中规定的第四级体力劳动强度的作业。

（3）每小时负重6次以上、每次负重超过20千克的作业，或者间断负重、每次负重超过25千克的作业。

（三）女职工经期劳动强度限制

根据《劳动法》第六十条及《女职工劳动保护特别规定》的规定，女职工在经期禁忌从事的劳动范围如下。

（1）冷水作业分级标准中规定的第二级、第三级、第四级冷水作业。

（2）低温作业分级标准中规定的第二级、第三级、第四级低温作业。

（3）体力劳动强度分级标准中规定的第三级、第四级体力劳动强度的作业。

（4）高处作业分级标准中规定的第三级、第四级高处作业。

（四）女职工孕期劳动强度限制

根据《劳动法》第六十一条及《女职工劳动保护特别规定》的规定，女职工在孕期禁忌从事的劳动范围如下。

（1）作业场所空气中铅及其化合物、汞及其化合物、苯、镉、铍、砷、氰化物、氮氧化合物、一氧化碳、二硫化碳、氯、己内酰胺、氯丁二烯、氯乙烯、环氧乙烷、苯胺、甲醛等有毒物质浓度超过国家职业卫生标准的作业。

（2）从事抗癌药物、己烯雌酚生产，接触麻醉剂气体等的作业。

（3）非密封源放射性物质的操作，核事故与放射事故的应急处置。

（4）高处作业分级标准中规定的高处作业。

（5）冷水作业分级标准中规定的冷水作业。

（6）低温作业分级标准中规定的低温作业。

（7）高温作业分级标准中规定的第三级、第四级的作业。

（8）噪声作业分级标准中规定的第三级、第四级的作业。

（9）体力劳动强度分级标准中规定的第三级、第四级体力劳动强度的作业。

（10）在密闭空间、高压室作业或者潜水作业，伴有强烈震动的作业，或者需要频繁弯腰、攀高、下蹲的作业。

（五）女职工产期保护

女职工在产期内，享受一定期间的生育假和生育待遇。《劳动法》第六十二条对女职工的产假做出了规定：女职工生育享受不少于90天的产假。另外，《女职工劳动保护特别规定》第七条对产假做出了调整。

（1）女职工生育享受98天产假，其中产前可以休假15天；难产的，增加产假15天；生育多胞胎的，每多生育1个婴儿，增加产假15天。

（2）女职工怀孕未满4个月流产的，享受15天产假；怀孕满4个月流产的，享受42天产假。

（六）女职工哺乳期劳动保护

哺乳期劳动保护是指对女职工哺乳未满一周岁婴儿期间的特殊保护。

1. 不安排其从事禁忌范围内的工作

（1）根据《劳动法》第六十三条的规定，女职工哺乳期间，所在单位不得安排其从事国家规定的第三级体力劳动强度的劳动和哺乳期禁忌从事的其他劳动，不得安排其延长工作时间和夜班劳动。《女职工劳动保护特别规定》第四条及附录《女职工禁忌从事的劳动范围》第四项也规定了女职工在哺乳期间禁忌从事以下劳动：作业场所空气中铅及其化合物、汞及其化合物、苯、镉、铍、砷、氰化物、氮氧化物、一氧化碳、二氧化碳、氯、氯丁二烯、氯乙烯、环氧乙烷、苯胺、甲醛等有毒物质浓度超过国家职业卫生标准的作业。

（2）作业场所空气中锰、氟、溴、甲醇、有机磷化合物、有机氯化合物的浓度超过国家职业卫生标准的作业。

（3）《体力劳动强度分级》标准中第三级、第四级体力劳动强度的劳动。

2. 班次安排和哺乳时间的安排

根据《女职工劳动保护特别规定》第九条的规定，对于有不满一周岁婴儿的女职工,企业不得延长劳动时间或者安排夜班劳动。企业应当在每天的劳动时间内为哺乳期女职工安排一小时哺乳时间;女职工生育多胞胎的,每多哺乳一个婴儿每天增加一小时的哺乳时间。

3.不安排孕期、哺乳期的女职工加班加点

根据《劳动法》第六十一条、《女职工劳动保护特别规定》第六条的规定,女职工在怀孕期间不能适应原劳动的,企业应根据医疗机构的证明,予以减轻劳动量或安排其他能够适应的劳动;怀孕7个月以上(含7个月)的女职工,不得安排其从事夜班劳动和加班加点,并应当在劳动时间内安排一定的休息时间。

根据《劳动法》第六十三条的规定,有未满一周岁婴儿的女职工在哺乳期间,企业不得安排其从事夜班劳动和加班加点。

(七)定期组织女职工进行体检

企业应组织女职工进行上岗前、在岗期间和离岗时的职业健康检查,并将检查结果如实告知女职工。职业健康检查费用由企业承担。另外,企业每年还应当安排女职工进行一次妇科疾病检查,检查费用由企业承担,检查时间视为劳动时间。

三、未成年工劳动保护

未成年工指年满16周岁未满18周岁的劳动者。《劳动法》第七章及《未成年工特殊保护规定》对未成年工的劳动保护做出了明确的规定。

(一)对未成年工的保护总要求

未成年工是指年满16周岁未满18周岁的劳动者。我国对未成年工的特殊保护规定如下。

(1)任何组织和个人不得招用未满16周岁的未成年人,国家另有规定的除外。

(2)任何组织和个人依照国家有关规定招收已满16周岁未满18周岁的未成年人的,应当在工种、劳动时间、劳动强度和保护措施等方面执行国家有关规定,不得安排其从事过重、有毒、有害的劳动或者危险作业。

(3)未成年人已经接受完规定年限的义务教育不再升学的,政府有关部门和社会团体、企业事业组织应当根据实际情况,对他们进行职业技术培训,为他们创造劳动就业条件。

(4)对未成年工的使用和特殊保护实行登记制度。

(5)未成年工上岗前用人单位应对其进行有关的职业安全卫生教育、培训。

（二）对未成年工的劳动强度限制

《劳动法》第六十四条是对未成年工劳动强度的限制。

1. 未成年工不得从事的有毒有害劳动

（1）《生产性粉尘作业危害程度分级》国家标准中第一级以上的接尘作业。

（2）《有毒作业分级》国家标准中第一级以上的有毒作业。

（3）工作场所接触放射性物质的作业。

（4）工作场所放射性物质超过《放射防护规定》中规定剂量的作业。

（5）有易燃易爆、化学性烧伤和热烧伤等危险性大的作业等。

2. 不得安排未成年工从事第四级体力劳动强度的工作

第四级体力劳动强度即净劳动时间为370分钟。企业不得安排未成年工从事的这类工作具体如下。

（1）连续负重每小时在6次以上并每次超过20千克，间断负重每次超过25千克的作业。

（2）使用凿岩机、捣固机、气镐、气铲、铆钉机、电锤的作业。

（3）工作中需要长时间保持低头、弯腰、上举、下蹲等强迫体位和动作频率每分钟大于50次的流水线作业。

3. 其他禁忌未成年工从事的劳动

（1）《高处作业分级》国家标准中第二级以上的高处作业，即凡在坠落高度基准面5米以上（含5米）有可能坠落的高处进行的作业。

（2）《冷水作业分级》国家标准中第二级以上的冷水作业。

（3）《高温作业分级》国家标准中第三级以上的高温作业。

（4）《低温作业分级》国家标准中第三级以上的低温作业。

（5）森林业中的伐木、流放及守林作业。

（6）地质勘探和资源勘探的野外作业。

（7）潜水、涵洞、涵道作业和海拔3000米以上的高原作业（不包括世居高原者）。

（8）锅炉司炉等。

（三）未成年工健康检查

根据《劳动法》第六十五条及《未成年工特殊保护规定》第六条的规定，用人单位应按下列要求对未成年工定期进行健康检查。

（1）安排工作岗位之前。

（2）工作满一年。

（3）年满18周岁，距前一次的体检时间已超过半年。

（四）企业招收使用未成年工要登记

企业招收使用未成年工，除符合一般用工要求外，还须向所在地的县级以上劳动行政部门办理登记。劳动行政部门根据"未成年工健康检查表""未成年工登记表"，核发"未成年工登记证"，未成年工须持"未成年工登记证"上岗。

四、企业违反劳动保护的法律责任

> **法规链接**
>
> 《劳动法》第九十三条　用人单位强令劳动者违章冒险作业，发生重大伤亡事故，造成严重后果的，对责任人员依法追究刑事责任。
>
> 第九十四条　用人单位非法招用未满十六周岁的未成年人的，由劳动行政部门责令改正，处以罚款；情节严重的，由市场监督管理部门吊销营业执照。
>
> 第九十五条　用人单位违反本法对女职工和未成年工的保护规定，侵害其合法权益的，由劳动行政部门责令改正，处以罚款；对女职工或者未成年工造成损害的，应当承担赔偿责任。

（一）对违章事故的处罚

《劳动法》第九十三条是有关违章事故处罚的规定。企业强令员工违章冒险作业，发生重大伤亡事故，造成严重后果的，对责任人员依法追究刑事责任。

违章冒险作业指的是由企业的生产经营者强令进行的，而不是员工自己从事的。重大伤亡事故，一般是指造成3～9人死亡，造成直接经济损失数额较大的事故。

责任人员的具体刑事责任可参照《刑法》的相关规定。针对事故的类型和责任人员的身份不同，量刑幅度包括：3年以下有期徒刑或者拘役；3年以上7年以下有期徒刑；5年以下有期徒刑或者拘役，并处罚金；5年以上10年以下有期徒刑，并处罚金。

（二）对非法招用未成年工的处罚

由《劳动法》第九十四条的规定可知企业非法招用未成年工处罚的规定如下。

（1）企业非法招用未满16周岁的未成年人的，由劳动行政部门责令改正，处以罚款。

（2）情节严重的，由市场监督管理部门吊销企业的营业执照。

（三）对侵害女职工和未成年工合法权益的处罚

由《劳动法》第九十五条可知企业侵害女职工和未成年工合法权益处罚的规定如下。

（1）企业违反《劳动法》对女职工和未成年工的保护规定，侵害其合法权益的，由劳动行政部门责令改正，处以罚款。

（2）对女职工或者未成年工造成损害的，企业应当承担赔偿责任。

（四）对企业违反劳保规定的处罚

由《劳动法》第九十二条规定可知企业违反劳保规定的处罚如下。

（1）企业的劳动安全设施和劳动卫生条件不符合国家规定或者未向员工提供必要的劳动防护用品和劳动保护设施的，由劳动行政部门或者有关部门责令改正，可以处以罚款。

（2）情节严重的，提请县级以上人民政府决定责令停产整顿。

（3）对事故隐患不采取措施，致使发生重大事故，造成员工生命和财产损失的，对责任人员比照《刑法》第一百八十七条的规定追究刑事责任。

第四节 员工违纪处理的法规与风险防范

违纪职工是对违法、违纪、违反用人单位规章制度劳动者的统称。处理违纪职工应遵循教育为主、惩罚为辅；区别情节、分类对待；实事求是、依法处理的原则。

一、处理违纪职工的方式

对一般用人单位来讲，处理违纪职工主要有如图3-6所示的四种方式。

经济处罚包括罚款（最多不超过当月工资的20%）；经济赔偿（由用人单位酌情确定具体数额，可以由违纪员工交付，也可以从其工资中扣除，但每月扣除数额不能超过当月工资的20%）；违约金（可在合同中约定，数额应依据员工的承受能力确定，地方有规定的从其规定）

这是对员工违纪等行为的一种书面记载和证据。一般对未严重违纪的员工采取这种处理方式

图3-6

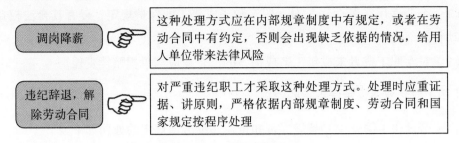

图 3-6 处理违纪职工的四种方式

二、员工违纪处理的流程

首先,企业应注意核实是否有员工违纪的相关证据,如否,需先进行相关证据的搜集,并且及时将证据保留存档,为将来产生损害赔偿或解除劳动合同关系等提供证据支持。

其次,查看相关规章制度或管理规定,以确定是否具备可对该员工的行为进行处罚的相关"依据",前提是该行为的规章制度必须依法履行了民主程序并向劳动者进行了告知。

如没有相关规章制度"依据",需进一步核实是否具备相关法律法规"依据"。

综上所述,当员工出现违纪行为时,企业首先要做的,应该确定是否"有法可依",即是否具备对该违纪员工进行处罚的相关法律依据或规章制度依据,这是前提。

目前,企业处理违纪职工的法律依据,主要是《劳动法》《工会法》,国有企业还有《企业职工奖惩条例》。现在,国家已基本上将处理违纪职工的权力交还给用人单位。企业应避繁就简,主要依据《劳动法》和《工会法》制定完善的内部规章制度,与员工签订好劳动合同,与工会签订好集体合同,以避免在处理违纪职工时出现的法律风险。

三、员工违纪的处理时限

《劳动争议调解仲裁法》第 27 条规定:"劳动争议申请仲裁的时效期间为一年。仲裁时效期间从当事人知道或者应当知道其权利被侵害之日起计算。"

同理,企业处理违纪职工的时效也可以确定为 1 年,处理时效从企业证实或者应当证实员工犯错误之日起算。

员工发生违纪,一般都会侵犯企业的合法权益,比如员工旷工侵犯了企业的劳动义务获取权;员工失职侵犯了企业的管理权;员工兼职且拒不改正则侵犯了企业对劳动者完整工作精力的获得权；哪怕是员工被追究刑事责任，也将影响到企业的社会形象。因此，企业对违纪员工实施处理，其目的就是维护自身的合法权利。

四、处理违纪员工应注意的事项

（一）谨慎、客观、公正

企业对于违纪员工的处理要树立一个谨慎、客观、公正的观念，不能出现随意性、主观性以及不公正性。很多企业没有树立谨慎、客观、公正的观念，员工的行为稍有瑕疵就轻率地按照违纪处理，随着员工法律意识的增强，这种情况往往会给企业带来不必要的麻烦以及造成一定的损失。

（二）对违纪行为要进行等级或者级别划分

企业对于违纪员工要进行等级或者级别划分，按照违纪行为情节的严重与否以及造成后果的严重与否进行划分，员工一旦出现违纪情况就需要对号入座，进行应有的惩处，而不是一有违纪行为直接选择解除劳动合同这种轻率的做法。一旦随意解除劳动合同，员工诉讼维权，企业败诉还要承担继续履行劳动合同的义务，是吃力不讨好的做法。

员工违纪处分通常分为书面警告、记小过、记大过、降级及解雇五种，企业要对这些等级的处分条件在规章制度中做出详细说明。

（三）要有证据

企业在处理违纪员工的时候需要树立证据意识，打官司是需要提供证据的，处理违纪员工也是需要十分注重证据的，没有客观的、真实的、具有相关性的证据能够证明员工违纪的话，切勿轻率进行违纪处理，更不能选择直接解除劳动合同。

（四）尽量用简易程序

企业处理违纪员工问题能用简易程序的尽量用简易程序，这样既节省处理违纪员工问题的时间和精力，又可以很快投入相应的生产运营当中去，如果拉的战线太长，无论是对于企业还是对于违纪员工本身都是十分不利的。

第五节
调职调薪——劳动合同变更

法规链接

《劳动合同法》第三十五条 用人单位与劳动者协商一致,可以变更劳动合同约定的内容。变更劳动合同,应当采用书面形式。

变更后的劳动合同文本由用人单位和劳动者各执一份。

当企业给员工进行调职调薪时,就会涉及劳动合同的变更。

劳动合同的变更是在原合同的基础上对原劳动合同内容做部分修改、补充或者删减,而不是签订新的劳动合同。原劳动合同未变更的部分仍然有效,变更后的内容就取代了原合同的相关内容,新达成的变更协议条款与原合同中其他条款具有同等法律效力,对企业和员工双方都有约束力。

一、劳动合同变更的缘由

根据本法第四十条第三款的规定,劳动合同订立时所依据的客观情况发生重大变化,致使劳动合同无法履行,经用人单位与劳动者协商,未能就变更劳动合同内容达成协议的,用人单位在提前30日以书面形式通知劳动者本人或者额外支付劳动者1个月工资后,可以解除劳动合同。由此可以确定,劳动合同订立时所依据的客观情况发生重大变化,是劳动合同变更的一个重要缘由。

所谓"劳动合同订立时所依据的客观情况发生重大变化",主要是指如表3-4所示的几个方面。

表3-4 劳动合同订立时依据的客观情况发生重大变化

序号	情况变化	说明
1	订立劳动合同所依据的法律、法规已经修改或者废止	如果合同签订时所依据的法律、法规发生修改或者废止,合同如果不变更,就可能出现与法律、法规不相符甚至是违反法律、法规的情况,导致合同因违法而无效。因此,根据法律、法规的变化而变更劳动合同的相关内容是必要而且是必须的

续表

序号	情况变化	说明
2	企业方面的原因：用人单位经上级主管部门批准或者根据市场变化决定转产、调整生产任务或者生产经营项目等	企业的生产经营不是一成不变的，而是根据上级主管部门批准或者根据市场变化可能会经常调整自己的经营策略和产品结构，这就不可避免地发生转产、调整生产任务或者生产经营项目情况。在这种情况下，有些工种、产品生产岗位就可能因此而撤销，或者被其他新的工种、岗位所替代，原劳动合同就可能因签订条件的改变而发生变更
3	员工方面的原因	如员工的身体健康状况发生变化、劳动能力部分丧失、所在岗位与其职业技能不相适应、职业技能提高了一定等级等，造成原劳动合同不能履行或者如果继续履行原合同规定的义务对员工明显不公平
4	客观方面的原因	（1）由于不可抗力的发生，使得原来合同的履行成为不可能或者失去意义。不可抗力是指当事人所不能预见、不能避免并不能克服的客观情况，如自然灾害、意外事故、战争等 （2）由于物价大幅度上涨等客观经济情况变化致使劳动合同的履行因花费太大代价而失去经济上的价值。这是民法的情势变更原则在劳动合同履行中的运用

二、协商调薪调岗、变更劳动合同

 法规链接

《劳动合同法》第十七条 劳动合同应当具备以下条款……（六）劳动报酬。由此可见，劳动报酬的约定是劳动合同的重要内容。

第三十五条 用人单位与劳动者协商一致，可以变更劳动合同约定的内容，变更劳动合同，应当采用书面形式。变更后的劳动合同文本由用人单位和劳动者各执一份。

由《劳动合同法》第十七条和第三十五条的规定可见，双方签订的劳动合同，可以通过双方协商一致的方式予以变更，变更后的内容需要通过书面的形式予以确认。

协商变更程序如图 3-7 所示。

第一步	确认协商变更的内容。企业应当首先制定工资变更的内容和变更的方式
第二步	以书面的形式向员工发出变更合同的意向，并对变更的法律依据及客观事实情况进行解释说明。当事人一方要求变更劳动合同相关内容的，应当将变更要求以书面形式送交另一方，另一方应当在 15 日内答复，逾期不答复的，视为不同意变更劳动合同

图 3-7

| 第三步 | 如果员工同意变更，企业则需要员工以书面形式确认，同时在原劳动合同的变更页上填写变更内容并由双方签字确认 |
| 第四步 | 变更后的劳动合同交予员工一份 |

图 3-7　协商变更程序

小提示

企业一定要注意劳动合同变更的法定程序，这样一方面可以避免违法的嫌疑；另一方面也可以降低劳动争议仲裁诉讼中败诉的风险。

（1）结合法律规定对变更的内容进行评估，审查是否符合法律规定的单方变更条件。

（2）搜集整理涉及单方变更所需要的证据材料。

（3）与员工就劳动合同变更进行沟通，采取协商变更的形式最安全。

（4）对于协商变更不成的，应向专业人士咨询，确认符合法定降薪条件的，再谨慎按照程序做出降薪决定。

三、单方调薪调岗、变更劳动合同

法律赋予了用人单位单方变更工资的权利。根据劳动合同法第四十条及相关规定，企业单方调薪调岗、变更劳动合同主要通过表 3-5 所示途径来实现。

法规链接

《劳动合同法》第四十条　有下列情形之一的，用人单位提前三十日以书面形式通知劳动者本人或者额外支付劳动者一个月工资后，可以解除劳动合同。

（一）劳动者患病或者非因工负伤，在规定的医疗期满后不能从事原工作，也不能从事由用人单位另行安排的工作的。

（二）劳动者不能胜任工作，经过培训或者调整工作岗位，仍不能胜任工作的。

表 3-5　单方变更的途径

序号	途径	说明
1	员工由于不能胜任工作而被企业单方调整工作岗位的	企业在《劳动合同法》第四十条规定条件下可以单方调整员工的工作岗位，在员工患病或非因工负伤，在规定的医疗期满后不能从事原工作，单位可以另行安排其他工作，员工不能胜任工作，企业可以调整其工作岗位，调整工作岗位后工资也得到相应的调整

续表

序号	途径	说明
2	员工由于违反企业规章制定,按照规章制度被企业给予降职降薪处罚的	这方面的变更首先要求企业必须要存在明确的规章制度,并明确列举按照降职降薪处理的具体情形;规章制度的制定要符合法定的程序,比如经过民主程序,除此以外,企业的规章制度要对员工进行解释说明和公示。其次,还要有充分的证据证明员工存在违纪行为
3	采取结构性浮动工资,在约定范围内进行调整	企业可以在劳动合同中约定工资构成由固定工资和浮动工资组成。固定工资包括基本工资、岗位工资、职位工资、技能工资;浮动工资包括绩效工资、奖金、提成等。浮动工资,在劳动合同约定范围内可以进行调整
4	其他情况的单方变更	在实践中,一些地方解释及司法判例对用人单位和劳动合同中特别约定的企业单位单方调岗调薪权予以承认和支持

四、调薪调岗、变更劳动合同应注意的问题

(一)必须在有效时间内进行

调薪调岗、变更劳动合同必须在劳动合同依法订立之后,在合同没有履行或者尚未履行完毕之前的有效时间内进行。

(二)必须坚持平等自愿、协商一致的原则

即劳动合同的变更必须经企业和员工双方当事人的同意。

(三)必须合法,不得违反法律、法规的强制性规定

劳动合同变更也并非是任意的,企业和员工约定的变更内容必须符合国家法律、法规的相关规定。

(四)变更劳动合同必须采用书面形式

劳动合同双方当事人(企业和员工)经协商后对劳动合同中的约定内容的变更达成一致意见时,必须达成变更劳动合同的书面协议——劳动合同变更协议书,书面协议经企业和员工双方当事人签字盖章后生效。这一规定可以避免劳动合同双方当事人(企业和员工)因劳动合同的变更问题而产生劳动争议。

(五)劳动合同的变更也要及时进行

提出变更劳动合同的主体可以是企业,也可以是员工,无论是哪一方要求变更劳动合同的,都应当及时向对方提出变更劳动合同的要求,说明变更劳动合同的理由、内容和条件等。

如果应该变更的劳动合同内容没有及时变更，由于原定条款继续有效，往往使劳动合同不适应变化后的新情况，从而引起不必要的争议。当事人一方得知对方变更劳动合同的要求后，应在对方规定的合理期限内及时做出答复，不得对对方提出的变更劳动合同的要求置之不理。因为根据《劳动法》第二十六条和《劳动合同法》第四十条的规定，劳动合同订立时所依据的客观情况发生重大变化，致使劳动合同无法履行，如果企业和员工协商，未能就变更劳动合同内容达成协议的，则可能导致企业可以单方解除劳动合同。

五、调岗调薪常见疑难问题解答

（一）企业做出调岗决定，员工是否必须无条件服从

根据《劳动合同法》第三十五条规定，在劳动合同没有特别规定的情况下，调整岗位作为合同变更的重要内容，须满足两个基本前提。

（1）双方协商一致。

（2）采取书面形式。

以上两者缺一不可，企业若没有经过协商一致而单方调岗，员工有权拒绝。劳动合同应当按原约定继续履行。

（二）劳动合同规定"可根据需要进行调岗"是否有效

根据《劳动合同法》第三条规定，订立劳动合同，应当遵循合法、公平、平等自愿、协商一致、诚实信用的原则。依法订立的劳动合同具有约束力，企业与员工应当履行劳动合同约定的义务。这意味着，假如合同约定"可根据需要对员工岗位进行调整"，应当理解为双方真实的意思表示。劳动合同条款具有拘束力，双方均应履行。

纵然如此，合同的约定也并不代表企业可随意进行单方调岗，在操作岗位调整时，企业依然应当遵守图3-8所示规则。

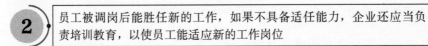

图3-8 操作岗位调整时的原则

（三）员工不胜任现有工作岗位，可否随意调岗

不胜任工作是企业调岗的常见理由，根据《劳动合同法》第四十条的规定，在员工不胜任现有岗位的前提下企业有单方调岗的权利。但该单方调岗的权利也不是不受任何约束，企业在操作不胜任调岗时应当把握图 3-9 所示两点。

企业应有充分的证据证明员工不胜任现有工作岗位，即该员工确实不能按照单位的要求完成劳动合同约定的任务或者同工种岗位人员的工作量，在实践当中需要以"岗位说明书""目标责任书"等文件予以佐证

调整后的岗位应与员工的劳动能力和技能相适应，保持一定的合理性

图 3-9　在操作不胜任调岗时的要点

（四）员工不服调岗拒不到岗，可否解除劳动合同

由于调岗往往涉及员工的切身利益，譬如工资标准，所以往往会受到员工的抵制，有的员工明确表示拒绝，在企业态度也比较强硬的情况下，一些员工最常见的做法就是"以调岗不合理为由拒绝上班"。在这种情况下，企业可否以"旷工"之名对员工进行纪律处分或者以"严重违纪"为由解除劳动合同？

首先，以旷工之名行使合同解除权需要基于图 3-10 所示两个重要前提。

岗位调整是合法合理的，有法律依据和事实依据。假如岗位调整不具备合理性，其纪律处分也就失去了先行的依据		员工的行为属于"旷工"，旷工一般是指：除有不可抗拒的因素影响，员工无法履行请假手续情况外，员工不按规定履行请假手续，又不按时上下班即属于旷工

图 3-10　以旷工之名行使合同解除权的前提

所以，对于员工不服从调岗，企业应当注意审查调岗的合理性和合法性，同时不急于做出处分决定，在双方处于争议状态（特别是员工已申请仲裁）的情况下，单方的处分行为往往会被认定为无效。

（五）保密协议规定"涉密人员合同终止或解除前公司有权调岗"是否合法

根据《劳动合同法》第二十三条规定，用人单位与劳动者可以在劳动合同中约定保守用人单位的商业秘密和知识产权相关的保密事项。保密条款的内容应当属于双方

当事人意思自治的范畴，如果合同中约定掌握商业秘密的员工提出解除劳动合同前一段时间内，企业有权调整其岗位。这样的约定对合同当事人均有约束力，员工一方必须履行。

另根据《劳动部关于企业职工流动若干问题的通知》第二条规定，用人单位与掌握商业秘密的员工在劳动合同中约定保守商业秘密有关事项时，可以约定在劳动合同终止前或该职工提出解除劳动合同后的一定时间内（不超过六个月），调整其工作岗位，变更劳动合同中相关内容。这也为合同约定保密调岗事项提供了法律依据。

（六）不胜任工作的调岗，可否同时调薪

企业调岗的目的之一就是合理地调整薪酬，因为岗位管理包含了岗位的薪酬管理，岗位异动也往往伴随着岗位报酬标准的变动，法律规定了企业在员工不胜任前提下可调岗，其让渡的应当是完整的岗位管理权，该权利包括履行新的岗位薪酬标准、新的考核办法等。员工因不胜任工作而被调整到新的岗位，其薪酬应当根据新岗位的标准确定，否则有违于"同工同酬"的基本立法思想。但为了防止企业调薪权力的滥用，企业在调薪操作时应当基于以下前提。

（1）有明确的岗位职系和薪酬对应标准；若无制度规定和合同约定，调岗后的薪酬标准应当协商确定，而不能由企业单方确定。

（2）与员工书面确定新的岗位与报酬标准。

（七）再次录用的员工，调岗后可否重新约定试用期

《劳动合同法》第十九条规定，同一用人单位与同一劳动者只能约定一次试用期。

这从根本上限制了企业重复约定试用期的行为，即便对于岗位有所调整的重新录用行为，试用期约定仍被禁止。

（八）企业给不能胜任原工作的员工调岗是否需要协商

《劳动合同法》第四十条规定的两种情形调整员工工作岗位并不需协商一致，理由如下。

（1）从条文文意看，员工患病或者非因工负伤，在规定的医疗期满后不能从事原工作，企业另行安排工作并无协商一致的要求。员工不能胜任工作，法条规定企业培训或调整工作岗位，也无需协商一致。

（2）从操作角度看，员工患病或者非因工负伤，在规定的医疗期满后不能从事原工作，企业必须另行安排一个工作即调岗，如果要求双方协商一致方可调整

岗位，员工拒不同意，将陷入僵局，导致该法条无法操作。同理，员工不能胜任工作，调岗在实践中通常表现为降职，如果要求协商一致，可能没有几个员工会同意降职，这样也导致企业在员工不能胜任工作情况下无法操作。劳动部办公厅曾在《关于职工因岗位变更与企业发生争议等有关问题的复函》对此问题做了明确的规定："因劳动者不能胜任工作而变更、调整职工工作岗位，则属于用人单位的自主权。"

所以，在员工不能胜任工作的情况下，企业调整员工的工作岗位属于企业的自主权，无需与员工协商一致。"用人单位与劳动者协商一致，可以变更劳动合同约定的内容"仅仅适用于一般的劳动合同变更行为。

但是该问题的关键在于能够证明员工确实不能胜任原来的工作（即该员工确实不能按照企业的要求完成劳动合同约定的任务或者同工种岗位人员的工作量），在实践当中需要以"岗位说明书""目标责任书"等文件予以佐证。

附：案例解析

案例 01：单位"任性"调岗合法吗

【事件】 小凤是某食品加工厂的职工，主要的工作是在生产线上完成食品外包装的检测。小凤一直勤勤恳恳，严格按照厂里的规章制度工作，工作的成果很让人放心，身边的同事也都很喜欢她。

有一天，小凤的领导向单位提出了辞职。为了不耽误生产，单位指派了另一个部门的领导兼任小凤所在部门领导一职。在新领导上任后，发现了小凤十分勤劳，很是喜欢，于是想让小凤加入他以前主管的部门，希望将小凤培养成骨干。小凤完全没有在其他部门工作的经验，有点担心不能适应新的工作。此外，她也很担心万一新领导一意孤行，她就有可能丢工作了。小凤心里一直在想，难道单位能"任性"地调整她的工作岗位吗？

【解析】 单位能"任性"地单方调岗吗？答案当然是不行的。但法律有规定单位可以单方调岗的情形吗？答案是有的。所以，关于用人单位能否单方调岗的问题，就要看法律对单位单方调岗的情形是怎么规定的，如果不符合这些情形，那么单位就不能单方调岗。

根据法律规定，用人单位可以单方调岗的情形主要有：第一，职工患病或者非因工负伤，在规定的医疗期满后不能从事原工作；第二，职工不能胜任工作；第三，发生职业禁忌的情形，比如女职工怀孕的，不能从事夜班工作等。因此，如果上述情形都没有出现，那么用人单位不能单方调整工作岗位。

回归到本案,用人单位单方调岗的理由是新领导认为小凤工作勤劳,想让小凤到他以前主管的部门任职。这个理由并不符合法律规定,也不是客观的生产经营的需要,更不能表明小凤已经不适合在原工作岗位工作了。因此,如果用人单位以上述的理由单方调岗,小凤有权拒绝。

案例 02:单位能否对哺乳期职工实施经济性裁员

【事件】 杨某和刘某都是某玩具工厂的女工,二人于 2019 年入职,与工厂签订为期五年的劳动合同,两人都在组装部门工作,工作岗位一致。2019 年 10 月起,工厂因市场经营环境恶化,业务出现严重萎缩,导致经营出现严重亏损。2020 年 3 月,因亏损严重且由于市场环境一直没有好转,工厂决定大幅度裁减人员。此时杨某处于哺乳假期间,每天提前一个小时下班回家哺乳孩子,刘某怀孕 5 个月未休产假。工厂内部开会讨论,认为杨某与刘某二人工作岗位一致,可以解除其中一个,刘某正在孕期,法律对于孕期妇女有特别的规定,辞退刘某可能有法律风险;但杨某已经休完产假上班,辞退杨某没有法律风险。于是,工厂决定实施经济性裁员,解除杨某等二十人的劳动合同。工厂的做法合法吗?

【解析】 工厂的做法不合法。哺乳期妇女属于"三期妇女"。根据《女职工劳动保护特别规定》第五条规定:"用人单位不得因女职工怀孕、生育、哺乳降低其工资、予以辞退、与其解除劳动或者聘用合同。"

本案中,刘某正在怀孕,杨某处于哺乳期间,二人都属于"三期妇女",法律对这一群体有特殊保护的规定。

再看看关于经济性裁员的规定。根据《劳动合同法》规定,当用人单位生产经营出现严重困难,可以提前三十日向工会或者全体职工说明情况,听取工会或者职工的意见,将裁减人员方案向劳动行政部门报告后裁减人员。因此,工厂生产经营出现严重困难的,可以实施经济性裁员。

但是,《劳动合同法》也规定对以下人员不得实施经济性裁员,其中包括女职工在孕期、产期、哺乳期的。

案例 03:某科技公司违法延长工作时间被行政处罚

【事件】 2021 年 5 月 25 日,市劳动保障监察支队监察员依法对珠海某科技有限公司开展日常巡视检查,发现该单位涉嫌违法延长劳动者工作时间。经立案调查,查明该单位 2021 年 4 月份违法延长徐某等 1905 名劳动者工作时间,违法延长工作时间平均达 100 小时以上,其中最长达 147 小时。对此,向该单位下达"劳动保障监察限期改正指令书",责令依法整改。同时,对该单位违法延长工作时间的行为做出两项行政处罚：一是警告；二是按照受侵害的 1905 名劳动者每人 100 元的标准计算，处以罚款人民币壹拾玖万零伍佰元整（￥190500 元）。随后，该单位依法进行了整改并按期缴纳罚款。

【解析】 为保障劳动者的身体健康，国家对工时制度和延长工作时间的条件做了严格规定。《劳动法》第三十六条规定"国家实行劳动者每日工作时间不超过八小时、平均每周工作时间不超过四十四小时的工时制度"。

案例 04：职工休年休假是否必须自己申请

【事件】 罗先生于 2018 年从技工院校毕业，进入某二手车公司某站点从事销售工作。公司通过民主程序制定的规章制度规定："职工年休假，应当事先提出申请；未申请的，视为自动放弃本年度年休假。年休假不跨年度计算。"

2019 年罗先生未申请过年休假。2020 年 3 月，受疫情影响，公司业务量骤降，决定关闭该站点，经与罗先生协商，双方未能就变更劳动合同达成一致，公司提出解除劳动合同。但对于是否该支付 2019 年度未休年休假的工资报酬，双方发生争议。

公司认为，罗先生没有申请休假，已放弃了休假权，现在无权要求补偿。罗先生遂申请仲裁，要求公司支付 2019 年度未休年休假的工资报酬。仲裁委支持了罗先生的仲裁请求。

【解析】 《职工带薪年休假条例》第二条规定，职工连续工作 1 年以上的，享受带薪年休假。罗先生入职满一年后，有权在 2019 年享受年休假。

根据《职工带薪年休假条例》第五条第一款规定和《企业职工带薪年休假实施办法》第十条第二款规定，职工放弃年休假权利，只能采用明示方式提出，用人单位不能将职工没有申请年休假视为默示放弃。

综上所述，该公司有关年休假的规定，增加了劳动者的申请义务，且要求劳动者采用默示的方式放弃年休假，于法无据。对罗先生 2019 年未休的年休假，公司应当支付罗先生相应的工资报酬。

案例 05：带薪年休假可否跨年休

【事件】 小林是一家公司的销售人员，公司规定每年有 15 天的带薪年休假，由于 2020 年上半年工作业绩压力大，一直没敢休。到了年末想休的时候，又赶上年底想休假的人太多，为了保证工作正常运转，公司批准年休假的职工名额少，小林又没休上。

春节期间，小林想补休去年没休的年休假，征求人事部门意见时，人事主管告诉小林，按照公司规定，没有休完的年休假会在下一年度自动清零，请问，这个规定合法吗？如果剩余的年休假没法休，公司能给予工资补偿吗？

【解析】《职工带薪年休假条例》规定，单位应当保证职工享受年休假。职工在年休假期间享受与正常工作期间相同的工资收入。单位根据生产、工作的具体情况，并考虑职工本人意愿，统筹安排职工年休假。年休假在1个年度内可以集中安排，也可以分段安排，一般不跨年度安排。单位因生产、工作特点确有必要跨年度安排职工年休假的，可以跨1个年度安排。单位确因工作需要不能安排职工年休假的，经职工本人同意，可以不安排职工年休假。对职工应休未休的年休假天数，单位应当按照该职工日工资收入的300%支付年休假工资报酬。

因此，保证职工享受年休假是用人单位应当保障劳动者的基本权益。根据描述，公司规定没有休完的年休假在下一年度自动清零，这个规定是不合法的。公司若今年不能安排职工年休假，可以在下一个年度安排。若不能安排年休假，应该给予劳动者工资补偿。

案例06：带薪休假不能"一刀切"

【事件】"今年我们厂订单多，为了兼顾大家的休息权，并体现公平，工厂决定在8月下旬统一安排大家休假7天，其他时间不再安排任何休假。"随着人事部门工作人员把公司的这个决定通知到车间，大家开始议论纷纷。

一些刚入厂不久的年轻员工很兴奋，但工作10年以上的老员工却都心里不是滋味：明明每年工厂都给自己10天以上的假期，而且可以自选休假时间，怎么今年突然被"一刀切"？

老员工们选派了资历较深的张师傅去找人力资源部唐经理交涉。唐经理振振有词地表示，法律本来就赋予了用人单位自主安排年休假的权利，而且公司的做法很公平，在休假天数上对所有员工一视同仁。

"你们想想，要是想休几天、想什么时候休都由自己说了算，工厂还运转不运转？"

张师傅和他的工友们觉得，唐经理的说法似乎不对劲，可是又不知道该怎么反驳他。于是，下班之后，他们来到当地劳动保障监察机构进行咨询。

【解析】了解了事情的来龙去脉后，监察员告诉他们，用人单位的确有根据生产、工作的具体情况，并考虑职工本人意愿，统筹安排职工年休假的权利；但是，休几天这事儿，不能采取貌似公平的"一刀切"的方式。根据《职工带薪年休假条例》，职工累计工作已满1年不满10年的，年休假5天；已满10年不满20年的，年休假10天；

已满 20 年的,年休假 15 天。这是法律规定的底线,所以法律并不禁止工厂让累计工龄不满 10 年的年轻员工休假 7 天,但累计工龄 10 年以上的老员工,则理应对照法律享有相应的年休假。

如果单位确因工作需要不能安排职工休年假的,经职工本人同意,可以不安排或少安排年休假,但应当按照日工资 300% 的标准支付相应天数的年休假工资报酬。

最终,监察员上门对该厂进行调查核实后,责令公司按照法律规定修改休假规定,安排员工休满年休假,或支付未休年休假工资。

案例 07:严重违纪劳动者是否还有休假权

【事件】 某公司一名技术研发人员靳某,因有严重泄密行为而违反公司规章制度,公司决定于近日与其解除劳动合同。但是该员工已经在公司工作了近 20 年,依法应当享受每年 10 天的法定年休假,所以该员工提出,要将其今年的 10 天法定带薪年休假休完后再办理离职手续。公司则认为,该员工的泄密行为已经严重侵害了公司权益,且他将要被解除劳动合同,今年的法定带薪年休假应当作废。那么,该员工还能够享受法定带薪年休假吗?

【解析】 劳动者依法享受休息权。根据国家法律规定,劳动者能否享受带薪年休假权益、享受的天数长短,只与劳动者的工作年限长短有关。除非员工本人书面放弃该项权利,否则即使员工离职,用人单位也应当折算其应享受的带薪年休假。这里需要特别强调的是,员工无论是主动辞职,还是被解除劳动合同,都不影响其当年度已经在公司付出工作时间所对应的年休假天数。

本案中,靳某虽然构成严重违纪,符合被解除劳动合同的条件,但并不影响该员工的带薪年休假。所以,公司的说法是错误的。当然,靳某的说法也不完全正确,他不能享受当年全部的带薪年休假,应当根据其当年已经工作的时间,折算离职前应当享受的带薪年休假天数。

案例 08:职工有病假单却不履行请假手续,用人单位可按旷工处理

【事件】 彭某是某营销服务有限公司的员工。2019 年 2 月 10 日,彭某向公司请假,并提交了医院出具的建议休息时间为 2019 年 2 月 11 ~ 16 日的病假证明单,载明病假事由为健康查体。但 2 月 18 日(2 月 17 日为周日)之后彭某一直未上班。

2019 年 2 月 25 日,公司以快递的形式向彭某送达通知,主要内容为彭某病假期满后未经任何批准就不来上班,也未履行请假手续,根据员工手册的规定,其行为已

构成旷工，要求彭某于2019年3月1日前返回公司上班。该通知未获得彭某任何回复。3月4日，公司再次通过快递方式送达解除劳动合同通知，主要内容为彭某在公司向其送达通知后仍未来上班，该行为严重违反规章制度，公司决定解除劳动合同。彭某认为公司解除劳动合同违法，遂申请仲裁，要求公司支付赔偿金。

在仲裁过程中，彭某提供了医院出具的2019年2月18～3月1日期间的病假证明单，辩称因公司未索要2019年2月18日之后的病假单，所以自己没有提交，其行为并不构成旷工。

公司则称，根据公司规定，如果无法及时履行请假手续的，可以事后补办，但是彭某在公司寄送了第一份通知后没有及时向公司说明原因并补办手续，所以公司的处理合法。

那么，职工有病假单却不履行请假手续，用人单位能否按旷工处理？

【解析】 彭某向公司申请病假休息，应提供相应的病假证明，这是彭某作为一名劳动者应当遵守的基本劳动纪律。从病假证明单可见，彭某2019年2月11～15日具体病假事由为健康查体，其身体状况并未达到无法及时联系公司并提交相应病假证明的程度。

而且，彭某作为一名劳动者应主动遵守单位的请假手续，即使当时无法到公司履行请假手续，也应在事后尽快向公司说明情况，并补办请假手续。但彭某在长达10多天的时间里都未向公司请假，在收到通知后也未说明原因，即使其确实有病假单，公司在其未及时提交的情况下做旷工处理并解除劳动合同也并无不当。

案例09：用人单位组织劳动者周末开会，是否应当支付加班费

【事件】 陈某是某汽车租赁公司的员工，被安排随车在客户单位提供驾驶服务。陈某与汽车租赁公司签有为期两年的劳动合同，实行标准工时制。陈某在职期间，汽车租赁公司要求他每个月的第一周周六必须到汽车租赁公司开会，主要是进行安全驾驶培训，而且没有安排补休。

2018年7月31日，双方劳动合同期满终止，陈某向汽车租赁公司提出休息日安排培训的加班费。公司表示陈某没有在工作岗位上提供劳动，周末开会培训不算加班。双方协商未果后陈某申请劳动争议仲裁。用人单位组织劳动者周末开会，是否应当支付加班费？

【解析】 认定是否加班要考虑两个要素，即工作由用人单位安排和在法定标准工作时间之外。

本案中，汽车租赁公司在休息日安排陈某进行汽车安全驾驶培训，该培训系由公司组织安排，要求陈某必须参加，并非个人自愿性质。安全培训的目的是为生产经营服务，属于员工工作的一部分。因此，公司安排的周末培训属于延长陈某的工作时间，增加了额外的工作量。

根据《劳动合同法》第三十一条规定和《工资支付暂行规定》第十三条规定，汽车租赁公司在休息日安排陈某工作又不安排补休，应当支付200%的休息日加班工资。

案例10：非全日制用工是否存在加班问题

【事件】 2019年年初，徐某与一家健身房签订非全日制用工合同，约定徐某在健身房从事健身教练工作，每天工作4小时，每周工作24小时。但是由于客流量越来越大，健身房在休息日和法定节假日也照常开放。徐某认为健身房应当按照双倍和三倍的标准分别向其支付休息日和法定节假日的加班工资，而健身房主张，徐某属于非全日制员工，只要每天工作不超过4小时，每周工作不超过24小时，即符合法律规定，无需支付加班费。那么，究竟谁的主张能够得到法律支持呢？

【解析】 非全日制用工是与全日制用工相对应的概念。《劳动合同法》第六十八条规定："非全日制用工，是指以小时计酬为主，劳动者在同一用人单位一般平均每日工作时间不超过四小时，每周工作时间累计不超过二十四小时的用工形式。"

因此，非全日制下不存在延长工作时间和休息日加班问题，也就不存在支付延长工作时间加班工资和休息日加班工资问题。

在上述案例中，健身房要求徐某在休息日上班，无需向其支付双倍的加班工资，但如果要求其在法定节假日上班，则健身房需要按照三倍的标准向徐某支付加班工资。

案例11：工资计件计算就没有加班费吗

【事件】 唐女士是广州外来务工人员中的一位，为了供读上初中的女儿，唐女士来到经济发达的广州在一个玩具加工厂工作。工厂和她约定工资按件计薪，每个3元，按要求每天至少要完成25个。唐女士说，在销售旺季订单比较多的情况下，自己即使已经完成了当天的生产任务，但工厂为了赶生产进度也会安排员工加班一个小时，并仍然按照每个玩具3元的标准计薪。唐女士每天能挣百十来元钱，感觉幸福满满的。

后来，唐女士和在别的工厂打工的老乡交流，得知别人加班都有加班费，而且加班费比正常工资高，她心里有点不平衡。

去年年底，唐女士和一些同事找工厂领导提议：认为这样的加班方式不合理，希望工厂在加班时间发放加班费。工厂方却说，工厂实行的是计件工资，因此不能支付加班费。唐女士一帮人投诉到了广州市劳动监察大队。

最后，年过半百的唐女士和她的工友们赢得了加班费，感受到法律带给她们的公正春天!

【解析】 计件工资制是指用人单位按照劳动者生产产品的数量和预定的单价来计算劳动者劳动报酬的一种制度。广州市劳动监察大队的工作人员说,有部分用人单位错误地认为既然员工的计件单价已经确定,那么无论员工生产多少产品都应当按照这个单价来计算。事实上,依照相关法律(《劳动合同法》第三十一条、《劳动法》第四十三条和第四十四条),用人单位安排劳动者延长工作时间的,应当依法支付加班费,计件工作的员工在完成劳动定额或规定的工作任务后,如果用人单位还要安排员工在法定标准工作时间外继续劳动,那么用人单位应当按照延长劳动的时间核发加班费。

案例 12:用人单位变相延长劳动时间是否合法

【事件】 宋某在一家电器厂工作,主要负责库房的电器装箱入库。2018 年年底,厂里进行领导班子换届选举,副厂长魏某当上了厂长。他上任后,进行了一系列的改革,调整生产线,改革奖惩制度,为了减少开支,把宋某所在的库房由十个人减到了五个人。由于厂里的订单很多,这样一来,宋某等五个人承担原来十个人的装箱入库工作,非常紧张也非常辛苦。一个月后,宋某等人找到厂长魏某提意见,他们说自己承担的工作量太大,每天需要多干两个多小时才能完成任务,有时甚至需要更长的时间,希望厂里能够增派人手。厂长听后对他们进行了安慰,并表示对超时超量的工作给予加班费,但不同意加人。无奈,他们只好继续坚持工作。

又过了两个月,宋某等人都感到身体极度疲劳,无法再坚持超负荷的工作。所以,他们再次向厂里反映情况,提出给库房增派人手,可又遭到了厂长的拒绝。对此,宋某非常生气,他认为厂长是把职工当成机器来用,任意剥夺职工的休息权,变相延长职工的工作时间。于是他决定向劳动争议仲裁委员会申请仲裁,恢复正常的工作时间。那么单位变相延长劳动时间是否合法?

【解析】 我国实行劳动者每天工作时间不超过 8 小时、平均每周工作时间不超过 44 小时工时制度。根据《劳动法》第四十一条规定,用人单位要延长劳动者的工作时间的前提是用人单位必须有特殊情况和紧急任务,并且要与劳动者协商。

而案例中的电器厂员工加班并没有出现法规规定的特殊情况,只是由于人手少,工作量大,员工们在正常工作时间内无法完成任务,所以只能加班加点工作,虽然厂方没有明确的加班安排,但这种行为变相延长了劳动时间,违反了《劳动法》的规定,侵犯了劳动者的休息权。

电器厂要根据生产经营需要而延长工作时间,事先必须与工会和劳动者充分协商,并严格遵循法律的规定。所以宋某等人有权要求厂方给库房增派人手,并减少工作量,使他们恢复正常的8小时工作时间,如果厂里不同意,他们可以向当地劳动争议仲裁委员会申请仲裁。

案例13:非全日制用工也每天都要工作吗

【事件】 吴某为补贴家用,到某快餐连锁企业应聘,想在里面做兼职。该企业与兼职人员签订非全日制劳动协议,约定工资以小时形式计算,非全日制用工平均每天工作4~8小时,每工作4小时安排休息15分钟,吃饭的时间也包括在内。吴某看到这些有些纳闷,非全日制用工每天都要工作吗?

【解析】 我国《劳动合同法》第六十八条规定:"非全日制用工,是指以小时计酬为主,劳动者在同一用人单位一般平均每日工作时间不超过四小时,每周工作时间累计不超过二十四小时的用工形式。"也就是说,法律没有明确规定非全日制用工每天都要工作,只是对每天工作时间的上限做出了规定。此外,需要注意的是,这里规定的工作时间是指在同一用人单位累计的工作时间。本案中,该快餐企业对职工要求的工作时间违反了相关的法律规定,应当尽快做出调整。

案例14:无固定期限劳动合同的连续工作时间从何时起算

【事件】 邓某从2011年起在某公司担任技术员的工作,与该公司签订了几次劳动合同。邓某看到《劳动合同法》中规定,劳动者在用人单位连续工作满10年的,应当订立无固定期限的劳动合同。2021年的时候邓某要求与用人单位订立无固定期限的合同,用人单位认为该法律颁布于自己与邓某订立合同后,连续10年应该从该法律颁布后算起,用人单位的说法正确吗?

【解析】 无固定期限劳动合同,是指用人单位与劳动者约定无确定终止时间的劳动合同。无固定期限的劳动合同并不是永久的,在符合法定条件下,劳动者或用人单位可以解除双方签订的无固定期限劳动合同。

《劳动合同法》第十四条第二款规定,劳动者在用人单位连续工作满10年的,用人单位与劳动者应当签订无固定期限劳动合同。对此《劳动合同法实施条例》第九条规定:"劳动合同法第十四条第二款规定的连续工作满10年的起始时间,应当自用人单位用工之日起计算,包括劳动合同法施行前的工作年限。"由此可见,第九条规定中的"10年"应当包括《劳动合同法》实施前的工龄,而非自其生效后开始计算满10年。用人单位的说法不正确,邓某在用人单位自用工之日起已经连续工作满10年,用人单位应当与邓某订立无固定期限劳动合同。

第四章
员工社会保险管理的法律风险防范

章前概述

我国《劳动合同法》对用人单位和劳动者须依法参加社会保险做出了明确规定，缴纳保险对于用人单位来说，是法定的义务。无论是员工自愿还是企业主动逃避，表面上看，的确可以为企业节省一笔开支，但其实这是给企业制造了潜在的法律风险。社会保险是强制保险，是用人单位和劳动者的义务。这就是说企业和劳动者都没有权利来决定是否缴纳社会保险，社会保险是劳动合同必备条款之一，只要存在劳动关系，企业就应该履行缴纳社会保险的义务。

思维导图

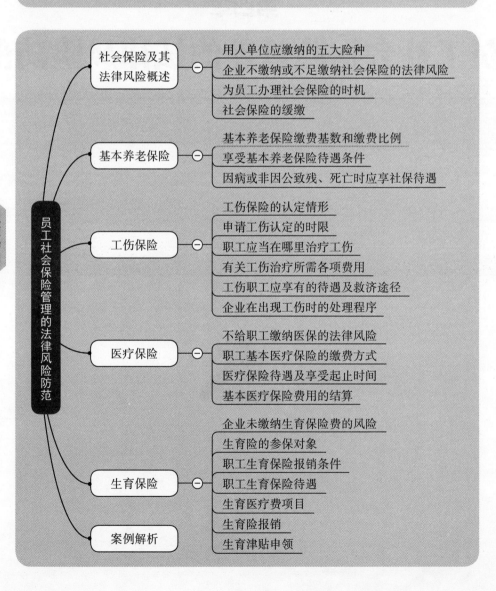

第一节
社会保险及其法律风险概述

我国《劳动合同法》对用人单位和劳动者须依法参加社会保险做出了明确规定，缴纳保险对于用人单位来说，是法定的义务。逃避缴纳义务，企业还将面临承担行政责任的法律风险。

一、用人单位应缴纳的五大险种

我国现阶段社会保险的内容包括图4-1所示五大险种。

养老保险	养老保险是国家依法强制实施、专门面向劳动者并通过向企业、个人征收养老保险费形成养老基金，用以解决劳动者退休后的生活保障问题的一项社会保险制度。其基本待遇是养老保险金的支付，它既是各国社会保险制度中的主体项目，也是各国社会保障制度中最重要的保障项目
失业保险	失业保险是国家依法强制实施、专门面向劳动者并通过筹集失业保险基金，用以解决符合规定条件的失业者的生活保障问题的一项社会保险制度。其基本待遇是支付失业保险金及失业医疗救助等，它是市场经济条件下适应劳动力市场化发展需要，并缓和失业现象可能带来的严重社会问题的不可或缺的稳定和保障机制
医疗保险	医疗保险是指国家依法强制实施、专门面向劳动者并通过向企业及个人征收医疗保险费形成医疗保险基金，用以解决劳动者及其家属医疗保障问题的一项社会保险制度。其基本待遇是提供医疗保障及医疗补助
工伤保险	工伤保险是国家依法强制实施、面向企业或用人单位筹集工伤保险基金，用以补偿职工因工伤事故而导致的收入丧失和医疗保障待遇的一种社会保险制度，其实质是建立在民法基础上的一种用工单位对本单位职工工伤事故进行赔偿的制度。其基本待遇包括工伤期间的收入保障、工伤抚恤、工伤医疗保障等
生育保险	生育保险是国家依法强制实施、面向用工单位及个人筹集生育保险基金，用以解决生育妇女孕产哺乳期间的收入和生活保障问题的一种社会保险制度。其基本待遇是提供生育医疗保障

图4-1 社会保险的五大险种

法规链接

《社会保险法》关于缴纳社会保险的规定。

第十条 职工应当参加基本养老保险，由用人单位和职工共同缴纳基本养老保险费。

第二十三条 职工应当参加职工基本医疗保险，由用人单位和职工按照国家规定共同缴纳基本医疗保险费。

第四十四条 职工应当参加失业保险，由用人单位和职工按照国家规定共同缴纳失业保险费。

第五十三条 职工应当参加生育保险，由用人单位按照国家规定缴纳生育保险费，职工不缴纳生育保险费。

第六十条 用人单位应当自行申报、按时足额缴纳社会保险费，非因不可抗力等法定事由不得缓缴、减免。职工应当缴纳的社会保险费由用人单位代扣代缴，用人单位应当按月将缴纳社会保险费的明细情况告知本人。

《社会保险费申报缴纳管理规定》关于缴纳社会保险的规定。

第五条第二款 用人单位代职工申报的缴费明细以及变动情况应当经职工本人签字认可，由用人单位留存备查。

第八条 用人单位应当自用工之日起30日内为其职工申请办理社会保险登记并申报缴纳社会保险费。未办理社会保险登记的，由社会保险经办机构核定其应当缴纳的社会保险费。

《劳动法》第七十二条 社会保险基金按照保险类型确定资金来源，逐步实行社会统筹。用人单位和劳动者必须依法参加社会保险，缴纳社会保险费。

《劳动合同法》第十七条 劳动合同应当具备以下条款……（七）社会保险……

二、企业不缴纳或不足缴纳社会保险的法律风险

企业不缴纳或不足缴纳社会保险，会面临着许多的风险，如下所示。

（一）需要补交及缴纳滞纳金

如果企业不为员工缴纳社会保险，员工可以向社会保险行政部门投诉或提起劳动仲裁要求企业补交。

> **法规链接**
>
> 《社会保险费征缴暂行条例》第十三条 缴费单位未按规定缴纳和代扣代缴社会保险费的,由劳动保障行政部门或者税务机关责令限期缴纳;逾期仍不缴纳的,除补缴欠缴数额外,从欠缴之日起,按日加收千分之二的滞纳金。滞纳金并入社会保险基金。

也就是说逃避缴纳义务,企业还将面临承担行政责任的法律风险,根据相关的规定,劳动行政部门对无故不缴纳社会保险费的用人单位,责令在一定期限内全部缴清费用;逾期不缴的,劳动行政部门可以加收滞纳金,情节严重的,还可以对直接负责的主管人员和其他直接责任人员处以罚款。对于逾期拒不缴纳社会保险费、滞纳金的企业,劳动保障行政部门或者税务机关可以申请人民法院强制征缴。企业应积极为员工办理社会保险,一方面保障了劳动者的利益;另一方面可以防范因此遭受到不必要的法律纠纷和风险,创造良好的社会形象。

（二）劳动合同解除并支付经济补偿金

员工对于企业未依法为员工缴纳社会保险费的,有权立即解除劳动合同,不用书面通知,不用提前通知。并且企业还应当向员工支付经济补偿金,如果不支付经济补偿金,还应当支付两倍于经济补偿金的赔偿金。

> **法规链接**
>
> 《劳动合同法》第四十六条 有下列情形之一的,用人单位应当向劳动者支付经济补偿。
>
> （一）劳动者依照本法第三十八条规定解除劳动合同的。
>
> 《劳动合同法》第四十七条 经济补偿按劳动者在本单位工作的年限,每满一年支付一个月工资的标准向劳动者支付。六个月以上不满一年的,按一年计算;不满六个月的,向劳动者支付半个月工资的经济补偿……本条所称月工资是指劳动者在劳动合同解除或者终止前十二个月的平均工资。

因此如果企业没有为员工缴纳社会保险,员工可以此为理由与企业解除劳动合同,并有权根据《劳动合同法》第四十六条第一款向企业主张经济补偿金。也就是说企业不依法为员工缴纳社会保险费或不按照其实际工资标准缴纳社会保险费,员工可以依据劳动合同法的规定立即解除劳动关系,如果通知离职的员工系企业高级管理人员或关键技术人员，企业不仅会面临该员工突然离职给企业经营活动造成的影响，还需依法支付高额的经济补偿金。

（三）赔偿损失

如果企业没有为员工缴纳社会保险，员工在工作期间患病、工伤、失业、生育时，由此产生的所有费用和员工应当享受的工伤保险待遇均由企业承担。

法规链接

《工伤保险条例》第六十二条　用人单位依照本条例规定应当参加工伤保险而未参加的，由社会保险行政部门责令限期参加，补缴应当缴纳的工伤保险费，并自欠缴之日起，按日加收万分之五的滞纳金；逾期仍不缴纳的，处欠缴数额1倍以上3倍以下的罚款。

依照本条例规定应当参加工伤保险而未参加工伤保险的用人单位职工发生工伤的，由该用人单位按照本条例规定的工伤保险待遇项目和标准支付费用。

（四）信用风险

根据《关于在一定期限内适当限制特定严重失信人乘坐火车推动社会信用体系建设的意见》（发改财金〔2018〕384号）、《关于在一定期限内适当限制特定严重失信人乘坐民用航空器推动社会信用体系建设的意见》（发改财金〔2018〕385号）的规定，社会保险领域中存在"用人单位未按相关规定参加社会保险且拒不整改的；用人单位未如实申报社会保险缴费基数且拒不整改的；应缴纳社会保险费且具备缴纳能力但拒不缴纳的；隐匿、转移、侵占、挪用社会保险基金或者违规投资运营的；以欺诈、伪造证明材料或者其他手段骗取社会保险待遇的；社会保险服务机构违反服务协议或相关规定的；拒绝协助社会保险行政部门对事故和问题进行调查核实的"情形的严重失信行为责任人限制乘坐火车高级别席位（包括列车软卧、G字头动车组列车全部座位、其他动车组列车一等座以上座位），限制乘坐民用航空器，期限为一年。

（五）社会保险行政部门对用人单位的行政处罚

1. 罚款

（1）社会保险行政部门有权对不办理社保登记的企业及负责人直接罚款。

（2）社会保险行政部门对未按时足额缴纳社会保险费的企业有权直接罚款。

> **法规链接**
>
> 《社会保险法》第八十四条 用人单位不办理社会保险登记的,由社会保险行政部门责令限期改正;逾期不改正的,对用人单位处应缴社会保险费数额一倍以上三倍以下的罚款,对其直接负责的主管人员和其他直接责任人员处五百元以上三千元以下的罚款。
>
> 第八十五条 用人单位未按时足额缴纳社会保险费的,由社会保险费征收机构责令限期缴纳或者补足,并自欠缴之日起,按日加收万分之五的滞纳金;逾期仍不缴纳的,由有关行政部门处欠缴数额一倍以上三倍以下的罚款。

2. 加收滞纳金

企业不缴纳社会保险费,要被加收滞纳金。

> **法规链接**
>
> 《劳动法》第一百条 用人单位无故不缴纳社会保险费的,由劳动行政部门责令其限期缴纳,逾期不缴的,可以加收滞纳金。

由《劳动法》第一百条可知,我国对企业不缴纳保险费行为的处理规定如下。

(1) 企业无故不缴纳社会保险费的,由劳动行政部门责令其限期缴纳。

(2) 逾期不缴的,可以加收滞纳金。

《违反〈中华人民共和国劳动法〉行政处罚办法》第十七条规定:"用人单位无故不缴纳社会保险费的,应责令其限期缴纳;逾期不缴的,除责令其补交所欠款额外,可以按每日加收所欠款额 2‰的滞纳金。滞纳金收入并入社会保险基金。"

3. 社保征收机构对未缴或欠缴企业的强制措施

(1) 社保征收机构有权申请直接划扣企业的银行账户。

(2) 社保征收机构有权申请法院扣押、查封、拍卖企业财产。

> **法规链接**
>
> 《社会保险法》第六十三条 用人单位逾期仍未缴纳或者补足社会保险费的,社会保险费征收机构可以向银行和其他金融机构查询其存款账户;并可以申请县级以上有关行政部门做出划拨社会保险费的决定,书面通知其开户银行或者其他金融机构划拨社会保险费。用人单位账户余额少于应当缴纳的社会保险费的,社会保险费征收机构可以要求该用人单位提供担保,签订延期缴费协议。

用人单位未足额缴纳社会保险费且未提供担保的，社会保险费征收机构可以申请人民法院扣押、查封、拍卖其价值相当于应当缴纳社会保险费的财产，以拍卖所得抵缴社会保险费。

三、为员工办理社会保险的时机

（一）为员工办理缴交社保的时间

企业在招聘员工并形成劳动关系之后，包括在试用期内的员工，应依法在用工之日起（含试用期）30 日内为员工办理社会保险登记手续并缴纳社会保险费，缴纳社会保险的费用可以作为企业的成本进行相应的税务抵扣。

法规链接

《社会保险法》第五十七条　用人单位应当自成立之日起三十日内凭营业执照、登记证书或者单位印章，向当地社会保险经办机构申请办理社会保险登记。

社会保险经办机构应当自收到申请之日起十五日内予以审核，发给社会保险登记证件。

第五十八条　用人单位应当自用工之日起三十日内为其职工向社会保险经办机构申请办理社会保险登记。

（二）员工不愿意缴交社保的处理方法

对于某些坚决要求企业不缴纳保险的个人，建议放弃录用该人作为员工。

企业应避免与员工达成所谓的和议，不缴纳社会保险而向员工发放补贴。缴纳社会保险为企业的法定义务，无论什么形式的和议，都不能免除企业的法定义务。

小提示

企业应尽量避免以商业保险替代社会保险，对于特殊员工如高级管理人员或聘用的离退休人员，可以考虑在缴纳社会保险的基础上购买商业保险。

（三）发现漏缴社保费应主动补缴

（1）凭财务记账凭证、工资表到社保局和地税局申报补缴。

（2）企业自查发现漏缴社保费3个月以上的（含3个月）或者被劳监局、社保局、地税局发现漏缴社保费的，配合调查取证，先在人社局建立缴费职工档案，然后持限期整改指令书、劳动合同、用工备案表、财务记账凭证、工资表到社保局和税务局申报补缴。

（四）员工在单位工作期间应参保未参保，应该办理补缴

员工在单位工作期间应参保而未参保，可凭劳动保障行政部门出具的劳动关系认定书到社保经办机构申请办理社会保险费补缴。

四、社会保险的缓缴

缓缴期限一般不超过1年。其中医疗、生育保险缓缴期限一般不超过6个月。对于首次缓缴期不足1年的，缓缴期满后企业仍无法恢复正常经营，可在缓缴期满前60日内再次提出缓缴申请。连续申请不得超过2次且2次缓缴期限累计不超过1年。医疗、生育保险首次缓缴期满不再受理再次缓缴申请。缓缴期满，企业应当按时足额补缴相应社会保险费，缓缴期间免收滞纳金。员工到达退休年龄或需办理社会保险关系转移的，企业应单独为其足额缴纳社会保险费，保障职工合法权益。

第二节 基本养老保险

养老保险是社会保障制度的重要组成部分，是社会保险五大险种中最重要的险种之一。企业和职工依法缴纳养老保险费，在职工达到国家规定的退休年龄或因其他原因而退出劳动岗位并办理退休手续后，社会保险经办机构向退休职工支付基本养老保险金（也称"退休金"）。基本养老保险金的主要目的在于保障广大退休人员的晚年基本生活。

一、基本养老保险缴费基数和缴费比例

> **法规链接**
>
> 《中华人民共和国保险法》第十二条　用人单位应当按照国家规定的本单位职工工资总额的比例缴纳基本养老保险费，记入基本养老保险统筹基金。
>
> 职工应当按照国家规定的本人工资的比例缴纳基本养老保险费，记入个人账户。

《中华人民共和国保险法》第十二条对职工基本养老保险缴费基数和缴费比例做出了规定，如表4-1所示。

表4-1 职工基本养老保险缴费基数和缴费比例

序号	缴费人	缴费基数	缴费比例
1	用人单位	关于缴费基数，有的地方以企业工资总额为缴费基数，如辽宁、吉林、河南、浙江等多数省、市；有的地方以全部职工缴费工资之和为基数，如北京、天津、深圳等部分省、市	用人单位缴纳基本养老保险费的比例，一般不超过企业工资总额的20%，具体比例由省、自治区、直辖市人民政府确定。用人单位缴纳的社会保险费计入基本养老保险统筹基金，用于当期的基本养老保险待遇支付，实行现收现付
2	职工个人	缴费工资基数为本人上一年度月平均工资。月平均工资超过当地职工平均工资300%以上的部分，不计入个人缴费工资基数；低于当地职工平均工资60%的，按60%计入缴费工资基数	职工个人按照本人缴费工资基数的8%缴费，计入个人账户。职工个人缴纳的养老保险费全部计入个人账户，形成个人账户基金，用于退休后个人账户养老金的发放。目前，个人账户实际上是"空账"运行，每年按照一年期存款利率计算收益

二、享受基本养老保险待遇条件

法规链接

《保险法》第十六条 参加基本养老保险的个人，达到法定退休年龄时累计缴费满十五年的，按月领取基本养老金。

参加基本养老保险的个人，达到法定退休年龄时累计缴费不足十五年的，可以缴费至满十五年，按月领取基本养老金；也可以转入新型农村社会养老保险或者城镇居民社会养老保险，按照国务院规定享受相应的养老保险待遇。

由《保险法》第十六条可知员工享受基本养老保险待遇的条件。

（一）法定退休年龄

（1）男职工退休年龄为年满60周岁，女干部为55周岁，女工人为50周岁。

（2）从事井下、高空、高温、特别繁重体力劳动或者其他有害身体健康的工作，男年满55周岁、女年满45周岁，连续工龄满10年的。

(3)男年满50周岁,女年满45周岁,连续工龄满10年,经医院证明,并经劳动鉴定委员会确认,完全丧失劳动能力的。

(4)因工致残,经医疗证明,并经劳动鉴定委员会确认,完全丧失劳动能力的。

(二)最低缴费年限

缴费满15年是享受基本养老保险待遇的"门槛",但并不代表缴满15年就可以不缴费,只要职工与企业建立劳动关系,就应按规定缴费。职工达到法定退休年龄但缴费不足15年的,可以在缴费至满15年(一次性补缴或者继续缴费均可)后享受基本养老保险待遇;也可以采取转入新型农村社会养老保险或者城镇居民社会养老保险的办法,解决其养老保障问题。

三、因病或非因公致残、死亡时应享社保待遇

《保险法》第十七条 参加基本养老保险的个人,因病或者非因工死亡的,其遗属可以领取丧葬补助金和抚恤金;在未达到法定退休年龄时因病或者非因工致残完全丧失劳动能力的,可以领取病残津贴。所需资金从基本养老保险基金中支付。

由《保险法》第十七条规定可知对于因病或非因公致残、死亡时应享的社保待遇,如表4-2所示。

表4-2 因病或非因公致残、死亡时应享社保待遇

序号	情形	应享社保待遇
1	因病或非因工死亡	因病或非因工死亡的,其遗属可以领取丧葬补助金和遗属抚恤金。丧葬补助金和遗属抚恤金也是职工参保享受养老保险待遇的一部分
2	因病或非因工致残	在未达到法定退休年龄时因病或者非因工致残完全丧失劳动能力的,可以领取病残津贴

第三节 工伤保险

法规链接

《社会保险法》有关工伤保险的规定。

第四章 工伤保险

第三十三条 职工应当参加工伤保险,由用人单位缴纳工伤保险费,职工不缴纳工伤保险费。

第三十四条 国家根据不同行业的工伤风险程度确定行业的差别费率,并根据使用工伤保险基金、工伤发生率等情况在每个行业内确定费率档次。行业差别费率和行业内费率档次由国务院社会保险行政部门制定,报国务院批准后公布施行。

社会保险经办机构根据用人单位使用工伤保险基金、工伤发生率和所属行业费率档次等情况,确定用人单位缴费费率。

第三十五条 用人单位应当按照本单位职工工资总额,根据社会保险经办机构确定的费率缴纳工伤保险费。

第三十六条 职工因工作原因受到事故伤害或者患职业病,且经工伤认定的,享受工伤保险待遇;其中,经劳动能力鉴定丧失劳动能力的,享受伤残待遇。

工伤认定和劳动能力鉴定应当简捷、方便。

第三十七条 职工因下列情形之一导致本人在工作中伤亡的,不认定为工伤。

(一)故意犯罪。

(二)醉酒或者吸毒。

(三)自残或者自杀。

(四)法律、行政法规规定的其他情形。

第四十条 工伤职工符合领取基本养老金条件的,停发伤残津贴,享受基本养老保险待遇。基本养老保险待遇低于伤残津贴的,从工伤保险基金中补足差额。

第四十一条 职工所在用人单位未依法缴纳工伤保险费,发生工伤事故的,由用人单位支付工伤保险待遇。用人单位不支付的,从工伤保险基金中先行支付。

从工伤保险基金中先行支付的工伤保险待遇应当由用人单位偿还。用人单位不偿还的,社会保险经办机构可以依照本法第六十三条的规定追偿。

> 第四十二条 由于第三人的原因造成工伤，第三人不支付工伤医疗费用或者无法确定第三人的，由工伤保险基金先行支付。工伤保险基金先行支付后，有权向第三人追偿。
> 第四十三条 工伤职工有下列情形之一的，停止享受工伤保险待遇。
> （一）丧失享受待遇条件的。
> （二）拒不接受劳动能力鉴定的。
> （三）拒绝治疗的。
> 《工伤保险条例》的规定（略）。

一、工伤保险的认定情形

《工伤保险条例》的第三章第十四条至第十六条对工伤保险的认定做了非常详细的说明。

（一）应当认定为工伤的情形

员工有图4-2所列情形之一的，应当认定为工伤。

情形一	在工作时间和工作场所内，因工作原因受到事故伤害的
情形二	工作时间前后在工作场所内，从事与工作有关的预备性或者收尾性工作受到事故伤害的
情形三	在工作时间和工作场所内，因履行工作职责受到暴力等意外伤害的
情形四	患职业病的
情形五	因工外出期间，由于工作原因受到伤害或者发生事故下落不明的
情形六	在上下班途中，受到非本人主要责任的交通事故或者城市轨道交通、客运轮渡、火车事故伤害的
情形七	法律、行政法规规定应当认定为工伤的其他情形

图4-2 应当认定为工伤的情形

（二）可视同工伤的情形

员工有图4-3所列情形之一的，视同工伤。

情形一	在工作时间和工作岗位，突发疾病死亡或者在四十八小时之内经抢救无效死亡的
情形二	在抢险救灾等维护国家利益、公共利益活动中受到伤害的
情形三	因工作环境存在有毒有害物质或者在用人单位食堂就餐造成急性中毒而住院抢救治疗，并经县级以上卫生防疫部门验证的
情形四	由用人单位指派前往依法宣布为疫区的地方工作而感染疫病的
情形五	职工原在军队服役，因战、因公负伤致残，已取得革命伤残军人证，到用人单位后旧伤复发的

图 4-3 可视同工伤的情形

（三）不得认定为工伤或者视同工伤的情形

员工有下列情形之一的，不得认定为工伤或者视同工伤。
（1）故意犯罪的。
（2）醉酒或者吸毒的。
（3）自残或者自杀的。
（4）法律、行政法规规定的其他情形。

二、申请工伤认定的时限

《工伤保险条例》第十七条对申请工伤认定的时限做出了明确的规定。

企业应当在员工发生事故伤害或者按照职业病防治法规定被诊断、鉴定为职业病后的第一个工作日，通知统筹地区社会保险行政部门及其参保的社会保险经办机构，并自事故伤害发生之日或者按照职业病防治法规定被诊断、鉴定为职业病之日起30日内，向统筹地区社会保险行政部门提出工伤认定申请。遇有特殊情况，经报社会保险行政部门同意，申请时限可以适当延长。

企业未按照前款规定提出工伤认定申请的，该员工或者其近亲属、工会组织自事故伤害发生之日或者按照职业病防治法规定被诊断、鉴定为职业病之日起1年内，可以直接向企业所在地统筹地区社会保险行政部门提出工伤认定申请。

小提示

企业未在规定的时限内提交认定申请，在此期间产生符合国家《工伤保险条例》规定的工伤待遇等有关费用由该企业承担。

三、职工应当在哪里治疗工伤

职工发生工伤时,企业应当采取措施及时救治。根据《工伤保险条例》第三十条的规定。

(1)职工治疗工伤应当在签订服务协议的医疗机构就医,情况紧急时可以先到就近的医疗机构急救。

(2)疑似职业病或者患职业病的,企业应当及时送省级卫生行政部门指定的医疗机构诊断,并及时送签订服务协议的医疗机构治疗。

四、有关工伤治疗所需各项费用

> **法规链接**
>
> 《工伤保险条例》第三十条 职工因工作遭受事故伤害或者患职业病进行治疗,享受工伤医疗待遇。
>
> 职工治疗工伤应当在签订服务协议的医疗机构就医,情况紧急时可以先到就近的医疗机构急救。
>
> 治疗工伤所需费用符合工伤保险诊疗项目目录、工伤保险药品目录、工伤保险住院服务标准的,从工伤保险基金支付。工伤保险诊疗项目目录、工伤保险药品目录、工伤保险住院服务标准,由国务院社会保险行政部门会同国务院卫生行政部门、食品药品监督管理部门等规定。
>
> 职工住院治疗工伤的伙食补助费,以及经医疗机构出具证明,报经办机构同意,工伤职工到统筹地区以外就医所需的交通、食宿费用从工伤保险基金中支付,基金支付的具体标准由统筹地区人民政府规定。
>
> 工伤职工治疗非工伤引发的疾病,不享受工伤医疗待遇,按照基本医疗保险办法处理。
>
> 工伤职工到签订服务协议的医疗机构进行工伤康复的费用,符合规定的,从工伤保险基金支付。

(一)哪些治疗工伤的费用可从工伤保险基金支付

根据《工伤保险条例》第三十条的规定,治疗工伤所需费用符合工伤保险诊疗项目目录、工伤保险药品目录、工伤保险住院服务标准的,从工伤保险基金中支付。

（二）工伤职工的停工留薪期有多长

停工留薪期（医疗终结期）一般不超过12个月，伤情严重或者情况特殊需要延长医疗期的，应向各辖区劳动能力鉴定委员提出延长医疗期申请，医疗终结期最长不超过24个月。

（三）工伤职工住院期间护理费

工伤职工在停工留薪期间生活不能自理需要护理的，由所在企业负责。所在企业未派人护理的，应当参照当地护工从事同等级别护理的劳务报酬标准向工伤职工支付护理费。

（四）工伤职工安装辅助器具的费用

工伤职工因日常生活或者就业需要，必须安装假肢、矫形器、假眼、假牙和配置轮椅、拐杖等辅助器具，或者辅助器具需要维修、更换的，由签订服务协议的医疗、康复机构提出意见，经劳动能力鉴定委员会确认，所需费用按照国家规定的标准从工伤保险基金中支付。辅助器具应当限于辅助日常生活及生产劳动之必需，并采用国内市场的普及型产品。工伤职工选择其他型号产品，费用高出普及型的部分，由个人自付。

（五）伙食费、往返交通、食宿费

职工住院治疗工伤的伙食补助费，以及经医疗机构出具证明，报经办机构同意，工伤职工到统筹地区以外就医所需的交通、食宿费用从工伤保险基金中支付，基金支付的具体标准由统筹地区人民政府规定。

五、工伤职工应享有的待遇及救济途径

（一）工伤保险基金负担的工伤保险待遇

法规链接

《社会保险法》第三十八条　因工伤产生的下列费用，按照国家规定从工伤保险基金中支付。

（一）治疗工伤的医疗费用和康复费用。

（二）住院伙食补助费。

（三）到统筹地区以外就医的交通食宿费。

（四）安装配置伤残辅助器具所需费用。

（五）生活不能自理的，经劳动能力鉴定委员会确认的生活护理费。

（六）一次性伤残补助金和一至四级伤残职工按月领取的伤残津贴。

（七）终止或者解除劳动合同时，应当享受的一次性医疗补助金。

（八）因工死亡的，其遗属领取的丧葬补助金、供养亲属抚恤金和因工死亡补助金。

（九）劳动能力鉴定费。

由《社会保险法》第三十八条的规定可知工伤保险基金负担的工伤保险待遇，现简述如表4-3所示。

表4-3 工伤保险基金负担的工伤保险待遇

序号	大类	细类	说明
1	工伤医疗康复类待遇	治疗工伤的医疗费用和康复费用，包括治疗工伤所需的挂号费、医疗费、药费、住院费等费用和进行康复性治疗的费用	在这里应注意以下事项 （1）职工治疗工伤应当在签订服务协议的医疗机构就医，情况紧急时可以先到就近的医疗机构急救 （2）治疗工伤的费用应符合工伤保险诊疗项目目录、工伤保险药品目录和工伤保险住院服务标准 （3）工伤职工治疗非工伤引发的疾病，不享受工伤医疗待遇，按照基本医疗保险的相关规定处理
		住院伙食补助费和异地就医的交通食宿费	（1）职工治疗工伤需要住院的，由工伤保险基金按照规定发给住院伙食补助费 （2）经医疗机构出具证明，报经办机构同意，工伤职工到统筹地区以外就医的，所需交通、食宿费由工伤保险基金负担
		护理费	（1）生活不能自理的，经劳动能力鉴定委员会确认的，生活护理费由工伤保险基金负担 （2）生活护理费按照生活完全不能自理、生活大部分不能自理或者生活部分不能自理三个不同等级支付，其标准分别为统筹地区上年度职工月平均工资的50%、40%和30%
		劳动能力鉴定费	劳动能力鉴定是职工配置辅助器具、享受生活护理费、延长停工留薪期、享受伤残待遇等的重要前提和必经程序，因此产生的劳动能力鉴定费也由工伤保险基金负担。《工伤保险条例》没有明确规定劳动能力鉴定费的负担问题，各省规定也不尽相同
2	辅助器具配置待遇		工伤职工因日常生活或就业需要，经劳动能力鉴定委员会确认，可以安装矫形器、义肢、义眼、义齿和配置轮椅等辅助器具，所需费用按照国家规定的标准从工伤保险基金中支付

续表

序号	大类	细类	说明
3	伤残待遇	一次性医疗补助金	职工因工致残被鉴定为五级至十级伤残的，该职工与用人单位解除或者终止劳动关系后，由工伤保险基金支付一次性医疗补助金。按照现行《工伤保险条例》的规定，一次性医疗补助金由工伤职工所在用人单位支付 职工因工致残并经劳动能力鉴定委员会评定伤残等级的，按照伤残等级，从工伤保险基金中向职工支付一次性伤残补助金，其数额为规定月数的本人工资（指工伤职工因工作遭受事故伤害或者患职业病前12个月的平均月缴费工资），并且是一次性支付
		伤残津贴	工伤保险基金需要负担一至四级伤残职工按月领取的伤残津贴，具体标准为：一级伤残为本人工资的90%，二级伤残为本人工资的85%，三级伤残为本人工资的80%，四级伤残为本人工资的75%。伤残津贴实际数额低于当地最低工资标准的，由工伤保险基金补足差额
4	死亡待遇	丧葬补助金	（1）职工因工死亡的，伤残职工在停工留薪期内因工导致死亡的，一至四级伤残职工在停工留薪期满后死亡的，其近亲属按照规定从工伤保险基金中领取丧葬补助金。丧葬补助金是安葬工亡职工、处理后事的必需费用 （2）丧葬补助金按6个月的统筹地区上年度职工月平均工资的标准计发
		供养亲属抚恤金	按照因工死亡职工生前本人工资的一定比例计发，计发对象是工亡职工生前提供主要生活来源的或无劳动能力的亲属
		因工死亡补助金	《工伤保险条例》规定，一次性工亡补助金标准为48～60个月的统筹地区上年度职工月平均工资。按照最新政策，因工死亡补助金的标准改为按照上一年度全国城镇居民人均可支配收入的20倍计发

（二）由用人单位负担的工伤保险待遇

《社会保险法》第三十九条　因工伤产生的下列费用，按照国家规定由用人单位支付。

（一）治疗工伤期间的工资福利。

（二）五级、六级伤残职工按月领取的伤残津贴。

（三）终止或者解除劳动合同时，应当享受的一次性伤残就业补助金。

由《社会保险法》第三十九条的规定可知,企业负担的工伤保险待遇如下所示。

1. 工资福利

(1)职工因工作遭受事故伤害或者患职业病需要暂停工作接受工伤医疗的,在停工留薪期内,除享受工伤医疗待遇外,原工资福利待遇不变,由所在企业按月支付。

(2)停工留薪期应当根据伤情的具体情况来确定,一般不超过12个月。

(3)停工留薪期的长短,由已签订服务协议的治疗工伤的医疗机构提出意见,经劳动能力鉴定委员会确认。

(4)伤情严重或者情况特殊需要延长治疗期限的,经设区的市级劳动能力鉴定委员会确认,可以适当延长,但延长不得超过12个月。

(5)工伤职工评定伤残等级后,停发原有的工资待遇,按照有关规定享受伤残待遇。

2. 伤残津贴

该项工伤保险待遇仅针对五级、六级伤残职工。

(1)五级、六级伤残,一般称为大部分丧失劳动能力,对于该类工伤职工,应保留其与企业的劳动关系,由企业安排适当工作。

(2)难以安排工作的,由企业按月发给伤残津贴,具体标准为:五级伤残为本人工资的70%,六级伤残为本人工资的60%,并由企业按照规定为其缴纳各项社会保险费。

(3)伤残津贴实际金额低于当地最低工资标准的,由企业补足差额。

3. 一次性伤残就业补助金

(1)职工因工致残被鉴定为五级、六级伤残的,经工伤职工本人提出,该职工可以与企业解除或者终止劳动关系,由企业支付一次性伤残就业补助金。

(2)职工因工致残被鉴定为七至十级伤残的,劳动合同期满终止,或者职工本人提出解除劳动合同的,由企业支付一次性伤残就业补助金。

(三)享受工伤保险待遇的条件

职工享受工伤保险待遇要符合三大条件,如表4-4所示。

表4-4 职工享受工伤保险待遇的条件

序号	条件	说明
1	工作原因	因工作原因受到事故伤害,是指职工为履行工作职责、完成工作任务而受到事故伤害,这是最为普遍的工伤情形。工作时间、工作地点和工作原因是工伤认定的三个基本要素,即"三工原则"
2	事故伤害	一般包括安全事故、意外事故以及自然灾害等各种形式的事故。如果职工在因工外出期间发生事故,下落不明,很难确定职工已死亡还是暂时失去联系,本着尽量维护职工权益的基本精神,这种情况也应认定为工伤

续表

序号	条件	说明
3	患职业病	职业病是指职工在职业活动中，因接触粉尘、放射性物质和其他有毒、有害物质等因素而引起的职业性疾病。职工经诊断或鉴定确患职业病，并经过工伤认定属于工伤或视同工伤的，可以享受工伤保险待遇

（四）享受工伤保险待遇的程序

职工享受工伤保险待遇必须经过工伤认定和劳动能力鉴定。工伤认定和劳动能力鉴定应当简捷、方便，以便工伤职工及时就医，接受治疗，享受相应待遇。

1. 工伤认定

工伤认定是指社会保险行政部门依据法律的授权，对职工因事故受到伤害或者患职业病的情形是否属于工伤或视同工伤给予定性的行政确认行为，是受到事故伤害或者患职业病的职工享受工伤保险待遇的前提。

工伤认定的结果包括认定为工伤、视同工伤、非工伤和不视同工伤。工伤认定的程序包括申请、受理、审核、调查核实、做出认定等，并有严格的时限规定。

2. 劳动能力鉴定

职工发生工伤，经治疗伤情相对稳定后存在残疾，影响劳动能力的，应当进行劳动能力鉴定。劳动能力鉴定是职工享受伤残待遇的重要前提。

（1）工伤职工进行劳动能力鉴定必须符合图4-4所示条件。

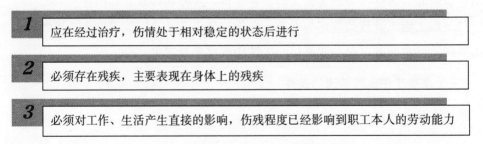

图4-4 进行劳动能力鉴定的条件

（2）劳动能力鉴定的内容。

劳动能力鉴定包括劳动功能障碍程度和生活自理障碍程度的等级鉴定。其中，劳动功能障碍分为十个伤残等级；生活自理障碍分为三个等级，分别为生活完全不能自理、生活大部分不能自理和生活部分不能自理。

六、企业在出现工伤时的处理程序

《工伤保险条例》第四条第三款规定："职工发生工伤时，用人单位应当采取措施使工伤职工得到及时救治。"该条明确规定了在出现工伤事故时，企业应承担对发生工伤职工进行及时救治的法律义务。那么，在企业已为员工办理工伤保险的情况下在出现工伤时，企业应该如何做才能避免承担不必要的法律责任，实践中很多企业却并不明确，以下就此做一简单介绍。

（一）进行工伤救治

（1）职工发生工伤后，应当在统筹地区的协议医疗机构进行治疗，病情危急时可送往就近医疗机构进行抢救；在统筹区域以外发生工伤的职工，可在事故发生地优先选择协议医疗机构治疗。

企业应及时取得治疗的医疗机构出具的诊断证明，并在工伤事故发生之日起3日内书面通知工伤保险经办机构，以便为工伤职工列入工伤医疗服务做好准备。工伤职工治疗时，企业应垫付必要的医疗费，必要时也可申请由医疗保险基金先行垫付。

（2）对于未在统筹地区协议医疗机构救治的工伤职工，企业应及时向经办机构报告工伤职工的伤情及救治医疗机构的情况，并待病情稳定后转回统筹地区的协议医疗机构治疗。

（3）工伤职工因旧伤复发需要治疗的，企业凭协议医疗机构的诊断证明，向经办机构申请并经核准后列入工伤保险医疗服务管理范围。

企业、工伤职工、经办机构因治疗旧伤复发需要治疗发生争议的，须凭协议医疗机构的诊断证明，经劳动能力鉴定委员会鉴定后确认。

（二）申请工伤认定

自工伤事故发生之日起30日内，向统筹地区劳动保障行政部门申请工伤认定。为及时将工伤职工的工伤医疗费及其他工伤待遇交由工伤保险基金支付，分散企业工伤风险，企业应在规定时限内为工伤职工申请工伤认定。

用人单位申请工伤认定需提供下列材料。

（1）工伤认定申请表。

（2）伤者和企业有效书面劳动合同或事实劳动关系证明。

（3）伤者身份证或暂住证。

（4）工伤医疗首诊病历或职业病诊断证明书。

（5）上下班工作记录卡。

（6）现场目击证人出具的证人证言（附身份证复印件）。

（7）道路交通责任认定书（机动车事故的）。

（8）道路交通示意图（机动车事故的）。

（9）当地公安部门的证明材料（属暴力人身伤害的）。

（三）为工伤职工办理工伤医疗等有关待遇手续

工伤认定后，企业应及时到工伤保险经办机构为工伤职工办理工伤医疗及其他工伤保险待遇手续。根据我国有关法律规定，对工伤职工发生的符合工伤保险药品目录、诊疗项目目录和住院服务标准等管理规定的医疗费用和康复费用，包括职工工伤认定前已由医疗保险基金、企业或职工个人垫付的工伤医疗费用，由经办机构从工伤保险基金中按规定予以支付，企业应及时将垫付的医疗费向经办机构进行核销。手续办理完毕，工伤职工应享受的工伤保险待遇全部由工伤保险基金支付，企业尽量早些从职工工伤风险中脱离出来。

> **小提示**
>
> 企业申报工伤医疗待遇时，应提供工伤职工医疗的有关材料和有效票据。所提供票据应与病历本上的日期和名字一致，中成药必须打印用药清单，同时工伤职工应填写《工伤职工自愿不做医务鉴定保证书》或提交《职工劳动能力鉴定结论书》。

（四）申请劳动能力鉴定

发生工伤的职工经治疗，伤情相对稳定后存在残疾，影响劳动能力的，企业应及时为其申请劳动能力鉴定。根据工伤职工伤残等级和所需护理程度，企业可依法处理与工伤职工之间的善后事宜。

总之，企业在出现工伤事故后应依法采取有效措施，一味地逃避法律义务不仅于事无补，在法律上还可能丧失很多有利机会，从而给自己带来不应有的负担与责任。

第四节 医疗保险

《社会保险法》第三章是关于基本医疗保险的规定。

一、不给职工缴纳医保的法律风险

法规链接

《社会保险法》第二十三条 职工应当参加职工基本医疗保险,由用人单位和职工按照国家规定共同缴纳基本医疗保险费。

由《社会保险法》第二十三条的规定可以知道以下两点。

(1)企业有为职工参加职工医保的法定义务。《劳动法》也明确规定,所有用人单位和劳动者都必须参加社会保险,其中包括医疗保险。根据《社会保险法》,所有用人单位,包括企业(国有企业、集体企业、外商投资企业、私营企业)、机关、事业单位、社会团体、民办非企业单位及其职工,都要参加职工基本医疗保险,不给职工缴纳医保是违法的。

(2)企业如果不给职工缴纳医保,职工就会无法享受医保的保障,如果职工生了重病,无法享受医保待遇,则其医疗费用要由企业来承担。

二、职工基本医疗保险的缴费方式

《社会保险法》第二十三条对职工基本医疗保险的筹资方式做出了规定。

(1)基本医疗保险费由用人单位和职工双方共同负担,用人单位缴费比例控制在职工工资总额的6%左右,职工缴费比例一般为本人工资收入的2%。

(2)职工个人缴纳的基本医疗保险费,全部计入个人账户;用人单位缴纳的基本医疗保险费分为两部分:一部分用于建立统筹基金;一部分划入个人账户。

用人单位或养老保险机构缴交的医疗保险费,划入个人账户的比例如下。

① 35周岁以下(不含35周岁)30%。

② 35周岁以上45周岁以下(不含45周岁)40%。

③ 45周岁以上在职人员50%。

④ 退休人员60%。

其中参加原养老保险行业统筹、由省社会保险行政部门按月支付养老金、退休前有本市户籍的退休人员,按上年度城镇职工月平均工资 $\times 11.5\% \times 60\%$ 计入个人账户,剩余部分计入共济基金。

三、医疗保险待遇及享受起止时间

《社会保险法》第二十八条 符合基本医疗保险药品目录、诊疗项目、医疗服务设施标准以及急诊、抢救的医疗费用,按照国家规定从基本医疗保险基金中支付。

（一）医疗保险待遇标准

通过《社会保险法》第二十八条可知基本医疗保险基金支付制度的规定。

1.基本医疗保险药品目录

（1）纳入《药品目录》药品的条件。基本医疗保险用药范围通过制定《基本医疗保险药品目录》进行管理。纳入《药品目录》的药品，应是临床必须、安全有效、价格合理、使用方便、市场能够保证的药品，并具备图4-5所列条件之一。

图4-5 纳入《药品目录》药品的条件

（2）不能纳入基本医保用药范围的药品。

① 主要起营养滋补作用的药品。

② 部分可以入药的动物及动物脏器，干（水）果类。

③ 用中药材和中药饮片泡制的各类酒制剂。

④ 各类药品中的果味制剂、口服泡腾剂。

⑤ 血液制品、蛋白类制品（特殊适应证与急救、抢救除外）。

⑥ 社会保险行政部门规定基本医疗保险基金不予支付的其他药品。

2.基本医疗保险诊疗项目

基本医疗保险诊疗项目应符合图4-6所示条件。

基本医疗保险支付部分费用的诊疗项目范围按照国家制定的《基本医疗保险诊疗项目范围》确定。在基本医疗保险支付部分费用诊疗项目目录以内的，先由参保人员按规定比例支付后，再按基本医疗保险的规定支付。

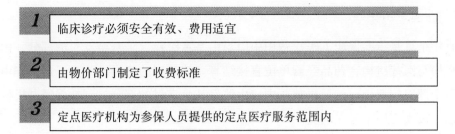

图 4-6　基本医疗保险诊疗项目的条件

3.基本医疗服务设施标准

基本医疗服务设施是指由定点医疗机构提供的,参保人员在接受诊断、治疗和护理过程中必需的生活服务设施,主要包括住院床位费或门(急)诊留观床位费。基本医疗保险基金不予支付的生活服务项目和服务设施费用如下。

(1)就(转)诊交通费、急救车费。

(2)空调费、电视费、电话费、婴儿保温箱费、食品保温箱费。

(3)陪护费、护工费、洗理费、门诊煎药费。

(4)膳食费。

(5)文娱活动费以及其他特需生活服务费用。

(二)员工享受医疗保险待遇的起始时间

参保人自办理参保手续次月 1 日起享受本市《城镇职工社会医疗保险办法》规定的基本医疗保险待遇、地方补充医疗保险待遇和生育医疗保险待遇。参保人或其单位停止缴交医疗保险费的,自停止缴交月的次月 1 日开始,参保人停止享受医疗保险待遇,但个人账户上的剩余金额可以继续使用直至用完为止。

四、基本医疗保险费用的结算

 **法规链接**

《社会保险法》第二十九条　参保人员医疗费用中应当由基本医疗保险基金支付的部分,由社会保险经办机构与医疗机构、药品经营单位直接结算。

社会保险行政部门和卫生行政部门应当建立异地就医医疗费用结算制度,方便参保人员享受基本医疗保险待遇。

《社会保险法》第二十九条对基本医疗保险费用结算制度做出了规定,其内容主要包括直接结算、异地就医结算。

（一）直接结算

直接结算是指参保职工医疗费用中应当由基本医疗保险基金支付的部分，由社保经办机构与医疗机构、药品经营单位直接结算。该制度的确立，改变了过去先由参保人支付全部医疗费用，然后再就其中应由医保基金支付的部分，到社保经办机构报销的做法，极大方便了参保人员。

（二）异地就医结算

异地就医，是指参加基本医疗保险的员工在自己所在的统筹地区以外的中国境内的其他地区就医的情况。本条明确要求社会保险行政部门和卫生行政部门应当建立异地就医医疗费用结算制度，方便参保人员享受基本医疗保险待遇。异地就医的原因并不完全一样，其结算办理手续也有不同。

（1）参保职工因当地医疗条件所限需异地转诊的，医疗费用结算按照参保地有关规定执行，参保地负责审核、报销医疗费用。有条件的地区可经地区间协商，订立协议，委托就医地审核。

（2）参保职工短期出差、学习培训或度假等期间，在异地发生疾病并就地紧急诊治产生的医疗费用，一般由参保地按参保地规定报销。

（3）异地长期居住的退休职工在居住地就医，常驻异地工作的人员在工作地就医，原则上执行参保地政策，参保地经办机构可采用邮寄报销、在参保人员较集中的地区设立代办点、委托就医地基本医疗保险经办机构代管报销等方式，改进服务，方便参保人员。

（4）对经国家组织动员支援边疆等地建设，按国家有关规定办理退休手续后，已按户籍管理规定异地安置的参保退休人员，要探索与当地医疗保障体系相衔接的办法。

第五节 生育保险

生育保险由国家法律规定保障，国家通过建立生育保险制度为生育妇女提供生育津贴、医疗服务和产假待遇，保障其身体健康，并为婴儿的哺育和成长创造良好的条件。

> **法规链接**
>
> 《社会保险法》第六章 生育保险
>
> 第五十三条 职工应当参加生育保险,由用人单位按照国家规定缴纳生育保险费,职工不缴纳生育保险费。

一、企业未缴纳生育保险费的风险

企业必须为全体职工缴纳生育保险费,根据《女职工劳动保护特别规定》第八条的规定,如果用人单位未给女职工投保生育险,所产生的职工流产或生育费用由用人单位支付。

> **法规链接**
>
> 《女职工劳动保护特别规定》第八条 女职工产假期间的生育津贴,对已经参加生育保险的,按照用人单位上年度职工月平均工资的标准由生育保险基金支付;对未参加生育保险的,按照女职工产假前工资的标准由用人单位支付。
>
> 女职工生育或者流产的医疗费用,按照生育保险规定的项目和标准,对已经参加生育保险的,由生育保险基金支付;对未参加生育保险的,由用人单位支付。

二、生育险的参保对象

生育保险由企业缴纳,员工不缴纳,但是无论男女都需要缴,男职工的未就业的配偶,也可以享受生育医疗费用待遇,所需资金从生育保险资金中支付。

> **小提示**
>
> 生育保险费由用人单位缴纳,个人不缴费,所以以个人身份不能参加生育保险。

三、职工生育保险报销条件

生育保险报销条件,是指参加生育保险的女职工在生育期间的生育医疗费、生育津贴等费用,男职工在配偶生育期间的看护假假期津贴,向统筹地区生育保险基金的条件。

职工享受生育保险待遇,应当同时具备图4-7所示条件。

条件一	用人单位已为职工缴纳一定时间的社保；各地政策不同，如北京市要求连续缴纳社保9个月，广州市要求累计缴纳社保1年，上海市要求生产当月在缴纳社保即可
条件二	已办理参保备案，并且生育
条件三	当地人社局要求的其他条件

图4-7 女职工生育保险报销条件

四、职工生育保险待遇

 法规链接

《社会保险法》第五十四条 用人单位已经缴纳生育保险费的，其职工享受生育保险待遇；职工未就业配偶按照国家规定享受生育医疗费用待遇。所需资金从生育保险基金中支付。

生育保险待遇包括生育医疗费用和生育津贴。

由《社会保险法》第五十四条可知生育保险的待遇。

（一）享受生育保险待遇的范围

享受生育保险待遇的范围包括参保的职工以及参保职工的未就业配偶。

（二）生育保险待遇的内容

生育保险待遇包括两个方面，如表4-5所示。

表4-5 生育保险待遇的内容

序号	待遇类别	待遇的内容
1	生育医疗费	（1）女职工在孕期、产期内，因为妊娠、生育或者终止妊娠产生的符合规定的医疗费用 （2）一次性分娩营养补助费。这是按所属统筹地区上年度在岗职工月平均工资的一定比例计发。具体比例由统筹地区人民政府确定 （3）计划生育手术费用：这包括职工因为计划生育实施放置或者取出宫内节育器、流产术、引产术、绝育及复通手术所产生的医疗费用

续表

序号	待遇类别	待遇的内容
2	生育津贴	（1）女职工产假期间享受生育津贴。生育津贴以所属统筹地区上年度在岗职工月均均工资为基数，按规定的产假期计发。生育津贴低于本人工资标准的，由用人单位补足 生育津贴＝当月本单位人均缴费工资÷30（天）×假期天数 （2）已参保的男职工按规定享受的看护假津贴，以所属统筹地区上年度在岗职工月平均工资为基数，按规定的假期时间计发 看护假津贴＝当月本单位人均缴费工资÷30（天）×假期天数

小提示

男职工的未就业配偶按照职工参保地规定的生育医疗费用结算标准的50%享受生育的医疗费用待遇。

五、生育医疗费项目

 法规链接

《社会保险法》第五十五条　生育医疗费用包括下列各项。
（一）生育的医疗费用。
（二）计划生育的医疗费用。
（三）法律、法规规定的其他项目费用。

《社会保险法》第五十五条就生育医疗费用项目做出了具体的规定。

（一）生育医疗费的特点

（1）生育保险待遇从生育之前的孕期即开始支付，事先保障和事后保障相结合。

（2）医疗服务范围的确定性。生育保险的检查项目、治疗手段大都是基础性服务项目，医疗服务项目相对比较固定、费用也比较低廉。

（3）生育保险医疗服务保障水平高于医疗保险，没有规定起付线和封顶线，门诊产前检查、住院分娩或者出现高危情况下的医疗费用均可由生育保险基金支付。

（二）生育医疗费的项目

生育医疗费的项目包括表4-6所示的几个方面。

表 4-6 生育医疗费的项目

序号	项目类别	说明
1	生育的医疗费用	（1）女职工在妊娠期、分娩期、产褥期内，因生育所产生的检查费、接生费、手术费、住院费、药费等医疗费用，以及生育出院后因生育引起疾病的医疗费，均由生育保险基金支付 （2）在生育期间超出规定的医疗服务费和药费（含自费药品和营养药品的药费）由职工个人负担
2	计划生育的医疗费用	这是指职工因实行计划生育需要，实施放置（取出）宫内节育器、流产术、引产术、绝育及复通手术所产生的医疗费用。对于职工在基本医疗保险定点医疗机构和经计划生育行政管理部门、劳动保障部门认可的计划生育服务机构实施计划生育手术的，其费用可以由相应的生育保险基金支付
3	其他	法律、法规规定的其他项目费用，此系兜底条款

六、生育险报销

生育保险报销流程，是指用人单位及职工本人就女职工在生育期间的产检费、接生费、手术费、住院费、药费等费用向统筹地区生育保险基金报销的程序。

（一）报销期限

（1）生育医疗费，应当在女职工妊娠至生育或者终止妊娠前申办。

（2）一次性分娩营养补助费和异地就医的生育医疗费，应当在女职工生育或者终止妊娠后 1 年内申办。

（3）计划生育手术费用，应当在手术前申办。

逾期申办的，社会保险经办机构不予受理。

用人单位未按规定期限到当地社会保险经办机构为其参保职工申办生育保险待遇的，该职工的生育保险待遇由用人单位按照所在统筹地区的待遇项目和标准支付。

（二）非报销项目

（1）不符合国家和省城镇职工基本医疗保险和生育保险的药品目录、诊疗项目、医疗服务设施项目及相关就医管理规定的费用。

（2）违反计划生育政策生育的费用。

（3）因为医疗事故产生的费用。

（4）分娩期外治疗生育并发症的费用。

七、生育津贴申领

> **法规链接**
>
> 《社会保险法》第五十六条 职工有下列情形之一的,可以按照国家规定享受生育津贴。
> (一)女职工生育享受产假。
> (二)享受计划生育手术休假。
> (三)法律、法规规定的其他情形。
> 生育津贴按照职工所在用人单位上年度职工月平均工资计发。

生育津贴是职工按照国家和省有关规定享受产假或者计划生育手术休假期间获得的工资性补偿。

(一)生育津贴享受标准

职工在产假或者休假期间按照以下标准享受生育津贴。

(1)生育的,享受生育津贴。其中难产的,增加15天的生育津贴;生育多胞胎的,每多生育1个婴儿,增加15天的生育津贴。

(2)妊娠不满2个月流产的,享受20天的生育津贴;妊娠满2个月不满3个月流产的,享受30天的生育津贴;妊娠满3个月不满7个月流产、引产的,享受42天的生育津贴;妊娠满7个月引产的,享受98天的生育津贴。

> **小提示**
>
> 职工产假或者休假期间,享受的生育津贴低于其产假或者休假前工资的标准的,由用人单位予以补足;高于其产假或者休假前工资的标准的,用人单位不得截留。

(二)生育津贴申领时机

生育津贴自生育之日起在规定期限内由企业提交资料,审核通过社保局进行建档,再打款给企业,具体需要的时间各地略有不同,可以咨询所在地社保局。

(1)生育津贴应当在女职工生育或者终止妊娠后1年内申办。

(2)男职工假期津贴,应当在其配偶生育后1年内申办。

(三)如何申领

1. 大部分城市生育津贴、补贴申领由公司帮助完成。

申请分娩生育津贴时需提供下列材料。

(1) 参保职工的社会保障卡复印件。

(2) 准生证、出生证和独生子女证复印件。

(3) 生育住院发票复印件、出院小结(盖就诊医院章)。

(4) 单位证明(含职工姓名、年龄、身份证号、产假起止日期)。

(5) 报销资料涉及复印件的部分,需提供原件审核。

2. 个人自己办理

部分城市生育津贴、补贴申领由个人自己办理的,需提供相关资料,在指定时间内到社保局办理,提供资料和提交公司资料几无差别。

3. 代理办理

对于少数社保代理的个人或者小微企业、办事处、分公司的,需提前报备代理公司,并提交相应资料给代理公司由其协同申报。

4. 申领流程

以下以深圳市职工生育津贴申领流程为例加以说明。

(1) 单位经办人登录"网上办事大厅"或企业社会保险网上系统申报进行申请,并确认已垫付生育津贴。

(2) 系统将根据数据自动匹配其申请的生育津贴情形,匹配成功后由工作人员在网上受理、办结并发放生育津贴,用人单位不需要到社会保险行政部门,也不需要再提交任何资料。

(3) 匹配不成功,用人单位打印"深圳市职工生育津贴申请审核表"和"深圳市生育保险津贴申请表(企业申请)",该职工的医疗机构诊断证明书、婴儿出生证明/死亡证明、计划生育证明,到就近的社会保险行政部门办理。

> **小提示**
>
> 生育医疗费,应当在女职工妊娠至生育或者终止妊娠前申办;生育津贴、一次性分娩营养补助费和异地就医的生育医疗费,应当在女职工生育或者终止妊娠后1年内申办;计划生育手术费用,应当在手术前申办;男职工假期津贴,应当在其配偶生育后1年内申办。

附:案例解析

案例01:因未缴社保辞职可要求单位支付经济补偿

【事件】 杨小姐于2019年9月入职某文化公司,月工资5000元。在职期间,文化公司未为杨小姐开立社保账户,未缴纳社会保险。2020年10月29日,杨小姐向文化公司邮寄解除劳动合同通知,载明因文化公司未为其缴纳社会保险,要求解除双方间的劳动关系并要求文化公司依法支付解除劳动关系经济补偿金。

为此,双方发生劳动争议。

文化公司认为,公司从未拖欠工资,杨小姐提出辞职是为了经营自己的网店生意,公司无需向其支付解除劳动关系经济补偿金。此后,经法院判决,文化公司应依法向杨小姐支付解除劳动关系经济补偿金7500元。

【解析】 依据《劳动合同法》第38条、第46条、第47条规定,用人单位未依法为劳动者缴纳社会保险费的,劳动者可以据此提出解除劳动合同并要求用人单位支付解除劳动关系经济补偿金;经济补偿金以劳动者离职前12个月平均工资为基数,按劳动者在本单位工作的年限,以每满1年支付1个月工资的标准进行核算。其中,工作6个月以上不满1年的按1年计算,不满6个月的则需按半个月工资标准计算。

案例02:若被投诉稽核单位需补交社保同时还可能受罚

【事件】 因公司没有依法为自己缴纳社会保险,王女士向有关部门进行了投诉,要求公司补缴社会保险。社保稽核部门向王女士所在用人单位发出"社会保险稽核整改意见书"及"社会保险限期补缴通知书",要求该公司为王女士补缴社会保险,但王女士所在的公司没有及时办理补缴。

此后,相关行政部门依据《社会保险法》第86条的规定,对该公司处以罚款。

【解析】 依据《社会保险法》等相关法律规定,劳动者可就社保问题向有关部门投诉、申请稽核。此时,用人单位除依法为劳动者补缴社会保险外,还需交纳滞纳金。如用人单位仍怠于补缴,则有可能被处以罚款。

案例03:未缴工伤保险可要求单位支付工伤待遇

【事件】 老张于2019年入职某物业公司从事保洁工作。2020年6月17日,老张在下班途中遇交通事故,导致其重伤。北京市海淀区人力资源和社会保障局做出"认定工伤决定书",认定老张受到的事故伤害为工伤,并被鉴定为工伤致残四级。

此后,老张家属以物业公司未为老张缴纳工伤保险为由,要求物业公司向老张支付医疗费、一次性伤残补助金等款项。物业公司以交通事故与公司无关，肇事方已经承担了赔偿责任为由，不同意支付相关款项。

经法院审理，判决物业公司向老张支付医疗费 115407.94 元、住院伙食补助费 6120 元、生活护理费 12366.3 元、一次性伤残补助金 72991.8 元以及停工留薪期工资、病假工资等款项。

【解析】 如果用人单位为劳动者缴纳工伤保险，那么发生工伤后劳动者可享有的部分工伤待遇将由工伤保险基金支付。依据现有政策规定，工伤保险基金支出的项目包括工伤医疗费用、一次性伤残补助金、生活护理费、住院伙食补助费、终止或者解除劳动关系时的一次性工伤医疗补助金等。

以本案为例，如果物业公司依法为老张缴纳了工伤保险，那么工伤医疗费用、一次性伤残补助金、生活护理费、住院伙食补助费等项目将由工伤保险基金支付，无需物业公司负担。

案例 04：未缴基本医疗保险可要求单位报销医疗费

【事件】 老刘于 2019 年 3 月入职某餐饮企业任厨师。2019 年 11 月 25 日，老刘突发心脏病。由于该餐饮企业未为老刘交纳社会保险，老刘自费支付医疗费总计 164552 元。

出院后，老刘要求该餐饮企业支付医疗费报销款。但是，餐饮企业认为心脏病是老刘的自身疾病，与餐饮企业无关。况且，老刘入职时曾表示缴纳社保没用，要求餐饮企业将社保费折现发放，双方为此还签订了"声明书"，载明老刘不要求餐饮企业缴纳社会保险。

双方为此发生争议后，经劳动争议仲裁机构仲裁并经法院审理，最终判决该餐饮企业应向老刘支付医疗费报销款 108671.21 元。该款项是法院请社保部门审核后的老刘的医疗费用中符合医疗费用医保报销范围内的金额。

【解析】 依据相关法律规定，用人单位负有为员工缴纳包含基本医疗保险在内的社会保险的法定义务。其中，医疗保险的目的是确保员工在患病的时候享有依法获得物质帮助的权利。该社保缴纳义务，并不因双方"声明书"的约定而免除。因此，该餐饮企业以老刘自愿不缴纳社保为由不同意支付报销款缺乏法律依据，应在社保可报销范围内向老刘支付医疗费用报销款。

案例 05：未缴生育保险可要求单位给付生育费用

【事件】 刘女士于 2019 年 8 月 6 日入职某文化公司，于 2020 年 11 月 25 日顺产一个男婴。因文化公司未为刘女士缴纳生育保险，2020 年 11 月 24～28 日住院生子期间，刘女士全额支付医疗费 4474.2 元。

此后，刘女士要求文化公司报销该部分款项。文化公司则以刘女士生子与公司无关为由予以拒绝。

最终，法院判决文化公司应为刘女士报销生育医疗费3200元。该款项也是法院请社保部门审核后确认的刘女士的医疗费用中符合生育保险报销范围内的金额。

【解析】 生育保险是国家在女职工因怀孕、分娩而无法正常提供劳动时，由国家和社会提供医疗服务、生育津贴和产假的一项社会保险制度。如用人单位拒绝为女职工缴纳生育保险，导致女职工无法报销生育医疗费用、无法领取生育津贴，则女职工可要求用人单位支付生育保险政策下应予报销的医疗费用，并主张生育津贴待遇。

案例06：在单位内上厕所滑倒摔伤是否为工伤

【事件】 梁女士为某公司职工。单位规章制度规定的上班时间为7:40～12:00（10:00～10:10为休息时间）、13:30～17:30（15:00～15:10为休息时间）。某天10:03，梁女士在单位内上厕所途中滑倒摔伤。事后，梁女士提出工伤认定申请。

当地人社局根据《工伤保险条例》第14条第1项的规定，认定梁女士受到的伤害属于工伤。公司不服，向法院提起行政诉讼，称10:00～10:10是职工的休息时间，不属于工作时间，梁女士在该时间段内受伤不属于在"工作时间"内受伤；另外，梁女士是在上厕所途中滑倒摔伤，也与工作无关，故不应认定为工伤。

梁女士想知道，公司的说法有依据吗？

【解析】 工作时间、工作场所、工作原因是认定工伤的主要问题。对于工作时间，应当理解为既包括用人单位规定的工作时间和单位要求加班加点的时间，也包括为开展正常工作所需与工作有关的预备性或收尾性工作时间；对于工作场所，凡与职工工作职责相关的区域以及自然延伸的合理区域如单位提供的工间休息场所、卫生间等均应视为工作场所；对于工作原因，既应考虑职工本人的工作原因，也应考虑单位设施或设备不完善、劳动条件或劳动环境不良、管理不善等原因。

因此，对工作时间内合理的间歇休息时间内遭遇的事故伤害认定为工伤，与《工伤保险条例》立法目的相一致。具体到本案，梁女士在未完全脱离工作区域的情况下，合理的工间休息时间应当被视为工作时间。梁女士在合理的工休时间，为解决生理需要，因不安全因素而导致摔倒受伤，应当认定为工伤。

案例07：医疗终结与否是否影响工伤认定

【事件】 谢某是一家啤酒厂的员工。一天他在工作时不慎被突然爆炸的啤酒瓶小碎玻璃伤到眼部，送医后，被诊断眼角膜损伤。

医生表示谢某的眼病无法根治，必须长期用药维持，一旦停药眼压即升高，会造成不良后果。谢某不同意终结医疗，那么，医疗未终结公司可以提出工伤认定吗？

【解析】 医疗终结是确定病情痊愈或者伤残的依据。职工工伤或者患职业病的医疗终结，必须经指定的医疗机构或者职业病防治机构认定。为了妥善处理职工工伤或者患职业病的医疗期，有利生产和治疗，使劳动能力鉴定工作正常开展，有的地区结合实践制定了具体的医疗终结鉴定标准，对医疗终结时间、医疗终结标准做出了具体规定。根据我国《工伤保险条例》规定，该啤酒厂应在谢某事故伤害之日起30日内提出工伤认定申请，不必等到医疗终结。

依据《工伤保险条例》第三十三条规定，谢某的这种情况需要暂停工作医疗救治的，医疗期内工资福利待遇不变。

案例08：职工因工多处受伤的，伤残等级如何评定

【事件】 煤矿工作是个高危的作业，安全生产真的不能掉以轻心。赵某在煤矿工作多年，谨记安全下井原则，他们分队多次获得安全标兵奖。可天有不测风云，2015年3月，煤矿发生瓦斯爆炸，当时赵某正在坑道口，被强大的气流击中，摔成重伤。赵某头部、左腿、肋骨等多处受伤，其中头部的伤最重。事后，经劳动能力鉴定认定赵某头部的伤残等级为4级，左腿为8级，肋骨为9级。赵某想知道，像他这种多处受伤的，伤残等级如何评定？

【解析】 根据我国《职工工伤与职业病致残程度鉴定标准》（GB/T 16180—2006）3.5晋级原则规定，对于同一器官或系统多处损伤，或一个以上器官不同部位同时受到损伤者，应先对单项伤残程度进行鉴定。如几项伤残等级不同，以重者定级；两项以上等级相同，最多晋升一级。

本案中，赵某因工受伤，劳动能力鉴定委员会对他身体不同部位的受伤等级分别做出了鉴定结论。可见，赵某的伤残等级不同，应以最重的等级定级，赵某头部为4级伤残，因此赵某的伤残等级为4级伤残，应按此享受工伤待遇。

案例09：伤人犯罪后工伤保险待遇被终止合法吗

【事件】 江某是一家机床厂的职工，2012年7月的一天，江某在车间干活时，机器传送带卡住，导致他右臂骨折，经劳动部门认定为7级致残，此后江某享受了工伤待遇。

2015年3月，江某因聚赌打人被判处有期徒刑1年。2016年8月20日，机床厂依法解除与江某的劳动合同。

江某刑满出狱后，找到该机床厂要求恢复其工伤待遇，但厂领导说由于江某违法

犯罪，厂里已经与他解除了劳动合同，双方不存在劳动关系，拒绝了江某的要求。江某的家人想了解，工厂的这种答复合法吗？

【解析】 依据《中华人民共和国劳动法》规定，劳动者因工伤残或患职业病，依法享受工伤保险待遇。但我国《工伤保险条例》也规定，被判刑正在收监执行的停止享受工伤保险待遇。这是考虑到劳改人员在其改造期间基本生活是得到国家保障的，所以不应当再享受工伤保险待遇。但对于未收监执行的、刑满释放人员，应该给予工伤待遇。

依据我国《工伤保险条例》第四十二条规定，江某犯罪刑满释放后，还应享受原来的工伤保险待遇，他被判刑并没有被剥夺此项权利。机床厂与他解除劳动合同只是终止劳动关系，并不意味着江某只要被解除劳动合同，就不再享受社会保险有关待遇。江某依法可直接向社会保险经办机构申请工伤待遇。

案例 10：下班途中发生交通事故算工伤吗

【事件】 林某在温州一家单位上班，因为家到单位的距离较远，林某购买了小汽车，每天开车上下班。一年多来虽有小剐蹭，但也都没什么大碍。2018年12月5日，林某像往常一样下班开车回家，下班高峰期车流量比较大，在一个右转弯的路口，林某被后面车辆追尾，他受伤严重，住院治疗。交警部门出具交通事故认定书，林某承担次要责任。林某伤势严重，出院后还需要康复治疗，一段时间内不能参加工作。林某家属认为，这种情况应该属于工伤，于是去找单位申请工伤，但是单位不承认林某的伤属于工伤，林某面对巨额的医疗费用，不知道自己该如何主张工伤权利？

【解析】 根据我国《工伤保险条例》第十四条规定，林某在下班途中发生交通事故并且在事故中占次要责任，他的情况符合工伤的条件。如果用人单位不承认，则应该由用人单位承担举证责任。

依据我国《工伤保险条例》第十九条规定，职工或者其近亲属认为是工伤，用人单位不认为是工伤的，由用人单位承担举证责任。

案例 11：工地干活被砸伤，一年后还能申请工伤认定吗

【事件】 唐某技校毕业后，在老乡的介绍下来到衢州某建筑安装公司承包的工地做电焊工。2017年6月5日，唐某在工地作业时，安全带未绑紧，他从脚手架上脱落，左手被砸，伤势严重，头部受伤。

同事立即将他送到医院救治，但是还是因为伤势较重，导致唐某左手截肢。唐某老家在湖北农村，20岁的小伙子失去左手对今后的工作和生活都带来了严重的影响。公司认为是唐某自己疏忽造成了受伤，只是为其支付了医疗费，补偿给他一万元钱就

不再管他了。他只好回老家休养身体和精神。一年多后，2018年12月，他听老乡说在工地受伤，可以申请工伤认定，他不知道自己的这种一年多后再申请工伤还可以吗？

【解析】 对于唐某的遭遇十分同情，但却不得不告知，根据我国《工伤保险条例》第十七条规定，他已经错过了工伤认定的时效。

案例12：在单位洗澡摔伤算工伤吗

【事件】 段某是某鸡场饲养员，在工厂做了三年的饲料添加工。由于饲养员们也常会做些清理鸡舍的活儿，经常会弄脏衣服和身体，所以工厂在饲养厂外的工厂院内设置有洗浴区。下班的员工可以清洗后回家。虽然工作累点，但段某觉得自己读书少，这点简单的力气活儿还不成问题，工作环境差点，和农村老家比他很快适应了。每天能洗个热水澡，也是算好福利了！

这天段某下班后在浴室洗澡时，不慎摔倒受伤。

伤情稳定后，段某要求工厂申请工伤认定，工厂却认为，段某并非在工作时间和工作岗位上受伤，受伤原因更与工作无关，工厂只能从人性化角度给予一些慰问金，不可能为他认定工伤。

段某自己申请了工伤认定。人社部门认定他受到的伤害为工伤。

【解析】 根据《工伤保险条例》第十四条规定，职工在工作时间前后在工作场所内，从事与工作有关的预备性和收尾性工作受到事故伤害的，应当认定为工伤。其中，收尾性工作，应指在工作后的一段合理时间内，从事与工作有关的收尾工作，如收拾工具和工作服、做操作后的个人清理等。

本案中，浴室虽非字面上的工作场所，但却是公司为职工准备的清洗场所，应视为与工作有关。职工洗浴也是从岗位上下班之后立即前往浴室，这段时间符合工作后的合理时间这一条件。在公司浴室洗澡，清理因工作沾染的污物，应视为从事与工作相关的收尾性工作。综上所述，段某的受伤情形符合《工伤保险条例》第十四条的规定，应认定为工伤。

案例13：妻子没工作可以用老公的生育险吗

【事件】 在批发市场做小饰品批发生意的黎某，经人介绍认识了在企业上班的职员陈某。两个人相处不错，恋爱后结婚成家。不久，黎某怀孕了。黎某干脆不上班，做起了家庭妇女。怀孕做产检等各项检查，眼看临近生产了，黎某听说如果女方没有生育保险，也可以使用丈夫的生育保险，可陈某的公司却没有为他投保生育保险，黎某想知道她丈夫陈某可以向公司要求为其办理生育保险吗？她怀孕生产可以享受丈夫的生育保险吗?

【解析】《中华人民共和国社会保险法》第五十三条和《中华人民共和国社会保险法》第五十四条规定,陈某已经与用人单位建立了劳动关系,职工不分男女均应参加生育保险,所以陈某所工作的企业应当为其办理生育保险,陈某的妻子作为就业者的配偶,可以享受生育医疗的待遇。

案例 14:车间劝架被打伤算工伤吗

【事件】 罗某高中毕业后,和大多数村里的年轻人一样进入大城市闯荡。他来到杭州,通过招工进入了一工厂工作。工厂里大多数工友都是和他差不多经历的农村打工者,除了工厂、宿舍,他们的打工生活还是很单调的。血气方刚的小伙子和情窦初开的少女们在这个集体中,很容易找到共同话题,情感的温床很快填补了思乡的空虚。

罗某认识了来自湖北的打工妹张某,两颗年轻的心很快找到了温暖。可是,不久后,张某的老乡郑某来到工厂后,也对张某展开了热烈的追求。罗某和郑某成了见面分外眼红的"情敌"。一天,在工厂车间,罗某和郑某厮打在一起,两个人怒火中烧,组长彭某上前拉架,拳脚中,彭某被罗某推倒,正好摔在了车床棱角上。彭某头部受伤住院治疗。

罗某家境不宽裕,刚到城里打工还不到一年,他把仅有的存款取出赔偿组长,却仅够支付治疗费用。罗某和彭某商量,因彭某是在工厂车间,因维持车间秩序受伤,能否享受工伤待遇?

【解析】 彭某在工厂车间为了维持车间秩序,保证生产的顺利进行而上前拉架的行为属于履行工作职责的范畴。根据国务院令第375号《工伤保险条例》第十四条第(三)项规定,在工作时间和工作场所内,因履行工作职责受到暴力等意外伤害的,应当认定为工伤。故彭某的伤情应被认定为工伤。

彭某被认定为工伤后,依法可以享受工伤保险待遇。罗某虽然已经支付了彭某的治疗费用,但彭某的其他损失,仍可以通过工伤保险获赔。罗某支付彭某的治疗费用是基于侵权来承担责任,而工伤保险待遇是基于工伤保险关系进行理赔。这是两种不同的法律关系,不能相互替代。但对于罗某已经支付的医疗费,彭某不能要求工伤保险予以再次理赔。

案例 15:职工外出学习在休息时间受伤是工伤吗

【事件】 罗某在某企业工作,他是单位的业务骨干,单位派他去学校进行业务培训,罗某在该学校指定的休息场所休息期间,因为与其他人起纠纷受到伤害。那么罗某在外出学习休息期间受到伤害能否认定为工伤呢?

【解析】 罗某是在受单位指派外出学习期间发生的伤害，学校是受单位委托对其进行培训的机构，而休息的场所是由学校指定的，罗某在学校受到伤害应该享受工伤待遇，根据最高人民法院《关于职工外出学习休息期间受到他人伤害应否认定为工伤问题的答复》的规定，"职工受单位指派外出学习期间，在学习单位安排的休息场所休息时受到他人伤害的，应当认定为工伤。"

案例 16：合同约定因自身过失导致工伤，劳动者需自己负责是否有效

【事件】 钱某在与某工厂签订劳动合同的时候约定："如果钱某因自己过失导致工伤由钱某自己负责。"在一次工作任务中钱某因为没有严格按照操作流程生产使得自己手掌受伤，钱某在治疗过程中想起自己与用人单位的约定，他是否对自己过失造成的工伤负责呢？

【解析】 劳动者的法定权利是受法律保护的，用人单位通过某种方式排除劳动者的法定权利，该行为是不受法律认可的。

钱某与用人单位的约定不符合法律规定，《工伤保险条例》第十四条至十六条明确规定了工伤认定标准。用人单位为劳动者办理工伤认定是用人单位的法定义务，享受工伤保险待遇是受工伤劳动者的法定权利。工伤认定不以劳动者是否存在过错为前提，用人单位不能通过约定"工伤自负条款"免除劳动者的法定权利。

案例 17：单位没有给职工参加基本医疗保险，职工患病的医疗费如何支付

【事件】 彭某应聘到一家零售连锁企业的配送中心担任司机，因公司人力资源部门的疏忽，没有为其办理参加基本医疗保险。2016年9月，彭某因突发肾结石住院治疗，共花去医疗费9000多元。后来彭某听人说，法律规定公司和职工应当参加基本医疗保险，参加基本医疗保险后，患病治疗的医疗费可以从基本医疗保险报销一部分。所以彭某想知道，由于公司的原因没有参加基本医疗保险，现在因患病治疗的医疗费怎样报销？是否可以向公司主张？

【解析】 用人单位和职工都要参加基本医疗保险，如因用人单位未按规定参保给职工带来了经济损失，用人单位应给予补偿。彭某可以向公司主张赔偿因患病治疗的医疗费。依据《国务院关于建立城镇职工基本医疗保险制度的决定》第一条和《社会保险法》第二十三条的规定，用人单位及其职工必须参加基本医疗保险，这是由医疗保险的强制性所决定的。由于用人单位的原因致使职工不能参加基本医疗保险，使职工患病无法享有基本医疗保险待遇的，应由用人单位承担赔偿基本医疗保险规定的应由基本医疗保险基金支付的医疗费用的责任。因此，由于公司的原因致使彭某无法参加基本医疗保险，所花的医疗费无法从基本医疗保险基金报销的，彭某可以向公司主张赔偿因患病治疗的医疗费。

第五章
员工离职环节法律风险防范

章前概述

"离职"是员工与企业利益即将终结的环节,这也是企业人力资源管理中法律风险最大、问题及争议纠纷最多的环节,企业应严格依法处理,避免由于程序不合法或手续不完善导致被追究法律责任。

思维导图

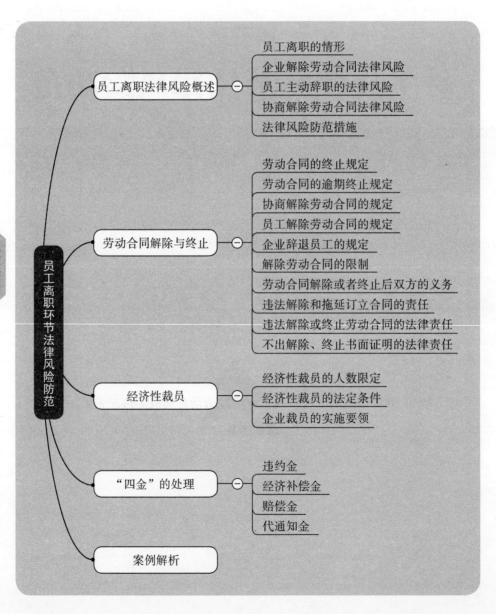

第一节
员工离职法律风险概述

一、员工离职的情形

现实生活中,每个员工离职原因各有不同。但法律上,员工离职主要包括三种:企业解除劳动合同、员工解除劳动合同和协商解除劳动合同。

二、企业解除劳动合同法律风险

企业解除劳动合同的法定情形包括过错性解除劳动合同、非过错性解除劳动合同、经济性裁员解除劳动合同三种。

(一)过错性解除劳动合同法律风险

过错性解除劳动合同指因员工严重违反企业规章制度,企业与员工解除劳动合同的情形。适用过错性解除劳动合同存在以下法律风险。

(1)因员工严重违反规章制度证据不足,导致解除劳动合同决定被认定无效的法律风险。

(2)因企业规章制度的制定或公布不符合法定程序,导致解除劳动合同决定被撤销的法律风险。

(3)因未按程序解除劳动合同,导致解除劳动合同决定无效的法律风险。

(4)因未向员工送达解除决定,导致解除劳动合同决定被撤销的法律风险。

(二)非过错性解除劳动合同法律风险

非过错性解除劳动合同指因客观原因,企业与员工解除劳动合同的情形。适用该条款存在以下法律风险。

(1)未按规定提前30日通知员工或额外支付员工1个月工资,导致解除劳动合同决定违法。

(2)员工不胜任工作,未能经过培训或调整工作岗位就与其解除劳动合同,导致解除劳动合同决定违法。

(3)员工患病或非因工负伤时,医疗期未满或医疗期满后未另行安排工作就与员工解除劳动合同，导致解除劳动合同决定违法。

（4）解除劳动合同时，企业未按规定足额支付经济补偿金导致被员工追究法律责任。

（三）经济性裁员解除劳动合同法律风险

经济性裁员是指企业在破产整顿期间或生产经营发生严重困难等时，裁减成批人员的情形。适用经济性裁员解除劳动合同存在以下风险。

（1）未经法定程序实行经济性裁员导致解除劳动合同决定违法（经济性裁员须提前30天向工会或者全体职工说明情况，同时应向劳动行政部门报告裁员方案）。

（2）违反《劳动合同法》第四十二条规定，与不适用经济性裁员的员工解除劳动合同。

三、员工主动辞职的法律风险

员工解除劳动合同包括企业违法，员工行使即时解除劳动合同权，以及主动辞职两种情形。现实中员工主动辞职，企业的风险最小。但如管理不严也会产生法律风险。

（1）员工口头辞职，企业未保留相关证据，导致事后员工反悔以企业违法解除劳动合同为由追究企业责任。

（2）员工主动辞职，企业未办理解除手续或送达解除决定，导致解除劳动合同决定被撤销。

（3）员工主动辞职，企业未办理档案移交或无正当理由拒绝移交档案，导致企业承担法律责任。

四、协商解除劳动合同法律风险

根据《劳动合同法》规定，企业与员工可协商一致解除劳动合同。该方式无任何法律限制，操作上相对灵活。但也存在以下法律风险。

（1）未签订协议，员工事后反悔，导致解除劳动合同违法。

（2）员工与企业就支付工资报酬、加班费、经济补偿金或赔偿金达成的协议，违反法律法规，导致解除劳动合同决定被认定无效。

五、法律风险防范措施

企业只要建立完善的人力资源管理制度和流程，法律风险就能在萌芽阶段被消灭。对于员工离职，企业人力资源管理部须严格依法界定正确的适用范围（人员）、适用条件及程序，并做到以下工作。

（一）制定完善的制度、明确合同约定

因企业需对员工的过错承担举证责任，故企业应制定明确、规范的规章制度，指明员工在什么情况下属于严重违反规章制度的行为，企业可解除劳动合同。严重违反规章制度的行为要列明各种情形，措辞准确、清晰。

另外，企业签订劳动合同时要注明工作要求、工作岗位、试用期考核要求等，当员工严重违反企业规章制度或不符合录用条件时，才能依据制度或要求与其解除劳动合同。

> **小提示**
>
> 企业在制定、修改或者决定有关劳动报酬等涉及员工切身利益的制度或重大事项时，应经职代会或者全体职工讨论确定，并需公示或告知员工，否则在劳动仲裁或诉讼中，企业制度将被认定不符合法定程序，导致解除劳动合同决定无效。

（二）规范解除劳动合同程序

企业与员工解除劳动合同时，要按规范的程序办理解除手续，尤其是要事先通知工会并由工会签署意见，否则即便是合理地解除劳动合同也会因程序不合法被劳动仲裁机构予以撤销。

（三）保留书面材料，避免证据缺失

企业在办理解除手续时，包括协议、员工辞职书、会签手续、员工违纪、违法或不胜任工作的材料等都是解除劳动合同的重要证据，必须妥善保管，避免由于证据缺失导致违法。

（四）严格按法律规定解除劳动合同

严格按法律规定解除与员工的劳动合同，不解除法律规定予以保护的员工，比如工伤四级以上的员工、正处于孕期或哺乳期的女性等。

（五）按规定支付经济补偿金

适用非过错性解除和协商解除时，企业应按规定及时足额支付经济补偿金，未提前30天通知员工的还需按规定额外支付一个月工资，符合条件的工伤职工还应支付一次性就业补助金等。

（六）及时办理档案移交并按规定送达解除劳动合同决定

根据《劳动合同法》规定，企业须履行出具解除或终止劳动合同的证明。因此，出具并送达解除劳动合同决定是解除劳动合同管理工作中的必要环节。

第二节
劳动合同解除与终止

一、劳动合同的终止规定

《劳动合同法》第四十四条是关于劳动合同终止的规定。

 法规链接

《劳动合同法》第四十四条 有下列情形之一的，劳动合同终止。
（一）劳动合同期满的。
（二）劳动者开始依法享受基本养老保险待遇的。
（三）劳动者死亡，或者被人民法院宣告死亡或者宣告失踪的。
（四）用人单位被依法宣告破产的。
（五）用人单位被吊销营业执照、责令关闭、撤销或者用人单位决定提前解散的。
（六）法律、行政法规规定的其他情形。

由《劳动合同法》第四十四条的规定可知，有表5-1情形之一的，劳动合同终止。

表5-1 劳动合同的终止情形

序号	终止情形	说明
1	劳动合同期满	这主要适用于固定期限劳动合同和以完成一定工作任务为期限的劳动合同两种情形。根据劳动保障部的规定，劳动合同的终止时间，应当以劳动合同期限最后一日的二十四时为准
2	劳动者已开始依法享受基本养老保险待遇	根据法律、行政法规的规定，我国劳动者开始依法享受基本养老保险待遇的条件大致有两个：一是劳动者已退休；二是个人缴费年限累计满15年或者个人缴费和视同缴费年限累计满15年
3	劳动者死亡，或者被人民法院宣告死亡或者宣告失踪	在劳动领域中，公民死亡、被人民法院宣告失踪或者宣告死亡的，劳动合同签订一方主体资格消灭，客观上丧失劳动能力，之前签订的劳动合同因为缺乏一方主体而归于消灭，属于劳动合同终止的情形之一

续表

序号	终止情形	说明
4	企业被依法宣告破产	根据企业破产法的规定，企业一旦被依法宣告破产，就进入破产清算程序，企业的主体资格即将归于消灭，因此企业一旦进入被依法宣告破产的阶段，意味着劳动合同一方主体资格必然消灭，劳动合同归于终止
5	企业被吊销营业执照、责令关闭、撤销或者企业决定提前解散	由于公司解散将会导致公司法人归于消灭，因此在公司解散的情况下，劳动合同由于缺乏一方主体，而归于终止。考虑到与后面条文中有关经济补偿规定的衔接，因此企业被吊销营业执照、责令关闭、撤销或者企业决定提前解散的，劳动合同终止
6	法律、行政法规规定的其他情形	有关劳动终止的情形，除了劳动合同法规定的五种情形外，没有法律、行政法规做出规定

二、劳动合同的逾期终止规定

《劳动合同法》第四十五条是关于劳动合同期满不得终止的规定。

> **法规链接**
>
> 《劳动合同法》第四十五条 劳动合同期满，有本法第四十二条规定情形之一的，劳动合同应当续延至相应的情形消失时终止。但是，本法第四十二条第二项规定丧失或者部分丧失劳动能力劳动者的劳动合同的终止，按照国家有关工伤保险的规定执行。

根据《劳动合同法》第四十二条规定可知，企业不可以解除《劳动合同法》第四十二条所规定五种情形下的员工的劳动合同，只能将劳动合同延续至相应情形消失时才能终止。

（一）劳动合同期满不得终止的规定

劳动合同期满不得终止的规定如表5-2所示。

表5-2 劳动合同期满不得终止的规定

序号	情形	可以终止的规定要求
1	从事接触职业病危害作业的员工未进行离岗前职业健康检查，劳动合同期满的	必须等到进行了职业健康检查后，劳动合同才能终止
2	疑似职业病病人在诊断或者医学观察期间，劳动合同期满的	必须等到排除了职业病、确认了职业病或者医学观察期间结束，劳动合同才能终止

续表

序号	情形	可以终止的规定要求
3	在本单位患职业病,劳动合同期满的	必须等到职业病治愈,劳动合同才能终止,如果职业病不能治愈,劳动合同就不能终止
4	因工负伤并被确认丧失劳动能力,劳动合同期满的	必须等到劳动能力全部恢复,劳动合同才能终止,如果劳动能力不能全部恢复,劳动合同就不能终止
5	患病或者非因工负伤在医疗期内,劳动合同期满的	必须等到医疗期满后才能终止劳动合同。女职工孕期、产期、哺乳期满后,劳动合同才可以终止
6	在本单位连续工作满15年,且距法定退休年龄不足5年的	如果劳动合同期满,由于这种工作年限的情况不可能消失,因此就不能终止劳动合同

（二）关于工伤的例外规定

《劳动合同法》第四十二条对劳动者患职业病或者因工负伤并被确认部分丧失劳动能力的情形做了例外规定,在这种情形下,适用《工伤保险条例》第三十六条、第三十七条的规定,具体如图5-1所示。

情形一　职工因工致残被鉴定为五级、六级伤残的

工伤职工保留与企业的劳动关系,由企业安排适当工作。难以安排工作的,由企业按月发给伤残津贴,并由企业按照规定为其缴纳应缴纳的各项社会保险费。经工伤职工本人提出,该职工可以与企业解除或者终止劳动关系,由企业支付一次性工伤医疗补助金和伤残就业补助金

情形二　职工因工致残被鉴定为七级至十级伤残的

劳动合同期满终止,或者职工本人提出解除劳动合同的,由企业支付一次性工伤医疗补助金和伤残就业补助金

图5-1　关于工伤的例外规定情形

三、协商解除劳动合同的规定

《劳动合同法》第三十六条规定了协商解除劳动合同的情况。

法规链接

《劳动合同法》第三十六条　用人单位与劳动者协商一致,可以解除劳动合同。

劳动合同依法订立后，企业与员工必须履行合同义务，遵守合同的法律效力，任何一方不得因后悔或者难以履行而擅自解除劳动合同。但是，为了保障用人单位的用人自主权和劳动者劳动权的实现，《劳动合同法》规定在特定条件和程序下，用人单位与劳动者协商一致且不违背国家利益和社会公共利益的情况下，可以解除劳动合同，但必须符合图 5-2 所示几个条件。

条件一	被解除的劳动合同是依法成立的有效的劳动合同
条件二	解除劳动合同的行为必须在被解除的劳动合同依法订立生效之后、尚未全部履行之前进行
条件三	企业与员工均有权提出解除劳动合同的请求
条件四	在双方自愿、平等协商的基础上达成一致意见，可以不受劳动合同中约定的终止条件的限制

图 5-2　协商解除劳动合同的条件

协商解除劳动合同过程中，企业需要注意的是按照《劳动合同法》第四十六条第（二）项和《违反和解除劳动合同的经济补偿办法》的规定，如果企业提出解除劳动合同的，应依法向员工支付经济补偿金。

四、员工解除劳动合同的规定

（一）员工提前通知解除劳动合同

《劳动合同法》第三十七条和《劳动法》第三十一条对员工单方解除劳动合同的事项做出了规定。

> **法规链接**
>
> 《劳动合同法》第三十七条　劳动者提前三十日以书面形式通知用人单位，可以解除劳动合同。劳动者在试用期内提前三日通知用人单位，可以解除劳动合同。
>
> 《劳动法》第三十一条　劳动者解除劳动合同，应当提前三十日以书面形式通知用人单位。

1. 员工提前通知解除劳动合同的程序

员工在行使解除劳动合同权利的同时必须遵守法定的程序，主要体现在以下两个方面。

（1）遵守解除预告期。员工在享有解除劳动合同自主权的同时，也应当遵守解除合同预告期，即应当提前 30 日通知企业才能有效，也就是说员工在书面通知企业后还应继续工作至少 30 日，这样便于企业及时安排人员接替其工作，保持劳动过程的连续性，确保正常的工作秩序，避免因解除劳动合同影响企业的生产经营活动，给企业造成不必要的损失。

同时，这样也使员工解除劳动合同合法化。否则，将会构成违法解除劳动合同，而将可能承担赔偿责任。

（2）书面形式通知企业。无论是员工还是企业在解除劳动合同时，都必须以书面形式告知对方。因为这一时间的确定直接关系到解除预告期的起算时间，也关系到员工的工资等利益，所以必须采用慎重的方式来表达。

2.试用期内员工与企业解除劳动合同

员工在试用期内，发现企业的实际情况与订立劳动合同时所介绍的实际情况不相符合，或者发现自己不适于从事该工种工作，以及存在其他不能履行劳动合同的情况，员工无需任何理由，可以通知企业予以解除劳动合同，但应提前 3 日通知企业，以便企业安排人员接替其工作。

如果员工违反法律法规规定的条件解除劳动合同，给企业造成经济损失的，还应当承担赔偿责任。这种情形下员工提出解除劳动合同的，企业可以不支付经济补偿金。

（二）因企业的过错员工者解除劳动合同

《劳动合同法》第三十八条规定了因企业的过错员工可以解除劳动合同的情形。

法规链接

《劳动合同法》第三十八条　用人单位有下列情形之一的，劳动者可以解除劳动合同。

（一）未按照劳动合同约定提供劳动保护或者劳动条件的。

（二）未及时足额支付劳动报酬的。

（三）未依法为劳动者缴纳社会保险费的。

（四）用人单位的规章制度违反法律、法规的规定，损害劳动者权益的。

（五）因本法第二十六条第一款规定的情形致使劳动合同无效的。

（六）法律、行政法规规定劳动者可以解除劳动合同的其他情形。

用人单位以暴力、威胁或者非法限制人身自由的手段强迫劳动者劳动的，或者用人单位违章指挥、强令冒险作业危及劳动者人身安全的，劳动者可以立即解除劳动合同，不需事先告知用人单位。

特别解除权是员工无条件单方解除劳动合同的权利,是指如果出现了法定的事由,员工无需向企业预告就可通知企业解除劳动合同。这些情形主要如表5-3所示。

表5-3 员工因企业的过错可以解除劳动合同的情形

序号	可以解除劳动合同的情形	说明
1	未按照劳动合同约定提供劳动保护或者劳动条件	劳动保护和劳动条件是劳动合同的必备条款,即提供劳动保护和劳动条件是企业应尽的义务,如果企业未按照国家规定的标准或劳动合同的规定提供劳动条件,致使劳动安全、劳动卫生条件恶劣,严重危害职工的身体健康,并得到国家劳动部门、卫生部门的确认,员工可以与企业解除劳动合同
2	未及时足额支付劳动报酬	企业未按照劳动合同约定及时足额支付劳动报酬,就是违反劳动合同,也是对员工合法权益的侵犯,员工有权随时告知企业解除劳动合同
3	未依法为员工缴纳社会保险费	如果企业未依法为员工缴纳上述社会保险费,是对员工基本权利的侵害,员工可以与企业解除劳动合同
4	企业的规章制度违反法律、法规的规定,损害员工权益	企业的规章制度违反了法律、法规的规定,企业没有按法律规定制定规章制度,给员工的权益带来了损害的,员工可以与企业解除劳动合同
5	因本法第二十六条第一款规定的情形致使劳动合同无效	无效的劳动合同从订立的时候起就没有法律约束力,员工可以不予履行,对已经履行的,给员工造成损害的,企业还应承担赔偿责任
6	法律、行政法规规定员工可以解除劳动合同的其他情形	(1)企业以暴力、威胁或者非法限制人身自由的手段强迫员工劳动的,如把员工非法拘禁在特定的场所,强迫其劳动,不让出来,是严重侵犯员工人身权利的行为,是非法的,员工有权随时解除劳动合同,而无需事先告知企业 (2)企业违章指挥、强令冒险作业危及员工人身安全的,员工有权拒绝并撤离作业场所,并可以立即解除劳动合同

五、企业辞退员工的规定

(一)过失性辞退

《劳动合同法》第三十九条规定了因员工的过失而使企业可以单方解除劳动合同的情形。

法规链接

《劳动合同法》第三十九条　劳动者有下列情形之一的，用人单位可以解除劳动合同。

（一）在试用期间被证明不符合录用条件的。

（二）严重违反用人单位的规章制度的。

（三）严重失职，徇私舞弊，给用人单位造成重大损害的。

（四）劳动者同时与其他用人单位建立劳动关系，对完成本单位的工作任务造成严重影响，或者经用人单位提出，拒不改正的。

（五）因《劳动合同法》第二十六条第一款第一项规定的情形致使劳动合同无效的。

（六）被依法追究刑事责任的。

《劳动合同法》在赋予员工单方解除劳动合同权的同时，也赋予企业对劳动合同的单方解除权，以保障企业的用工自主权，但为了防止企业滥用解除权，随意与员工解除劳动合同，立法上严格限定企业与员工解除劳动合同的条件，保护员工的劳动权。禁止企业随意或武断地与员工解除劳动合同。企业单方解除劳动合同主要有以下几种情形，如表5-4所示。

表5-4　企业因员工的过失可以解除劳动合同的情形

序号	可以单方解除劳动合同的情形	适用的注意事项
1	在试用期间被证明不符合录用条件	（1）要求企业所规定的试用期期间符合法律规定 （2）要在试用期间 （3）对是否合格的认定。一般情况下应当以法律法规规定的基本录用条件和企业在招聘时规定的知识文化、技术水平、身体状况、思想品质等条件为准 （4）对于员工在试用期间不符合录用条件的，企业必须提供有效的证明
2	严重违反企业的规章制度	（1）规章制度的内容必须符合法律、法规的规定，而且通过民主程序公之于众 （2）员工的行为客观存在，并且是属于"严重"违反企业的规章制度 （3）企业对员工的处理是按照本单位规章制度规定的程序办理的，并符合相关法律法规规定
3	严重失职、徇私舞弊，给企业造成重大损害	员工在履行劳动合同期间，没有按照岗位职责履行自己的义务，违反其忠于职守、维护和增进企业利益的义务，有未尽职责的严重过失行为或者利用职务之便谋取私利的故意行为，使企业有形财产、无形财产遭受重大损害，但不够刑罚处罚的程度。例如，因粗心大意、玩忽职守而造成事故；因工作不负责而经常产生废品、损坏工具设备、浪费原材料或能源等

续表

序号	可以单方解除劳动合同的情形	适用的注意事项
4	员工"兼职"	（1）员工同时与其他企业建立劳动关系，对完成本单位的工作任务造成严重影响的 （2）员工同时与其他企业建立劳动关系，经企业提出，拒不改正的。需注意的是，必须是给企业造成"严重"影响的，如果影响轻微，企业不能以此为由与员工解除劳动合同
5	因本法第二十六条第一款第一项规定的情形而致使劳动合同无效	《劳动合同法》第二十六条第一项规定："以欺诈、胁迫的手段或者乘人之危，使对方在违背真实意思的情况下订立或者变更劳动合同的"，属于无效或部分无效劳动合同
6	被依法追究刑事责任	根据《劳动部关于贯彻执行〈中华人民共和国劳动法〉若干意见》第二十九条的规定，"被依法追究刑事责任"的，企业可以解除劳动合同

（二）无过失性辞退

《劳动合同法》第四十条对无过失性辞退做出了规定。

 法规链接

《劳动合同法》第四十条　有下列情形之一的，用人单位提前三十日以书面形式通知劳动者本人或者额外支付劳动者一个月工资后，可以解除劳动合同。

（一）劳动者患病或者非因工负伤，在规定的医疗期满后不能从事原工作，也不能从事由用人单位另行安排的工作的。

（二）劳动者不能胜任工作，经过培训或者调整工作岗位，仍不能胜任工作的。

（三）劳动合同订立时所依据的客观情况发生重大变化，致使劳动合同无法履行，经用人单位与劳动者协商，未能就变更劳动合同内容达成协议的。

无过失性辞退也就是说企业根据劳动合同履行中客观情况的变化而解除劳动合同。这里的客观情况既包括企业的，也有员工自身的原因。

企业因客观情况变化而解除劳动合同，主要包括以下几种情况，如表5-5所示。

表5-5　企业因客观情况变化而解除劳动合同的情况

序号	客观情况变化的情形	适用的注意事项
1	员工患病或者非因工负伤，在规定的医疗期满后不能从事原工作，也不能从事由企业另行安排的工作	根据劳动部颁发的《企业职工患病或非因工负伤医疗期规定》第二条的规定，员工在医疗期满后，有义务进行劳动。如果员工由于身体健康原因不能胜任工作，企业有义务为其调动岗位，选择他力所能及的岗位工作。如果员工对企业重新安排的工作也无法完成，说明员工不能履行合同，企业需提前30日以书面形式通知其本人或额外支付员工1个月工资后，解除劳动合同

续表

序号	客观情况变化的情形	适用的注意事项
2	员工不能胜任工作，经过培训或者调整工作岗位，仍不能胜任工作	"不能胜任工作"，是指不能按要求完成劳动合同中约定的任务或者同工种、同岗位人员的工作量。但企业不得故意提高定额标准，使员工无法完成。员工没有具备从事某项工作的能力，不能完成某一岗位的工作任务，这时企业可以对其进行职业培训，提高其职业技能，也可以把其调换到能够胜任的工作岗位上，这是企业负有的协助员工适应岗位的义务。如果单位尽了这些义务，员工仍然不能胜任工作，说明员工不具备在该单位的职业能力，单位可以在提前30日书面通知的前提下，解除与该员工的劳动合同
3	劳动合同订立时所依据的客观情况发生重大变化，致使劳动合同无法履行，经企业与员工协商，未能就变更劳动合同内容达成协议	这里的"客观情况"是指履行原劳动合同所必要的客观条件，因不可抗力或出现致使劳动合同全部或部分条款无法履行的其他情况，如自然条件、企业迁移、被兼并、企业资产转移等，使原劳动合同不能履行或不必要履行的情况。发生上述情况时，为了使劳动合同能够得到继续履行，必须根据变化后的客观情况，由双方当事人对合同进行变更的协商，直到达成一致意见，如果员工不同意变更劳动合同，原劳动合同所确立的劳动关系就没有存续的必要，在这种情况下，企业也只有解除劳动合同

此外根据《劳动合同法》的相关规定，企业因员工的非过失性原因而解除合同的还应当给予员工相应的经济补偿。

六、解除劳动合同的限制

《劳动合同法》第四十二条是关于用人单位不得解除劳动合同的规定。

法规链接

《劳动合同法》第四十二条 劳动者有下列情形之一的，用人单位不得依照《劳动合同法》第四十条、第四十一条的规定解除劳动合同。

（一）从事接触职业病危害作业的劳动者未进行离岗前职业健康检查，或者疑似职业病病人在诊断或者医学观察期间的。

（二）在本单位患职业病或者因工负伤并被确认丧失或者部分丧失劳动能力的。

（三）患病或者非因工负伤，在规定的医疗期内的。

（四）女职工在孕期、产期、哺乳期的。

（五）在本单位连续工作满十五年，且距法定退休年龄不足五年的。

（六）法律、行政法规规定的其他情形。

根据《劳动合同法》第三十九条、第四十条、第四十一条的规定，出现法定情形时，企业可以单方解除劳动合同。为保护一些特定群体劳动者的合法权益,《劳动合同法》第四十二条同时又规定在六种法定情形下,禁止企业根据《劳动合同法》第四十条、第四十一条的规定单方解除劳动合同。如表5-6所示。

表5-6　企业不得单方解除劳动合同的六种情形

序号	不得解除劳动合同的情形	说明
1	从事接触职业病危害作业的劳动者未进行离岗前职业病健康检查,或者疑似职业病病人在诊断或者医学观察期间的	(1)根据《职业病防治法》第三十五条规定,对从事接触职业病危害作业的员工,用人单位应当按照国务院卫生行政部门的规定组织上岗前、在岗期间和离岗时的职业健康检查,并将检查结果如实告知员工 (2)根据《职业病防治法》第五十五条第二款规定,企业对未进行离职前职业健康检查的员工不得解除或者终止与其订立的劳动合同
2	在本单位患职业病或者因工负伤并被确认丧失或者部分丧失劳动能力的	无论是职业病还是因工负伤,都与员工有关工作条件、安全制度或者劳动保护制度不尽完善有关,发生职业病或因工负伤,员工作为用工组织者和直接受益者理应承担相应责任。因此,劳动合同法规定在本企业患职业病或者因工负伤并被确认丧失或者部分丧失劳动能力的,不得解除劳动合同
3	患病或者非因工负伤,在规定的医疗期内的	根据《企业职工患病或非因工负伤医疗期规定》第七条规定,企业职工非因工致残和经医生或医疗机构认定患有难以治疗的疾病,医疗期满,应当由劳动鉴定委员会参照工伤与职业病致残程度鉴定标准进行劳动能力的鉴定。被鉴定为一至四级的,应当退出劳动岗位,解除劳动关系,并办理退休、退职手续,享受退休、退职待遇
4	女职工在孕期、产期、哺乳期的	《妇女权益保障法》第二十七条规定,任何单位不得因结婚、怀孕、产假、哺乳等情形,降低女职工的工资,辞退女职工,单方解除劳动(聘用)合同或者服务协议。但是,女职工要求终止劳动(聘用)合同或者服务协议的除外
5	在本企业连续工作满15年,且距法定退休年龄不足5年的	劳动合同法加强了对老职工的保护,包括劳动者在该用人单位连续工作满10年且距法定退休年龄不足10年的,应订立无固定期限劳动合同;在本企业连续工作满15年,且距法定退休年龄不足5年的,企业不得根据《劳动合同法》第四十条、第四十一条的规定单方解除劳动合同
6	法律、行政法规规定的其他情形	考虑到有些法律、行政法规中也有不得解除劳动合同的规定,同时为了便于与以后颁布的法律相衔接,本条还规定了一个兜底条款,这有利于对员工的保护

七、劳动合同解除或者终止后双方的义务

《劳动合同法》第五十条就劳动合同解除或者终止后双方的义务做出了规定。

法规链接

《劳动合同法》第五十条 用人单位应当在解除或者终止劳动合同时出具解除或者终止劳动合同的证明，并在十五日内为劳动者办理档案和社会保险关系转移手续。

劳动者应当按照双方约定，办理工作交接。用人单位依照《劳动合同法》有关规定应当向劳动者支付经济补偿的，在办结工作交接时支付。

用人单位对已经解除或者终止的劳动合同的文本，至少保存两年备查。

（一）企业的义务

1. 企业有出具解除或者终止劳动合同证明的义务

在根据劳动合同法及有关法律、法规的规定，依法解除或者终止劳动合同时，企业都必须履行出具解除或者终止劳动合同证明的义务。

企业出具证明的时间是：在依法解除或者终止劳动合同的同时。

2. 企业有在15日内为员工办理档案和社会保险关系转移手续的义务

（1）企业为员工办理档案和社会保险关系转移手续是企业的一项法定义务，企业必须依法履行。

（2）有关手续办理规定了时间限制，必须在依法解除或者终止劳动合同之日起15日内办理完毕。

（3）《劳动合同法》第八十四条第三款规定，员工依法解除或者终止劳动合同，企业扣押员工档案或者其他物品的，由劳动行政部门责令限期退还员工本人，按每一名员工500元以上2000元以下的标准处以罚款；给员工造成损害的，企业应当承担赔偿责任。

3. 企业有在办理交接手续时向员工支付经济补偿的义务

在员工办理交接手续的同时，企业应当及时支付经济补偿。

（1）劳动部《违反和解除劳动合同的经济补偿办法》第二条规定，对员工的经济补偿金，由企业一次性发给。

（2）如果企业不及时发给经济补偿，《劳动合同法》第八十五条规定了法律责任：解除或者终止劳动合同，未依照《劳动合同法》规定向员工支付经济补偿的，由劳动行政部门责令限期支付经济补偿；逾期不支付的，责令企业按应付金额50%以上100%以下的标准向员工加付赔偿金。

小提示

企业有对已经解除或者终止的劳动合同文本至少保存2年备查的义务。

（二）员工的义务

员工有按照双方约定，遵循诚实信用的原则办理工作交接的义务。

员工在劳动合同解除或者终止时，不能一走了之，还必须履行相应的法律义务，即按照双方约定，遵循诚实信用的原则办理工作交接的义务。工作交接主要包括公司财产物品的返还、资料的交接等。

八、违法解除和拖延订立合同的责任

《劳动法》第九十八条规定了违法解除和拖延订立合同的责任。

《劳动法》第九十八条　用人单位违反本法规定的条件解除劳动合同或者故意拖延不订立劳动合同的，由劳动行政部门责令改正；对劳动者造成损害的，应当承担赔偿责任。

针对用人单位违法解除劳动合同或故意拖延不订立劳动合同的，根据《劳动法》第九十八条规定，有两种承担法律责任的形式。

（一）行政责任

行政责任的责任形式是责令改正，即由劳动行政部门责令企业恢复与员工的劳动合同，或责令企业补签与员工应当订立的劳动合同。对劳动行政部门做出的决定，企业应当执行。

（二）民事责任

民事责任的责任形式是赔偿，赔偿范围如下。

（1）造成员工工资收入损失的，除应支付应得工资给员工外，还要加付应得工资25%的赔偿费用。

（2）造成员工劳动保护待遇损失的，企业应按国家规定补足员工的保护津贴和用品。

（3）造成员工工伤、医疗待遇损失的，企业除按国家规定为员工提供工伤、医疗待遇外，还应支付相当于医疗费用25%的赔偿费用。

（4）造成女职工和未成年工身体健康损害的，企业除按国家规定提供治疗期间的医疗待遇外，还应支付相当于其医疗费用25%的赔偿费用。

（5）劳动合同约定的其他赔偿费用。

上述赔偿请求，可以通过申请劳动争议仲裁提出。

九、违法解除或终止劳动合同的法律责任

《劳动合同法》第八十七条就用人单位违反本法规定解除或者终止劳动合同应当承担的法律责任做出了规定。

> **法规链接**
>
> 《劳动合同法》第八十七条 用人单位违反《劳动合同法》规定解除或者终止劳动合同的，应当依照《劳动合同法》第四十七条规定的经济补偿标准的两倍向劳动者支付赔偿金。

企业违反劳动合同法的规定解除或者终止劳动合同的，依照《劳动合同法》第四十七条规定的经济补偿标准的两倍向劳动者支付赔偿金，即企业应当按照员工在该企业工作的年限，每满一年支付2个月工资的标准向员工支付。

（1）如果员工在该企业的工作年限不满1年的应按1年计算。

（2）如果员工在该企业工作年限超过12年的，企业向其支付经济补偿的年限最高仍不超过12年。

（3）如果员工月工资高于企业所在直辖市、设区的市上年度职工月平均工资3倍的，企业应当按照所在直辖市、设区的市上年度职工月平均工资6倍的数额支付。

还需要注意的是，这里所称的员工月工资是指员工在劳动合同解除或者终止前12个月的平均工资。

十、不出解除、终止书面证明的法律责任

《劳动合同法》第八十九条就用人单位违反《劳动合同法》规定未向劳动者出具解除或者终止劳动合同的书面证明应当承担的法律责任做出了规定。

> **法规链接**
>
> 《劳动合同法》第八十九条 用人单位违反《劳动合同法》规定未向劳动者出具解除或者终止劳动合同的书面证明，由劳动行政部门责令改正；给劳动者造成损害的，应当承担赔偿责任。

对于企业不履行义务的法律责任，《劳动合同法》根据对员工是否造成损害予以区别规定。

（1）企业违反《劳动合同法》规定未向员工出具解除或者终止劳动合同的书面证明，未对员工造成损害的，应当由劳动行政部门责令改正，劳动行政部门应当要求企业在一定期限内向员工出具解除或者终止劳动合同的书面证明。

（2）企业违反《劳动合同法》规定未向员工出具解除或者终止劳动合同的书面证明的违法行为对员工造成损害的，企业应当承担赔偿责任。

第三节
经济性裁员

《劳动合同法》第四十一条对经济性裁员做出了规定。

法规链接

《劳动合同法》第四十一条　有下列情形之一，需要裁减人员二十人以上或者裁减不足二十人但占企业职工总数百分之十以上的，用人单位提前三十日向工会或者全体职工说明情况，听取工会或者职工的意见后，裁减人员方案经向劳动行政部门报告，可以裁减人员：

（一）依照企业破产法规定进行重整的。

（二）生产经营发生严重困难的。

（三）企业转产、重大技术革新或者经营方式调整，经变更劳动合同后，仍需裁减人员的。

（四）其他因劳动合同订立时所依据的客观经济情况发生重大变化，致使劳动合同无法履行的。

裁减人员时，应当优先留用下列人员：

（一）与本单位订立较长期限的固定期限劳动合同的。

（二）与本单位订立无固定期限劳动合同的。

（三）家庭无其他就业人员，有需要抚养的老人或者未成年人的。

用人单位依照本条第一款规定裁减人员，在六个月内重新招用人员的，应当通知被裁减的人员，并在同等条件下优先招用被裁减的人员。

一、经济性裁员的人数限定

《劳动合同法》规定一次性裁减人员 20 人或者裁减不足 20 人但占企业职工总人数 10% 以上的，才是经济性裁员。

二、经济性裁员的法定条件

经济性裁员作为企业单方解除劳动合同的一种方式，必须满足法定条件。这些法定条件包括实体性条件和程序性条件，只有同时具备了实体性条件之一和全部的程序性条件，才是合法有效的经济性裁员。

（一）经济性裁员的实体性条件

经济性裁员必须满足的实体性条件如表 5-7 所示。

表 5-7 经济性裁员必须满足的实体性条件

序号	实体性条件	具体说明
1	依照《中华人民共和国企业破产法》（以下简称《企业破产法》）规定进行重整	根据《企业破产法》第二条规定，在重整过程中，企业可根据实际经营情况进行经济性裁员
2	生产经营发生严重困难	在企业的生产经营发生严重困难时，允许企业通过各种方式进行自救，而不是进一步陷入破产、关闭的绝境。裁减人员、缩减员工规模是其中一项缓减措施，但应慎重处理。《劳动合同法》允许企业在生产经营发生困难时采取经济性裁员的措施，但同时要求企业慎用该手段，故"困难"两字前加了"严重"的限制
3	企业转产、重大技术革新或者经营方式调整，经变更劳动合同后，仍需裁减人员	在生产经营过程中，企业为了寻求生存和更大发展，必然会进行结构调整和整体功能优化，这些方式包括企业转产、重大技术革新和经营方式调整。而这并不必然导致企业进行经济性裁员。为了更好地保护员工合法权益，《劳动合同法》要求企业转产、重大技术革新或者经营方式调整，只有在变更劳动合同后仍需要裁减人员时，才可以进行经济性裁员
4	其他因劳动合同订立时所依据的客观经济情况发生重大变化，致使劳动合同无法履行的	除了以上列举的三类情形外，还允许企业在一些客观经济情况发生变化的情况下进行经济性裁员，如有些企业为了防治污染而搬迁所需要经济性裁员的

（二）经济性裁员的程序性条件

经济性裁员的程序性条件如表 5-8 所示。

表 5-8 经济性裁员的程序性条件

序号	程序性条件	具体说明
1	提前向工会或者全体员工说明情况	（1）裁减人员20人以上或者裁减不足20人但占企业员工总数10%以上的，必须提前30日向工会或者全体员工说明情况，并听取工会或者员工的意见 （2）听取员工意见可以有多种形式，如座谈会、设置意见箱、部门负责人收集意见等
2	裁减人员方案向劳动行政部门报告	（1）企业经向工会或者全体员工说明情况，听取工会或者员工的意见，对原裁减人员方案进行必要修改后，形成正式的裁减人员方案 （2）该裁减人员方案需要向劳动行政部门报告，以使劳动行政部门了解裁减情况，必要时采取相应措施，防止出现意外情况，监督经济性裁员合法进行
3	进行经济性裁员必须遵循社会福利原则	（1）裁减人员时，应当优先留用下列人员 ① 与本企业订立较长期限固定期限劳动合同的 ② 与本企业订立无固定期限劳动合同的 ③ 家庭无其他就业人员，有需要抚养的老人或者未成年人的 （2）三类优先留用的员工之间并没有谁优先的顺序，企业可以根据实际情况予以留用
4	重新招用人员的，被裁减人员具有优先就业权	（1）企业有通知被裁减人员的义务，以使被裁减人员慎重考虑，及时行使优先就业权 （2）如果被裁减人员各方面条件与其他员工的条件没有明显差距，企业应当优先招用被裁减的人员

三、企业裁员的实施要领

（一）设计流程

企业裁员的种类和时机较多，因此应针对不同的情况设计适宜的裁员流程。裁员流程应融入企业管理制度，而不应在开始裁员时才涉及。流程设计首先考虑的不是某一个具体的人，而是先分析、梳理企业的业务流程，与企业部门职能的重组及岗位架构的重新设计互相配合，这样的流程设计才具有实用性和可操作性。

法律上已有具体规定的，如经济性裁员等，企业应遵循法律规定设计裁员流程；法律法规中没有固定程序的，裁员程序可稍灵活。大规模裁员的流程设计中，企业应全面考虑行政主管部门、工会和媒体等部门的作用并制定出相应方案。

（二）确定对象

无论是何种裁员，企业确定裁员对象都必须契合自身经营发展的实际需求，针对需要裁减的岗位及承担此岗位的员工进行全面分析，看其是否要伴随着岗位被裁掉。

一般有两种可能：一是该员工随岗位一起被裁掉；二是岗位被裁掉而该员工留下。

在第二种情况下，就需要对其他不被裁掉的岗位上的员工进行分析，看其是否有必要被裁掉。有些岗位需要保留但不一定需要保留该岗位的人，可让第二种情况下的员工补充这些岗位。第二种处理方式要看企业岗位转换的可行性有多大，以及这些员工的适应能力如何。

（三）征询意见

正式确定裁员对象前，应征询其部门主管等相关业务部门的意见。企业应首先向本企业高级管理人员及工会说明情况，听取对裁员预案的意见并进行修改完善，制定裁员方案（征求意见稿）。如属经济性裁员或过失性裁员需要听取本企业工会意见时，应当制作正式的会议记录，由与会人员签名确认并存档备查。

（四）确定裁员方案

正式实施裁员前，人力资源等部门应制定出一个可行的裁员方案，包括预算费用、符合法律要求的补偿、对被裁人员的安抚工作及帮助或协助被裁员工寻找新的工作等。

如属经济性裁员，企业应召开全体职工会议，召开前应通知具体日期和地点，会议日期应当安排在正式解除劳动合同之日的三十日前，对无法直接联系的员工应当采取有效方式（比如挂号信函、快递等）通知其本人。企业要在与会员工进入会场时组织书面签到备查，应当在会上向员工说明裁员背景（一般包括经营情况和资产状况等）和裁员方案的具体内容及操作步骤，可采取会上当场听取员工意见或会后收取员工书面意见等方式全面掌握员工对裁员方案的意见和建议。企业应当制作会议记录备查，会后对员工所提出的意见和建议进行梳理、分析，并可采取面谈等方式向提出意见、建议的员工进行答复解释，特别是要注意疏导存有异议的员工群体的情绪。如工会或者员工反映其中的被裁减人员符合法定不得裁减人员范围或被裁减人员符合法定优先留用范围的，企业应重新核实，情况属实的不得裁减或优先留用，情况不属实的应答复工会或者员工。企业要对员工提出的意见或建议逐一进行充分解释或答复，确保员工无明显对抗情绪后，再正式确定裁员方案。

（五）裁员临场准备

为了确保万无一失，企业在正式实施裁员前应进一步做好准备工作，重点包括图 5-3 所示的五个方面。

工作一	各部门已细致沟通，充分认识到裁员的必要性
工作二	人力资源部已经准备好离职核对单、保密协议等文件
工作三	财务或者人力资源部已经核算好员工的赔偿费用
工作四	网络管理部门或者行政部门已经准备好更换公司大门及计算机的安全密码
工作五	准备好急救中心和安全部门的电话，必要时请助理或秘书留意裁员时的突发情况等

图 5-3　裁员临场准备的五项工作

（六）履行报告义务——裁减人员方案备案

如属经济性裁员，企业应向当地劳动保障部门书面报告裁员工作准备过程和最终确定的裁员方案。书面报告中应说明企业裁减人员的理由、被裁减人员的基本情况、是否已向工会或者全体员工说明情况并听取工会或者员工的意见、负责人和联系方式等内容，并附上裁减人员方案和相关证明材料。劳动保障部门对裁员事项提出意见或建议的，企业应当认真研究，依法逐一解决并做出书面报告，直至劳动保障部门最终认可。劳动保障部门对裁员工作直接介入协调处理的，企业应积极配合。

（七）实施裁员

1.出具解除或者终止劳动合同的书面证明

对被列为裁员对象的员工，企业应出具解除或者终止劳动合同的书面证明。书面证明中应当写明该员工的工作岗位、劳动合同期限、解除或者终止劳动合同的日期、在本企业的工作年限等内容。

2.解雇决定前应准备好所有的文件

企业在宣布对某员工的解雇决定前应准备好所有的文件。工资包括其他方面的收入以及员工还没享受过的假期，这些都应该及时处理好。

3.足额支付被裁员工的劳动报酬和各项补偿

（1）企业最好在做出裁员决定的同时，足额支付被裁员工的全部劳动报酬。

（2）在被裁减人员完成工作交接之日，应一次性依法足额支付解除或终止劳动合同的经济补偿。

（3）对符合条件的人员，还要支付伤残补助、抚恤金等法定费用。

> **小提示**
>
> 企业裁员补偿标准按照《中华人民共和国劳动合同法》第四十七条规定:"经济补偿按劳动者在本单位工作的年限,每满一年支付一个月工资的标准向劳动者支付。六个月以上不满一年的,按一年计算;不满六个月的,向劳动者支付半个月工资的经济补偿。劳动者月工资高于用人单位所在直辖市、设区的市级人民政府公布的本地区上年度职工月平均工资三倍的,向其支付经济补偿的标准按职工月平均工资三倍的数额支付,向其支付经济补偿的年限最高不超过十二年。本条所称月工资是指劳动者在劳动合同解除或者终止前十二个月的平均工资。"

4.办好各项手续

在解除或终止劳动合同之日起十五日内,企业应为被裁减人员办理档案转移手续,并依法办理社会保险待遇申领手续和转移手续。

(八)履行后续义务

裁员完成后,企业应收集、汇总被裁减人员的劳动合同文本、工资支付台账(包括能证明员工已领取相应工资的凭证)、劳动合同签收公示表等文件资料(特别是注意保留被裁减人员的联系方式),整理归档备查,一般情况下至少应保存两年。

> **小提示**
>
> 为了避免引发争议,企业还应按照我国法律规定履行后续义务,如在实施裁员后六个月内优先招用被裁减人员、在竞业限制期限内按月给予劳动者经济补偿等。

第四节
"四金"的处理

一、违约金

《劳动合同法》第二十五条是关于用人单位不得与劳动者约定由劳动者承担违约金的规定。

> **法规链接**
>
> 《劳动合同法》第二十五条 除本法第二十二条和第二十三条规定的情形外，用人单位不得与劳动者约定由劳动者承担违约金。

违约金，也称违约罚款，是指合同当事人约定在一方不履行合同时向另一方支付一定数额的货币。违约金可分为赔偿性违约金和惩罚性违约金。

除《劳动合同法》第二十二条和第二十三条规定的情形外，企业不得与员工约定由员工承担违约金。

二、经济补偿金

（一）哪些情况必须支付经济补偿

《劳动合同法》第四十六条规定了企业必须支付经济补偿的情形。

> **法规链接**
>
> 《劳动合同法》第四十六条 有下列情形之一的，用人单位应当向劳动者支付经济补偿。
>
> （一）劳动者依照本法第三十八条规定解除劳动合同的。
>
> （二）用人单位依照本法第三十六条规定向劳动者提出解除劳动合同并与劳动者协商一致解除劳动合同的。
>
> （三）用人单位依照本法第四十条规定解除劳动合同的。
>
> （四）用人单位依照本法第四十一条第一款规定解除劳动合同的。
>
> （五）除用人单位维持或者提高劳动合同约定条件续订劳动合同，劳动者不同意续订的情形外，依照本法第四十四条第一项规定终止固定期限劳动合同的。
>
> （六）依照本法第四十四条第四项、第五项规定终止劳动合同的。
>
> （七）法律、行政法规规定的其他情形。

《劳动合同法》通过规定劳动合同终止时企业依法支付经济补偿，可以防止企业钻法律的空子，按照企业实际需求，签订劳动合同。企业应向员工支付经济补偿金的情形及法规依据如表5-9所示。

表 5-9　企业应向员工支付经济补偿金的情形及法规依据

序号	类别	企业应向员工支付经济补偿金的情形及法规依据
1	员工解除合同的	（1）企业未按照劳动合同约定提供劳动保护或者劳动条件，员工解除劳动合同的 （2）企业未及时足额支付劳动报酬，员工解除劳动合同的 （3）企业未依法为员工缴纳社会保险费，员工解除劳动合同的 （4）企业的规章制度违反法律、法规的规定，损害员工权益，员工解除劳动合同的 （5）企业以欺诈、胁迫的手段或者乘人之危，使员工在违背真实意思的情况下订立或者变更劳动合同，致使劳动合同无效，员工解除劳动合同的 （6）企业免除自己的法定责任、排除员工权利，致使劳动合同无效，员工解除劳动合同的 （7）企业订立劳动合同违反法律、行政法规强制性规定，致使劳动合同无效，员工解除劳动合同的 （8）法律、行政法规规定的其他情形 （9）企业以暴力、威胁或者非法限制人身自由的手段强迫劳动，员工解除劳动合同的 （10）企业违章指挥、强令冒险作业危及员工人身安全，员工解除劳动合同的 （11）低于当地最低工资标准支付员工工资的
2	企业解除劳动合同	（1）企业提出，双方协商解除劳动合同的 （2）员工患病或者非因工负伤，在规定的医疗期满后不能从事原工作，也不能从事由企业另行安排的工作，企业解除劳动合同的 （3）员工不能胜任工作，经过培训或者调整工作岗位，仍不能胜任工作，企业解除劳动合同的 （4）劳动合同订立时所依据的客观情况发生重大变化，致使劳动合同无法履行，经企业与员工协商，未能就变更劳动合同内容达成协议，企业解除劳动合同的 （5）企业依照企业破产法规定进行重整，依法裁减人员的 （6）企业生产经营发生严重困难，依法裁减人员的 （7）企业转产、重大技术革新或者经营方式调整，经变更劳动合同后，仍需裁减人员，企业依法定程序裁减人员的 （8）其他因劳动合同订立时所依据的客观经济情况发生重大变化，致使劳动合同无法履行，企业依法定程序裁减人员的
3	终止劳动合同	（1）劳动合同期满，员工同意续订劳动合同而企业不同意续订劳动合同，由企业终止固定期限劳动合同的 （2）因企业被依法宣告破产而终止劳动合同的 （3）因企业被吊销营业执照、责令关闭、撤销或者企业决定提前解散而终止劳动合同的
4	其他情形	（1）企业自用工之日起超过一个月不满一年，员工不与企业订立书面劳动合同的，企业应当书面通知劳动者终止劳动关系，并支付经济补偿 （2）以完成一定工作任务为期限的劳动合同因任务完成而终止的

（二）经济补偿的计算

在劳动合同解除或终止，企业依法支付经济补偿时，就涉及如何计算经济补偿的问题。计算经济补偿的普遍模式是：工作年限 × 每工作一年应得的经济补偿。

1. 经济补偿的计算标准

（1）经济补偿按员工在本企业工作的年限，每满一年支付一个月工资的标准向员工支付。

（2）六个月以上不满一年的，按一年计算。

（3）不满六个月的，向员工支付半个月工资的经济补偿。

2. 经济补偿的计算基数

计算经济补偿时，工作满一年支付一个月工资。月工资是指员工解除或者终止劳动合同前十二个月的平均工资。

3. 用人单位依法解除劳动合同经济补偿的计算

用人单位依法解除劳动合同经济补偿的计算如表5-10所示。

表5-10 用人单位依法解除劳动合同经济补偿的计算

序号	情形	计算公式	计算依据
1	经协商由企业解除劳动合同	经济补偿金＝在本企业工作年限×月工资（最多不能超过12个月，未满一年按一年标准计算）	经劳动合同当事人协商一致，由企业解除劳动合同的，企业应根据员工在本企业工作年限，每满1年发给相当于1个月工资的经济补偿金，最多不超过12个月。工作时间不满1年的按1年的标准发给经济补偿金
2	员工患病或非因工负伤，经确定不能工作而解除劳动合同	经济补偿金＝工作年限×月工资＋医疗补助费（不低于6个月工资，重病加50%，绝症加100%） 可主张项目如下 （1）一般情形：经济补偿金＋医疗补助费（月工资×6个月） （2）患重病：经济补偿金＋医疗补助费＋增加医疗补助费（月工资×6个月×50%） （3）患绝症：经济补偿金＋医疗补助费＋增加医疗补助费（月工资×6个月×100%）	员工患病或者非因工负伤，经劳动鉴定委员会确认不能从事原工作，也不能从事企业另行安排的工作而解除劳动合同的，企业应按其在本企业的工作年限，每满一年发给相当于1个月工资的经济补偿金，同时还应发给不低于6个月工资的医疗补助费。患重病或绝症的还应增加医疗补助费，患重病的增加部分不低于医疗补助费的50%，患绝症的增加部分不低于医疗补助费的100%

续表

序号	情形	计算公式	计算依据
3	因员工不能胜任工作而解除合同	经济补偿金＝本企业的工作年限×月工资（未满一年，按一年计算，最长不得超过12个月）	员工不能胜任工作，经培训或调整工作岗位后仍不能胜任的，由企业解除劳动合同的，企业应当根据其在本企业的工作年限，工作时间满1年，发给相当于1个月工资的经济补偿金，最多不超过12个月
4	劳动合同订立时所依据的客观情况发生变化而解除合同	经济补偿金＝在本企业工作年限×月工资	劳动合同订立时所依据的客观情况发生重大变化，致使原劳动合同无法履行，经当事人协商不能就变更劳动合同达成协议，由企业解除劳动合同的，企业按员工在本企业工作的年限，工作时间每满1年发给相当于1个月工资的经济补偿金
5	用人单位经营困难裁员而解除合同	经济补偿金＝本企业工作年限×月工资	企业濒临破产进行法定整顿期间或者生产经营状况发生严重困难，必须裁减人员的，企业按被裁减人员在本企业工作的年限支付经济补偿金。在本企业工作时间每满1年，发给相当于1个月工资的经济补偿金
6	逾期给付经济补偿金	逾期给付经济补偿金＝经济补偿金×50%	企业解除劳动合同后，未按规定给予员工经济补偿的，除全额发给经济补偿金外，还须按该经济补偿金数额的50%支付额外经济补偿金

4.经济补偿的计算封顶

这是在经济补偿部分对高端员工做出的一定限制。即从工作年限和月工资基数两个方面做了限制，规定员工月工资高于企业所在直辖市、市区的市级人民政府公布的上年度员工月平均工资3倍的，企业向其支付经济补偿的标准按员工月平均工资3倍的数额支付，向其支付经济补偿的年限最高不超过12年。

三、赔偿金

赔偿金是指企业违反劳动法规定解除或者终止劳动合同，给员工造成损失的赔偿。为督促企业及时支付经济补偿，《劳动合同法》第四十八条、第八十五条、第八十七条都有详细的规定。

（一）赔偿金适用条件

> **法规链接**
>
> 《劳动合同法》第四十八条　用人单位违反本法规定解除或者终止劳动合同，劳动者要求继续履行劳动合同的，用人单位应当继续履行；劳动者不要求继续履行劳动合同或者劳动合同已经不能继续履行的，用人单位应当依照本法第八十七条规定支付赔偿金。
>
> 第八十五条　用人单位有下列情形之一的，由劳动行政部门责令限期支付劳动报酬、加班费或者经济补偿；劳动报酬低于当地最低工资标准的，应当支付其差额部分；逾期不支付的，责令用人单位按应付金额百分之五十以上百分之一百以下的标准向劳动者加付赔偿金。
>
> （一）未按照劳动合同的约定或者国家规定及时足额支付劳动者劳动报酬的。
>
> （二）低于当地最低工资标准支付劳动者工资的。
>
> （三）安排加班不支付加班费的。
>
> （四）解除或者终止劳动合同，未依照本法规定向劳动者支付经济补偿的。

（1）企业违法解除或者终止劳动合同，员工不要求继续履行劳动合同或者劳动合同已经不能继续履行的，企业要支付赔偿金。

特别提示：只有企业违法解除这一种情形，才可以主张赔偿金。

（2）由《劳动合同法》第八十五条可知：未按照劳动合同的约定或者国家规定及时足额支付员工劳动报酬的；低于当地最低工资标准支付员工工资的；安排加班不支付加班费的；解除或者终止劳动合同，未依照本法规定向员工支付经济补偿的等情况须支付劳动报酬、加班费或者经济补偿，若逾期不支付，企业则将劳动行政部门责令按应付金额 50% 以上 100% 以下的标准向员工加付赔偿金。

（二）赔偿金的标准

劳动部于 1995 年 5 月制定了《违反〈劳动法〉有关劳动合同规定的赔偿办法》，该办法规定由于用人单位的原因订立无效的劳动合同，或订立部分无效劳动合同，对劳动者造成损害的，应按下列规定赔偿劳动者损失。

（1）造成劳动者工资收入损失的，按劳动者本人应得工资收入支付给劳动者，并加付应得工资收入 25% 的赔偿费用。

（2）造成劳动者劳动保护待遇损失的，应按国家规定补足劳动者的保护津贴和用品。

（3）造成劳动者工伤、医疗保险待遇损失的，除按国家规定为劳动者提供工伤、医疗待遇外,还应支付劳动者相当于医疗费用25%的赔偿费用。

(4)造成女职工和未成年工身体健康损害的,除按国家规定提供治疗期间的医疗待遇外,还应支付相当于其医疗费用25%的赔偿费用。

(5)劳动合同约定的其他赔偿费用。

对于上述规定中有关劳动者工资收入损失的赔偿,鉴于《劳动合同法》第八十五条规定逾期不支付经济补偿金的,责令用人单位按应付金额50%以上100%以下的标准向劳动者加付赔偿金。因此,在劳动合同法开始施行后,有关劳动者工资收入损失的赔偿应按劳动合同法的规定予以执行。

《劳动合同法》第八十七条同时规定:用人单位违反本法规定解除或者终止劳动合同的,应当依照本法第四十七条规定的经济补偿标准的2倍向劳动者支付赔偿金。

综上所述,赔偿金的计算如表5-11所示。

表5-11 赔偿金的计算

序号	情形	赔偿金的计算
1	造成劳动者工资收入损失的	赔偿金=应付劳动者的工资×25%
2	造成劳动者劳动保护待遇损失的	按国家规定补足劳动者的保护津贴和用品
3	造成劳动者工伤、医疗保险待遇损失的	赔偿金=国家规定为劳动者提供的工伤、医疗待遇+医疗费用×25%
4	造成女职工和未成年工身体健康损害的	赔偿金=按国家规定提供治疗期间的医疗待遇+医疗费用×25%
5	拒不支付加班费的	赔偿金=加班费+应付劳动者的工资×(50%~100%)
6	未按照劳动合同的约定或者国家规定及时足额支付劳动者劳动报酬的	赔偿金=差额部分+应付劳动者的工资×(50%~100%)
7	用人单位支付劳动者工资低于当地最低工资标准的	赔偿金=差额部分+应付劳动者的工资×(50%~100%)
8	解除或者终止劳动合同,未依照本法规定向劳动者支付经济补偿的	赔偿金=经济补偿金+应付劳动者的工资×(50%~100%)
9	用人单位违反本法规定解除或者终止劳动合同的	赔偿金=经济补偿标准×2

(三)企业向员工追偿损失

实务中,常有企业追偿因员工履职给企业造成的经济损失而引发劳动争议。《民法典》第一千一百九十一条规定,用人单位的工作人员因执行工作任务造成他人损害的,由用人单位承担侵权责任;用人单位承担侵权责任后,可以向有故意或者重大过失的工作人员追偿。《工资支付暂行规定》第十六条也规定，因劳动者本人原因给用人单位造成经济损失的，用人单位可按照劳动合同的约定要求其赔偿经济损失。

但是，对员工在何种情况下需要赔偿、赔偿哪些损失以及赔偿责任大小，实践中仍缺乏明确的法律指引。但通常企业对员工追偿损失，应满足图5-4所示的三个条件。

图5-4 用人单位向员工追偿损失的三个条件

1.员工存在主观过错

员工存在过错主要指的是员工履行劳动合同过程中主观上存在故意、疏忽大意或过于自信的重大过失。对于"重大过失"，应满足以下评价标准。

（1）员工对违反合理标准、岗位的操作规程或规章制度可能造成的损害后果有预见。

（2）如果员工履行合理注意义务，该损害结果本可以避免。

2.企业遭受经济损失

法律法规对员工的行为造成企业的经济损失未有明确的规定，但部门规章中有一些规定可以参照。如《违反〈劳动法〉有关劳动合同规定的赔偿办法》第六条规定："用人单位招用尚未解除劳动合同的劳动者，对原用人单位造成经济损失的，除该劳动者承担直接赔偿责任外，该用人单位应当承担连带赔偿责任。其连带赔偿的份额应不低于对原用人单位造成经济损失总额的百分之七十。向原用人单位赔偿下列损失：（一）对生产、经营和工作造成的直接经济损失……"

根据上述内容，企业可以向员工追偿的经济损失指的是直接经济损失，包括已经遭受的实际损失和必然遭受的损失。实际损失是指员工过错行为已经给企业造成的物质损失，例如因设备材料被毁损，需要付出的购置、更换、修复费用等；必然损失是指企业将来必然遭受的物质利益的损失，例如企业因员工过错要向客户支付的违约赔偿等。需要明确的是，经济损失不包含具有不确定性的预期利益，如经营所得的利润等。

3.员工的主观过错行为与经济损失存在因果关系

员工的过错行为导致直接经济损失时，应当承担赔偿责任。但如果直接经济损失的后果并非员工的过错行为所引起，而是由其他因素导致的，员工不应承担赔偿责任。或者，虽然员工存在过错，但造成直接经济损失的不仅有员工的过错，还有其他因素，在处置员工赔偿责任时，应考虑员工因素的关联度。

劳动补偿金与赔偿金的区别

经济补偿金是指企业依据国家有关规定或劳动合同的约定，在同员工解除劳动合同时以货币形式直接支付给职工的劳动报酬。赔偿金是指用人单位违反劳动法规定解除或者终止劳动合同，给劳动者造成损失的赔偿。前者是补助费用，后者是赔偿费用，且支付标准是前者的两倍。前者主要是在劳动者单方解除合同、协商解除合同、无过失辞退、经济性裁员、破产等几种情况下，用人单位需要支付经济补偿金。后者适用的情形是：《中华人民共和国劳动合同法》第四十八条规定，用人单位违反本法规定解除或者终止劳动合同，劳动者要求继续履行劳动合同的，用人单位应当继续履行；劳动者不要求继续履行劳动合同或者劳动合同已经不能继续履行的，用人单位应当依照本法第八十七条规定支付赔偿金。

四、代通知金

代通知金是非法律用语，《劳动法》中没有"代通知金"的概念。代通知金是中国香港和中国台湾的说法，是指用人单位在提出解除劳动合同或终止劳动合同时应该提前一个月通知的情况下，如果用人单位没有依法提前一个月通知的，以额外支付一个月工资作为代替。

（一）支付"代通知金"的三种情形

《劳动合同法》第四十条　有下列情形之一的，用人单位提前三十日以书面形式通知劳动者本人或者额外支付劳动者一个月工资后，可以解除劳动合同。

（一）劳动者患病或者非因工负伤，在规定的医疗期满后不能从事原工作，也不能从事由用人单位另行安排的工作的。

（二）劳动者不能胜任工作，经过培训或者调整工作岗位，仍不能胜任工作的。

（三）劳动合同订立时所依据的客观情况发生重大变化，致使劳动合同无法履行，经用人单位与劳动者协商，未能就变更劳动合同内容达成协议的。

按照《劳动合同法》第四十条的规定，企业只有在图 5-5 所示的三种情况下解除劳动合同才可能支付"代通知金"。

情形一　员工患病或者非因工负伤，在规定的医疗期满后不能从事原工作，也不能从事由企业另行安排的工作的

情形二　员工不能胜任工作，经过培训或者调整工作岗位，仍不能胜任工作的

情形三　劳动合同订立时所依据的客观情况发生重大变化，致使劳动合同无法履行，经企业员工协商，未能就变更劳动合同内容达成协议的

图 5-5　企业支付"代通知金"的三种情形

> **小提示**
>
> 裁员程序中并无支付"代通知金"的要求，用人单位无需支付"代通知金"。

（二）代通知金的标准

企业给员工的代通知金一般情况下是按照员工上个月的工资标准进行支付的。但是员工上月工资标准过高或过低的，可按照解除劳动合同之前员工 12 个月的平均工资支付。

　附：案例解析

案例 01：职工辞职后发现怀孕，能否要求继续履行劳动合同

【事件】 王某于 2020 年 9 月 1 日进入 AA 珠宝公司工作，担任珠宝鉴定师一职。双方签订书面劳动合同，约定合同期限自 2018 年 9 月 1 日～2021 年 12 月 31 日，每月工资 10000 元，每月 15 日发放，遇法定节假日、休息日，则提前一个工作日发放。

由于王某专业能力强，AA 珠宝公司十分器重她。其他珠宝公司也想聘用王某，所以经常有"猎头"公司找到王某，向王某介绍许多高薪职位。一天，"猎头"公司再次找到王某，表示有一家珠宝公司愿意出每月工资 20000 元聘请她担任珠宝鉴定师。王某心动了，考虑一周后，决定答应"猎头"公司的邀请。

2020 年 3 月 1 日，王某正式向 AA 珠宝公司提出辞职，尽管 AA 珠宝公司再三挽留，王某仍执意要走。2020 年 3 月 15 日，王某发现自己怀孕了，当把自己怀孕一事告知

拟签约的珠宝公司时，珠宝公司决定不再聘请王某了。此时，王某只能找到 AA 珠宝公司，希望能够撤销辞职申请，与 AA 珠宝公司继续履行劳动合同。

请问，王某辞职后发现怀孕，能否要求 AA 珠宝公司继续履行劳动合同？

【解析】 本案涉及两个法律问题，第一，职工辞职的意思表示一经做出，能否撤销？第二，职工辞职后发现怀孕，能否要求继续履行劳动合同？

对于第一个问题，由于辞职属于形成权，一经做出，即产生法律效力，无需征得用人单位同意。因此，职工一旦做出辞职的意思表示，双方劳动关系即告解除。

但实践中，不排除有些职工真的十分优秀，企业不愿意令人才白白流失，此时企业往往会多番极力挽留，最终职工改变心意，愿意继续留在企业。此种情况，是否与上述论述矛盾？其实不矛盾，原因很简单，只要用人单位与劳动者协商一致，且对劳动者更为有利，法律并不禁止。

对于第二个问题，如前所述，职工辞职，双方劳动关系即告解除。即便后续发现怀孕了，职工也无权要求用人单位继续履行劳动合同。

本案中，如果 AA 珠宝公司愿意与王某继续履行劳动合同的，法律并不禁止。但如果 AA 珠宝公司不愿意与王某继续履行劳动合同，那么双方之间的劳动关系已经解除，王某无权要求撤销辞职申请并与 AA 珠宝公司继续履行劳动合同。

案例 02：公司实行"末位淘汰"解除劳动合同，合法吗

【事件】 小秦 2017 年 6 月入职某公司，负责产品的销售工作。小秦与公司签订了 3 年的劳动合同。2018 年 8 月，随着公司的发展和部署，公司修订了销售部的考核表，销售人员由原来的没有销售任务变成了每人每月要完成一定的销售任务，而且根据职员级别的不同，销售业绩要求不同。3 个月累计排名，半年后实行末位淘汰。小秦每月 10 万元的销售任务令他愁眉不展，尽管她不停地跑市场，3 个月下来，她还是差了 2 万元的销售业绩。又过了 3 个月，尽管她完成了销售业绩，但部门排名她排在了最后一位。公司通知，要与小秦解除劳动合同。小秦觉得公司太苛刻，这种末位淘汰解除劳动合同的做法合法吗？

【解析】 "末位淘汰"与解除劳动合同之间不能等同，解除劳动合同必须要依法进行。从劳动合同法看，我国法律没有允许用人单位与劳动者在劳动合同中约定以"末位淘汰"为由解除劳动合同，依据《劳动合同法》第四十三条和第四十八条规定可知，企业管理考核中的末位员工被"淘汰"，缺乏法律依据。

案例 03：单位能否以客观情况发生重大变化为由解雇试用期职工吗

【事件】 梁某自小对游戏编程十分感兴趣，一直想找一份与游戏编程相关的工作，但因本科专业不是学编程专业的，所以很多公司经考虑，都没有聘用他。凑巧一天，梁某应聘到一家刚成立的游戏公司，由于兴趣相投，这家游戏公司的负责人决定聘用梁某，当天即签订书面劳动合同，约定合同期限自 2018 年 4 月 1 日～2019 年 12 月 31 日，试用期 2 个月。

由于游戏公司刚起步，且市场不景气，游戏公司打算重新调整组织结构，将梁某所在的部门撤掉。2018 年 5 月 15 日，游戏公司向梁某发出书面通知，称"因公司组织架构调整，公司现依据劳动合同法第四十条第三项（即客观情况发生重大变化）与你解除劳动合同。"

梁某听到消息后，挺难过的，但只能接受游戏公司的决定。请问，是这样的吗？

【解析】 2018 年 5 月 15 日，梁某尚处于试用期阶段。根据劳动合同法第二十一条、第四十条规定，游戏公司不能以客观情况发生重大变化为由与梁某解除劳动合同。如果游戏公司据此解除劳动合同的，属于违法解除。梁某有权要求游戏公司继续履行劳动合同或要求游戏公司支付违法解除劳动合同赔偿金。

案例 04：劳动合同先于服务期期满的如何处理

【事件】 2019 年 6 月李某入职某公司，签订了为期 2 年的劳动合同。2019 年 12 月该公司出资让李某出国进行为期半年的培训，双方签订服务协议，规定培训以后李某需为公司履行 5 年服务期，如果李某在服务期内提出辞职或提前离职，需要支付违约金，以补偿公司损失，按培训费用根据未服务年限比例计算。在签订服务协议时，公司并未对之后合同到期的问题给予回答，所以李某认为到期后的劳动合同会续签。2021 年 6 月，劳动合同到期，公司决定不再续约。李某认为劳动合同应续延至服务期满，否则自己可能要承担未到服务期的违约责任。面对这种情况，劳动合同先于服务期期满的，李某应该怎么办？

【解析】 本案中，李某是签订合同在先，约定服务期在后，公司在派其培训前应考虑到合同是否续约的问题：服务期是用人单位以给予一定培训费用为代价，要求接受培训对象的员工为用人单位提供相应服务的约定。签订服务期协议后，员工为公司服务的期限就不仅仅受劳动合同期限约束，也受到服务期协议期限的约束。如要在服务期内提前离职，就会承担相应的违约责任。根据《劳动合同法实施条例》第十七条的规定，劳动合同期满，服务期尚未到期的，劳动合同应当续延至服务期满。所以，双方在签订服务期协议时，并未对劳动合同期满如何解决的问题有任何约定，那么李某应与公司协商续签劳动合同。

案例 05：解除劳动合同时劳动者是否要向用人单位赔偿培训费

【事件】 曾某是一家公司的员工，他和单位签订了为期3年的劳动合同。公司为了增加效益，决定培养一批专业人才，经过层层筛选，曾某被选中。曾某被派往外省的一所高校进修脱产学习2年。公司人事经理为此还找他签了补充劳动合同。合同约定，曾某在培训后须为本公司工作5年，如果提前解除合同，就要赔偿培训费。曾某在培训后回到公司工作2年之后，收到一个朋友的邀请，希望曾某去他的公司工作，待遇优厚。曾某没有抵得住高薪的诱惑，考虑再三，最终还是决定辞职。公司同意曾某离职但要求赔偿培训费。那么，解除劳动合同时，劳动者是否要向单位赔偿培训费？

【解析】 根据《劳动合同法》第二十二条规定，曾某在公司工作期间，该公司出资为他提供了专项培训，也就是到外省某高校脱产学习2年，并就此签订了补充劳动合同，约定培训结束后5年曾某不得离开该公司，延长了一定的工作期限，这种做法没有违法，因此该协议合法有效。曾某在签订协议后，只履行了2年就提前解除劳动合同，因此应该承担违约责任，也就是向公司赔偿培训费用，只是赔偿违约金的数额不要超过用人单位提供的培训费用就可以了。

案例 06：用人单位能否在开具解除劳动合同证明时设置前提条件

【事件】 张某于2019年6月1日入职某教育科技有限公司，从事客户经理工作，双方签订了为期3年的劳动合同，约定张某的月工资为8000元。

2020年8月1日，张某因个人原因向教育科技有限公司书面提出离职申请，告知该公司他将于9月1日离职。9月1日，张某办理离职手续，该公司要求张某签订竞业限制协议后方可同意其离职。张某认为签订竞业限制协议将严重损害其本人的权益，故未同意。该教育科技有限公司因此拒绝为张某开具解除劳动合同证明并办理社会保险关系转移手续。

此后，张某自行离职，并去某销售公司应聘，销售公司向张某发出了录用通知，但因张某无法提供解除劳动合同证明，也未办理社会保险关系转移手续，从而未能入职。

2020年9月15日，张某向仲裁委提出仲裁申请，要求该教育科技有限公司开具解除劳动合同证明。

用人单位能否在开具解除劳动合同证明时设置前提条件？

【解析】 仲裁委审理后认为，张某依法享有解除劳动合同的权利，教育科技有限公司不应以任何理由阻止张某行使该权利。教育科技有限公司不依法开具解除劳动合同证明并办理社会保险关系转移手续的行为，属违法行为，故裁决支持张某的仲裁请求。

《中华人民共和国劳动合同法》第三十七条、第三十八条规定，劳动者依法享有解除劳动合同的权利。《中华人民共和国劳动合同法》第五十条第一款规定，用人单位应当在解除或者终止劳动合同时出具解除或者终止劳动合同的证明，并在15日内为劳动者办理档案和社会保险关系转移手续。

根据上述法律规定，在劳动者依法行使解除劳动合同的权利时，用人单位负有为劳动者出具解除劳动合同的证明、办理档案及社保关系转移等法定义务，不得以任何理由拒绝履行上述法定义务，如不得以劳动者尚在服务期内、未能就解除劳动合同经济补偿与劳动者达成一致、劳动者尚未支付违约金等理由加以拒绝。

案例07：用人单位与劳动者签订承揽合同后原劳动关系是否自动解除

【事件】 杨某于2017年7月11日入职某燃气公司，并于当天签订了劳动合同，其中并未约定协议履行期限，仅约定了1个月的试用期。

2019年3月20日，杨某与燃气公司又签订了一份天然气安装工程承揽合同，双方就燃气管道安装工程的发包事宜进行了相关约定，其中包括燃气公司定期组织杨某学习公司安全管理规章，杨某需要认真贯彻落实燃气公司的各项安全管理制度等内容。燃气公司在2019年除5月外的每月中旬，均通过银行转账向杨某支付显示为"工资"或者"绩效"字样的款项。

2019年12月初，客户陈某向燃气公司申请安装燃气管道，燃气公司派杨某进行安装，在安装燃气管道时杨某受伤。

为申报工伤认定，杨某申请仲裁，请求确认与燃气公司存在劳动关系，并提供了燃气公司向客户陈某出具的初装入户费、智能表及燃气报警器购买费发票作为证据。同时，燃气公司的营业执照显示，其经营范围包括燃气管道安装、经营。

燃气公司辩称，虽然双方在2017年7月11日签订了劳动合同，但在2019年3月20日双方又签订了工程承揽合同，新建立的承揽关系已经替代了原先的劳动关系，双方劳动关系已于此时自动解除。

杨某与燃气公司是否存在劳动关系？

【解析】 本案中，双方于2017年7月11日签订的劳动合同无明确的履行期限，应属于无固定期限劳动合同。因此，应确定双方的劳动合同是否解除或终止。

根据《中华人民共和国劳动合同法》第五十条第一款和《最高人民法院关于审

理劳动争议案件适用法律若干问题的解释》（法释〔2001〕14号）第十三条规定，用人单位解除劳动合同需要履行法定的手续。燃气公司没有提供劳动合同已解除的证据，应承担举证不能的不利后果。

从劳动关系的组成要素看，杨某与燃气公司均符合法律、法规规定的主体资格条件；从承揽合同看，燃气公司定期组织杨某进行公司安全管理规章制度的学习，杨某需要认真贯彻落实燃气公司的各项安全管理制度，这说明燃气公司对杨某存在管理与被管理的关系；杨某与燃气公司间的银行交易明细单显示，燃气公司在承揽合同签订后按月向杨某支付了名为"工资"或"绩效"的款项，支付日期及周期相对稳定、规律，符合劳动关系中工资支付的基本特征；燃气公司的经营范围包括然气管道安装、经营，说明杨某的工作内容是燃气公司业务的组成部分；杨某提供的证据也显示，燃气公司向陈某收取过初装入户费、智能表及燃气报警器购买费，说明陈某的燃气安装事宜事先向燃气公司申报并得到燃气公司应允，杨某是以燃气公司的名义进行安装。因此，双方符合劳动关系成立的要件。

综上所述，认定双方存在劳动关系。

案例08：用人单位降低续订劳动合同的约定条件，劳动者不同意续订，能否获得经济补偿

【事件】 2016年8月1日，程某进入一家电子通信公司工作，并签订了为期5年的劳动合同，工资标准为每月6000元，工作时间为做五休二，每天8小时。

2021年8月底，双方签订的劳动合同即将期满，公司负责人表示愿意与程某续订劳动合同，但鉴于公司的经营情况和工作安排，需要将程某的工作时间调整为做六休一，每天8小时，工资每月6000元不变，但加班费包含在内。

程某认为公司是变相降低工资标准，表示不同意续订，双方因此终止了劳动关系。程某在办理离职手续时向公司提出支付5个月的工资即30000元作为经济补偿。公司认为提出不续订劳动合同的是程某，不应支付经济补偿。于是程某申请劳动争议仲裁，要求公司支付终止劳动合同的经济补偿30000元。

用人单位降低劳动合同约定条件与劳动者续订劳动合同，劳动者拒绝续订，用人单位是否应该向劳动员支付经济补偿？

【解析】《中华人民共和国劳动合同法》第四十六条规定下的五种情况明确指出除用人单位维持或者提高劳动合同约定条件续订劳动合同，劳动者不同意续订的情形外，劳动合同期满终止固定期限劳动合同的，应支付经济补偿。

本案中，电子通信公司在续订合同中的6000元月工资包含了加班费，实际是降低了工资标准，程某有理由不同意续订。因此，电子通信公司应向程某支付经济补偿。

另依据《中华人民共和国劳动合同法》第四十七条的规定,电子通信公司应向程某支付 5 个月工资的经济补偿共计 30000 元。

案例 09:劳动者违反服务期约定,应当如何支付违约金

【事件】 彭某于 2017 年入职某公司,担任培训师工作。在职期间,由于彭某工作表现突出,工作态度积极,公司决定安排彭某到某培训机构进行深造,为期 1 个月,以提升其讲课技能,更好地为公司服务。由于该培训机构比较知名,公司为此支出的培训费、交通费、食宿费等高达 3 万元。

在彭某参加培训前,公司与彭某签订了服务期协议。双方约定彭某完成培训后,必须为公司服务满 2 年,否则彭某须支付违约金 3 万元。

2018 年 10 月,彭某因遇到了更好的发展机会,决定跳槽。于是向公司提出辞职。但公司以彭某违反服务期协议为由,要求彭某支付 3 万元的违约金。

那么,彭某是否需要支付公司违约金呢?如果需要支付,违约金数额如何计算?

【解析】 首先,分析一下彭某是否需要支付公司违约金呢?本案中,彭某在服务期内,因遇到更好的发展机会而主动辞职,不符合《劳动合同法》第三十八条规定的被迫解除劳动合同情形。在不属于被迫解除劳动合同的情况下,彭某在服务期内提出辞职,违反了服务期协议约定,属于违约行为。根据《劳动合同法》第二十二条规定,劳动者违反服务期约定的,应当按照约定向用人单位支付违约金。因此,彭某确实应该向公司支付违约金。

那么,违约金如何计算呢?彭某是否需要按照公司要求,支付 3 万元违约金呢?根据《劳动合同法》第二十二条规定:"违约金的数额不得超过用人单位提供的培训费用。用人单位要求劳动者支付的违约金不得超过服务期尚未履行部分所应分摊的培训费用。"对于本案而言,单位在服务期协议中约定违约金为 3 万元是合理的,因 3 万元刚好是用人单位提供的培训费用。但在彭某已经服务了将近一年的情况下,单位要求彭某支付全额违约金是不合理的,应该根据彭某已服务的天数对违约金进行折算,不得超过服务期尚未履行部分所应分摊的培训费用。因此,彭某有权要求公司对违约金进行折算,按照折算后的违约金予以支付。

案例 10:合同期满公司未续签职工辞职不补偿

【事件】 2019 年 4 月初,杭州市某公司有十几个职工的劳动合同到期,按规定应该续签劳动合同。由于当时该公司的人力资源人员更换交接,该公司没有及时与这部分职工续签劳动合同。一个月后,公司找这批职工续签劳动合同,大部分职工同意

与公司续签，但是还有部分职工认为，公司没有及时续签劳动合同是严重过错，甚至以此为由向公司提出解除劳动合同，并要求公司支付经济补偿金。

【解析】 针对此案，一旦劳动合同到期，如果双方仍然希望保持劳动关系的存续，就应当续签劳动合同以明确各自的权利义务。本案中，用人单位显然存在没有及时续签劳动合同的过错，对此，依据《中华人民共和国劳动合同法》第八十二条规定，公司职工可以要求用人单位承担未签劳动合同那月支付双倍工资的责任。

那么，劳动者是否可以以此为由辞职并要求经济补偿金呢？

根据《中华人民共和国劳动合同法》第四十六条第五款规定，这类过错不属于劳动者应当获得经济补偿金的范围，因此不能获得经济补偿。

案例11：单位拖欠工资，职工能否主张加付赔偿金

【事件】 徐某于2019年5月6日入职湖州市一个日化公司，担任运营主管一职，双方签订书面劳动合同并约定每月15日发放上月工资。2020年10月16日，日化公司没有向徐某支付9月份的工资，理由是公司资金周转不灵。2020年11月16日，日化公司继续拖欠徐某10月份的工资。又一个月过去了，2020年12月16日，日化公司仍未向徐某支付9～11月份的工资，并以公司生产经营发生严重困难为由向徐某发出解除劳动合同通知书。

2021年1月6日，徐某向当地劳动监察部门投诉日化公司拖欠工资。2021年1月13日，当地劳动监察部门向日化公司发出限期改正指令书，责令日化公司于2021年1月31日前对拖欠工资问题进行整改。2021年3月16日，徐某申请劳动仲裁，诉求有两个：一是要求日化公司支付拖欠的工资；二是要求日化公司按照应付工资的百分之百的标准加付赔偿金。

请问，徐某是否能够要求日化公司加付赔偿金？

【解析】 律师认为，日化公司拖欠徐某工资，当地劳动监察部门已向日化公司发出限期改正指令书，责令日化公司于2021年1月31日前改正拖欠工资行为，而日化公司并未在限定期限内支付拖欠的工资。根据《劳动合同法》第八十五条以及《最高院关于审理劳动争议案件适用法律若干问题的解释（三）》第三条规定，徐某要求日化公司按照应付工资的百分之一百的标准加付赔偿金合法合理，依法应予支持。

案例12：员工给单位造成损失，如何赔偿

【事件】 宁某于2016年9月1日起在某酒店工作，双方签订为期3年的劳动合同，约定工资为5000元/月，下个月15日发放本月工资，岗位为酒店前台，负责客房预订、

入住登记等工作。同时约定，劳动者（宁某）在工作过程中给用人单位（酒店）造成损失的，应当赔偿损失。

2019年1月1日，根据当月的排班表，宁某值早班，负责在计算机系统中办理早间房入住登记。由于前一天晚上和一大帮朋友跨年，高兴起来喝了很多酒，值班的时候宁某又困又晕。酒店一早来了好多批客人，由于精神状态不好，宁某在给早间房客人办理入住过程中有4次违反操作程序，没有及时在计算机系统中办理入住登记，导致酒店少收房费，合计5000元。酒店在当月的例行检查中发现了这个情况。酒店明确告知宁某，他1月份的工资将要全部扣除，用于赔偿房费损失。2019年2月15日，酒店全额扣除了宁某1月份的工资。请问，酒店的做法正确吗？

【解析】《工资支付暂行规定》第十六条，宁某4次违反操作程序，没有及时在计算机系统中办理入职登记，导致酒店少收房费，合计5000元。按照双方劳动合同的约定，酒店有权要求宁某赔偿房费损失并从宁某的工资中扣除。但是，酒店无权全额扣除宁某1月份的工资。

案例13：违法约定的试用期已经履行，劳动者有权主张赔偿金吗

【事件】 彭某是2021年的应届毕业生，专业是市场营销。毕业后，想应聘某公司市场部销售经理助理。为成功面试该岗位，彭某做了大量准备工作，包括了解公司的背景、市场产品、发展方向等。面试当天，该公司人力资源总监十分满意彭某的表现，拟聘用彭某担任市场部销售经理助理。

在谈及合同期限及薪酬的时候，人力资源总监表示，因彭某是应届毕业生，没有什么实践经验，往年也有很多应届毕业生没做几个月就走了，故劳动合同签1年，试用期约定3个月，试用期工资为每月2000元，转正后每月3000元。虽然试用期的工资比较低，试用期约定比较长，但是彭某十分喜欢这份工作，便欣然答应了。

工作3个月后，彭某与朋友聊起现在的工作，才得知公司关于试用期期限的约定是违法的。虽然知道公司的做法违法，但彭某不知道该如何维护自己的权利。

【解析】 根据《劳动合同法》第十九条规定，公司与彭某签订期限为一年的劳动合同，试用期应不得超过2个月，现约定3个月的试用期，故违反法律规定。

根据《劳动合同法》第八十三条规定，因公司与彭某约定的试用期期限违反法律规定，故彭某有权向当地劳动行政部门投诉，由劳动行政部门责令公司改正。此外，因双方签订为期1年的劳动合同，法定试用期应为2个月，彭某工作3个月后才发现公司的做法违法，即彭某已经履行了3个月的试用期，故现在彭某有权要求公司按照转正后的工资标准支付1个月的赔偿金。

第六章
劳动争议法律风险防范

章前概述

　　劳动争议是企业经常遇到的难题,企业因为劳动纠纷败诉,其损失不仅仅是支付一定的经济补偿、赔偿以及承担仲裁行为的相关费用,还有因此产生的人工费、交通费、会议成本、时间成本等费用,最重要的是:企业因为败诉必然会在社会、客户、企业内部等范围内形成一定程度的反响,企业形象将受到一定程度的损害。因此,如何防范、避免和减少可能劳动争议,是企业追求的目标。

思维导图

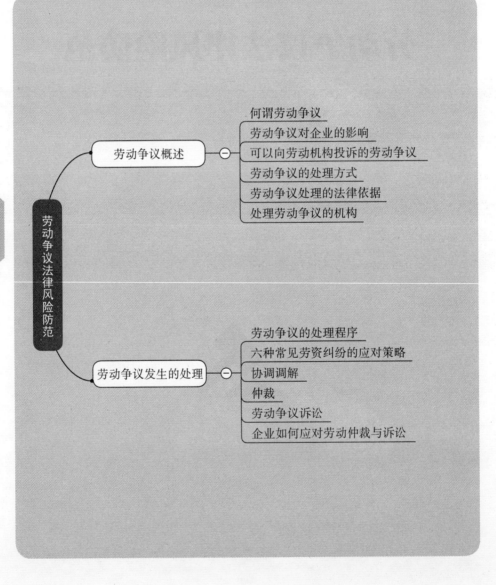

劳动争议法律风险防范
- 劳动争议概述
  - 何谓劳动争议
  - 劳动争议对企业的影响
  - 可以向劳动机构投诉的劳动争议
  - 劳动争议的处理方式
  - 劳动争议处理的法律依据
  - 处理劳动争议的机构
- 劳动争议发生的处理
  - 劳动争议的处理程序
  - 六种常见劳资纠纷的应对策略
  - 协调调解
  - 仲裁
  - 劳动争议诉讼
  - 企业如何应对劳动仲裁与诉讼

第一节
劳动争议概述

一、何谓劳动争议

劳动关系当事人之间因劳动的权利与义务发生分歧而引起的争议,又称劳动争议。其中有的属于既定权利的争议,即因适用劳动法和劳动合同、集体合同的既定内容而发生的争议;有的属于要求新的权利而出现的争议,是因制定或变更劳动条件而发生的争议。

二、劳动争议对企业的影响

劳动双方之间发生纠纷是非常正常的事,任何企业,只要从事生产经营,就不可避免地遇到劳动争议方面的问题。一个企业,如果劳动争议过多,企业与员工之间的矛盾过于突出,势必直接影响到企业的正常生产经营,当然也就影响了企业的经济效益,甚至会导致企业的亏损或者停产。

三、可以向劳动机构投诉的劳动争议

由于劳动者与用人单位之间地位的悬殊,我国《劳动法》以及相关的法律都比较偏向于保护劳动者的合法权益,在发生劳动争议后,劳动者可选择向劳动机构投诉或者申请劳动仲裁等方式来维权。具体来说,哪些争议可以向劳动机构投诉呢?

(一)哪些争议可以向劳动机构投诉

员工认为企业侵犯其劳动保障合法权益时,有权向劳动保障行政部门投诉,具体可以投诉的情况有以下几类。

(1)企业违反录用和招聘职工规定的,如招用童工、收取风险抵押金等。

(2)企业违反有关劳动合同规定的,如拒不签订劳动合同、违法解除劳动合同、解除劳动合同后不按国家规定支付经济补偿金等。

(3)企业违反女职工和未成年工特殊劳动保护规定的,如安排女职工和未成年工从事国家规定的禁忌劳动等。

（4）企业违反工作时间和休息休假规定的，如超时加班加点、强迫加班加点、不依法安排员工休假等。

（5）企业违反工资支付规定的，如克扣或无故拖欠工资、拒不支付加班加点工资等。

（6）企业制定的劳动规章制度违反法律法规规定的，如企业规章制度规定农民工不参加工伤保险等。

（7）企业违反社会保险规定的，如不依法为农民工参加社会保险和缴纳社会保险费，不依法支付工伤保险待遇等。

（8）未经工商部门登记的非法用工主体违反劳动保障法律法规，侵害农民工合法权益的。

（9）职业中介机构违反职业中介有关规定的，如提供虚假信息、违法乱收费等。

（10）从事劳动能力鉴定的组织或者个人违反劳动能力鉴定规定的，如提供虚假鉴定意见、提供虚假诊断证明。

（11）员工认为企业等侵犯其其他劳动保障合法权益的。

（二）哪些争议可申请劳动仲裁

并不是所有发生在员工与企业间的争议都可以申请劳动争议仲裁。可申请劳动争议仲裁的一般限于下列。

（1）因企业开除、除名、辞退职工和职工辞职、自动离职发生的争议。

（2）因执行国家有关工资、保险、福利、培训、劳动保护的规定发生的争议。

（3）因履行劳动合同发生的争议。

（4）法律、法规规定的其他劳动争议。

有些争议不能申请劳动争议仲裁，如员工与企业因住房问题发生的争议就不属于劳动争议。

四、劳动争议的处理方式

法规链接

《劳动法》第七十七条 用人单位与劳动者发生劳动争议，当事人可以依法申请调解、仲裁、提起诉讼，也可以协商解决。

调解原则适用于仲裁和诉讼程序。

根据《劳动法》第七十七条的规定，我国劳动争议的处理方式有四种。

(一)协商解决

通过协商方式自行和解,是双方当事人应首先选择解决争议的途径。同时也是在解决争议过程中可以随时采用的。协商解决是以双方当事人自愿为基础的,不愿协商或者经协商不能达成一致,当事人可以选择其他方式。

(二)企业调解

企业调解是指双方当事人可以选择向企业劳动争议调解委员会申请调解的处理方式。这种调解实行自愿原则,具体体现在两方面。

(1)只有在双方当事人都同意由企业劳动争议调解委员会处理该争议,调解委员会才能受理该案件。

(2)当事人可以不经过调解而直接申请仲裁。

此外,由于调解委员会主要由企业代表和工会代表组成,所以工会与企业因履行集体合同发生争议,不适合向调解委员会申请调解,当事人应直接申请仲裁。

(三)申请仲裁

若经企业调解委员会调解,双方达不成协议,当事人一方或双方均可向当地劳动争议仲裁委员会申诉。当事人也可以不经企业调解委员会处理而直接申请仲裁。需要注意的是,因处理签订集体合同发生的争议缺乏法律依据,所以这类争议是由劳动保障行政部门会同有关方面进行协调处理,不可以申请仲裁。除这种争议外,对其他争议而言,劳动争议仲裁是强制性的必经程序。也就是说,只要有一方当事人申请仲裁,且符合受案条件,仲裁委员会即予受理;当事人如果要起诉到法院,必须先经过仲裁,否则人民法院将不予受理。

(四)提起诉讼

当事人如果对劳动争议仲裁委员会的仲裁裁决、不予受理仲裁决定或通知书不服,可以在规定的时限内向当地基层人民法院起诉。目前法院是由民事审判庭依据民事诉讼程序对劳动争议案件进行审理,实行两审终审制。法院审判是处理劳动争议的最终程序。

五、劳动争议处理的法律依据

有关于劳动争议处理的法律依据有《中华人民共和国劳动争议调解仲裁法》《企业劳动争议协商调解规定》,《劳动法》第七十七条至第八十四条也对劳动争议的处理做出了具体的规定。

六、处理劳动争议的机构

> **法规链接**
>
> 《劳动争议调解仲裁法》第五条 发生劳动争议,当事人不愿协商、协商不成或者达成和解协议后不履行的,可以向调解组织申请调解;不愿调解、调解不成或者达成调解协议后不履行的,可以向劳动争议仲裁委员会申请仲裁;对仲裁裁决不服的,除本法另有规定的外,可以向人民法院提起诉讼。
>
> 第十条 发生劳动争议,当事人可以到下列调解组织申请调解。
>
> (一)企业劳动争议调解委员会。
>
> (二)依法设立的基层人民调解组织。
>
> (三)在乡镇、街道设立的具有劳动争议调解职能的组织。
>
> 企业劳动争议调解委员会由职工代表和企业代表组成。职工代表由工会成员担任或者由全体职工推举产生,企业代表由企业负责人指定。企业劳动争议调解委员会主任由工会成员或者双方推举的人员担任。

根据以上规定,我国目前处理劳动争议的机构主要如下。

(一)企业劳动争议调解委员会

劳动争议调解委员会是企业根据《劳动法》和《劳动争议调解仲裁法》的规定在本单位内部设立的机构,是专门处理与本单位劳动者之间的劳动争议的群众性组织。

(二)劳动争议仲裁委员会

劳动争议仲裁委员会是处理劳动争议的专门机构。县、市、市辖区人民政府设立仲裁委员会,负责处理本辖区内发生的劳动争议。设区的市、市辖区仲裁委员会受理劳动争议案件的范围由省、自治人民政府规定。各级仲裁委员会由劳动行政主管部门的代表、工会的代表、政府指定的经济综合管理部门的代表组成,主任由劳动行政主管部门的负责人担任,其办事机构设在同级的劳动行政主管部门。

(三)人民法院

人民法院是国家审判机关,也担负着处理劳动争议的任务。劳动争议当事人对仲裁委员会的裁决不服、进行起诉的案件,人民法院民事审判庭负责受理。

我国劳动争议处理机构主要包括以上内容。针对不同的类型、不同区域的劳动关系争议问题对应有各自的解决机构,级别也分别由大到小,无论机构大小都是为了解决劳动者的争议、维护劳动者的合法权益为目的的。了解这些机构的各自解决范围也避免劳动者发生劳动争议时不知所措。

第二节 劳动争议发生的处理

劳动争议发生后，企业必然要面对和应对。一桩劳资纠纷妥善地解决了，类似的纠纷就必然会减少；反之亦然。

一、劳动争议的处理程序

 法规链接

《劳动争议调解仲裁法》第五条　发生劳动争议，当事人不愿协商、协商不成或者达成和解协议后不履行的，可以向调解组织申请调解；不愿调解、调解不成或者达成调解协议后不履行的，可以向劳动争议仲裁委员会申请仲裁；对仲裁裁决不服的，除本法另有规定的外，可以向人民法院提起诉讼。

企业要想解决好劳资纠纷，首先要了解劳资纠纷处理的程序。根据《中华人民共和国劳动法》《劳动争议调解仲裁法》《中华人民共和国民事诉讼法》《企业劳动争议协商调解规定》的规定，劳动争议案件（劳资纠纷）的处理程序如表6-1所示。

表6-1　劳动争议案件的处理程序

序号	程序	具体说明
1	劳资双方协商	劳资纠纷可以说是内部矛盾，一般而言，协商解决是最好的解决途径。这样可以避免纠纷的扩大，对双方都有好处
2	劳动管理部门（劳动站）调解	当双方协商不成时，可提交当地劳动站居间调解。这种调解不具有强制性，必须双方同意才行
3	劳动争议仲裁委员会仲裁	纠纷发生后，在协商、调解均没有效果的情况下，任何一方均可在纠纷发生后60日内提出仲裁申请。仲裁机关立案后应当在2个月内做出裁决，最长不得超过3个月
4	人民法院一审判决	不服仲裁裁决的一方当事人在收到裁决书之日起15日内向所在地人民法院提起诉讼，人民法院应当在3～6个月内做出一审判决

续表

序号	程序	具体说明
5	二审人民法院终审判决	当事人在收到一审法院判决后不服的,可在15日内向其上级人民法院提出上诉,上诉法院在3~6个月做出终审判决
6	法院强制执行	裁决书或者判决书发生法律效力后,负有义务的一方不履行义务的,对方在1年内可以申请人民法院强制执行

一个劳动争议案件如果要走完上述全部程序,通常需要一年半左右时间。倘若中间还涉及工伤认定等问题,则所花时间更长,工伤赔偿案件最长时间可达到三年六个月。了解劳动争议的处理程序后,企业在具体操作当中应注意行使诉讼权利;对裁决、判决不服的,应当在法定期限内起诉或者上诉。

二、六种常见劳资纠纷的应对策略

以下介绍六种常见劳资纠纷的应对策略,供企业参考。

(一)解雇(辞退)纠纷的应对

如果企业做好了预防工作,则这一类纠纷的应对就比较简单了。无论是在仲裁阶段还是在诉讼阶段,企业只要准备好解雇(辞退)资料,做好答辩状或者起诉状,出庭时认真陈述和举证即可。只要企业对员工的解雇(辞退)正确,相信会得到仲裁委员会和人民法院支持的。

(二)开除纠纷的应对

企业在应对劳资纠纷官司中,最为被动的也就是开除纠纷。之所以被动,是因为很多企业在开除员工时没有收集整理好材料,尽管有很多理由,但却不能提供足够的证据证明开除员工是正确的。所以,企业对证据的收集整理尤为重要。

(三)辞工纠纷的应对

通常员工自己辞工的一般不会上告,即使其上告了,就企业一方而言也比较好解决,只要保留好辞工单,届时提供给仲裁庭或者法庭即可。

(四)加班纠纷的应对

加班纠纷官司是企业最难应对的官司,较少有企业胜诉的。毕竟,目前大多数企业还未能完全按照国家规定支付加班工资。因此,要想解决好加班官司,应当从预防中来根本解决问题。

（五）患病医疗纠纷的应对

患病医疗纠纷主要涉及的是员工患病后住院治疗的医疗费用的承担，以及其因为患病不能从事原来的工作或新安排的工作而导致解除合同后的经济补偿金和医疗补助费的承担。所以，企业应当做到以下两点。

（1）注意核对员工是否确实因病住院及其医疗费的真实性。

（2）审查员工的病是否达到不能工作的程度。

（六）工伤待遇纠纷的应对

工伤待遇纠纷主要体现在两个方面：一是没有买工伤保险的赔偿，包括医疗费、医疗期间工资、一次性伤残补偿金、工伤辞退费等；二是买了工伤保险的工伤辞退费。这两种情况目前都比较普遍，绝大部分企业都有遇到过。但是这两种工伤纠纷的应对策略却是不同的，具体说明如表6-2所示。

表6-2 工伤待遇纠纷的应对

序号	类别	应对策略
1	没有买保险的工伤应对	（1）职工受伤后，及时送往医院治疗，使其早日康复，以缩短治疗时间和减少医疗费 （2）治疗终结后，立即做伤残等级鉴定。如果企业认为伤残等级鉴定有问题的，应在法定时间内申请重新鉴定 （3）对于劳动部门做出的员工属于因工受伤的认定，如有异议，应当在收到认定书之日起60日内申请行政复议。对复议决定不服的，在收到之日起15日内向人民法院提起诉讼；对一审法院判决不服的，还可以上诉 （4）员工被确定为工伤且有伤残等级的，企业不要主动辞退该员工。如果员工要求辞工的，必须在双方协商好工伤待遇问题后才能准予辞工。通常协商支付的工伤赔偿数额不应低于法律规定数额的50%，以免员工拿到赔偿后又以显失公平为由提出申诉。因为根据《中华人民共和国民法通则》的规定，显失公平的民事法律行为属于可撤销的民事行为，当事人一方可以向人民法院起诉要求撤销
2	买了保险的工伤应对	按规定，买了保险的工伤，所产生医疗费的70%、一次性伤残补偿金、残废退休金等由社保局承担，企业仅仅承担医疗费的30%、医疗期间工资、工伤辞退费等。应该说，这类工伤主要是员工和社保局之间的事，但是如果伤残等级鉴定为5~10级，那就直接涉及企业的利益了。企业主要是处理好员工辞退时的工伤辞退费问题，这没有多少技巧可言，关键是协商解决，如果协商不成，只有在员工申诉后应诉了

小提示

企业在处理劳资纠纷时,应站在对企业正常的管理和生产有利的角度来把握每一个案件的度,通常有三种考虑。

(1)如果企业有充分的理由(包括事实和法律方面),则将官司打到底,最后胜诉了可以达到教育其他员工的目的。

(2)如果企业确实理亏(在事实、法律和情理方面均站不住脚),则尽量与员工协商解决,以免纠纷扩大,影响企业的声誉。

(3)如果员工有理而不愿协商,企业又认为比较冤(不公平)的,如工伤辞退费等案例,企业不妨利用法律赋予的诉讼权利把官司的时间拖长,不要让员工轻易拿到赔偿,可以使其他员工知难而退,树立企业的管理权威。

三、协调调解

法规链接

《劳动争议调解仲裁法》"第二章 调解"规定如下。

第十条 发生劳动争议,当事人可以到下列调解组织申请调解。

(一)企业劳动争议调解委员会。

(二)依法设立的基层人民调解组织。

(三)在乡镇、街道设立的具有劳动争议调解职能的组织。

企业劳动争议调解委员会由职工代表和企业代表组成。职工代表由工会成员担任或者由全体职工推举产生,企业代表由企业负责人指定。企业劳动争议调解委员会主任由工会成员或者双方推举的人员担任。

第十一条 劳动争议调解组织的调解员应当由公道正派、联系群众、热心调解工作,并具有一定法律知识、政策水平和文化水平的成年公民担任。

第十二条 当事人申请劳动争议调解可以书面申请,也可以口头申请。口头申请的,调解组织应当当场记录申请人的基本情况、申请调解的争议事项、理由和时间。

第十三条 调解劳动争议,应当充分听取双方当事人对事实和理由的陈述,耐心疏导,帮助其达成协议。

第十四条 经调解达成协议的,应当制作调解协议书。

调解协议书由双方当事人签名或者盖章,经调解员签名并加盖调解组织印章后生效,对双方当事人具有约束力,当事人应当履行。

第六章 劳动争议法律风险防范

> 自劳动争议调解组织收到调解申请之日起十五日内未达成调解协议的,当事人可以依法申请仲裁。
> 第十五条 达成调解协议后,一方当事人在协议约定期限内不履行调解协议的,另一方当事人可以依法申请仲裁。
> 第十六条 因支付拖欠劳动报酬、工伤医疗费、经济补偿或者赔偿金事项达成调解协议,用人单位在协议约定期限内不履行的,劳动者可以持调解协议书依法向人民法院申请支付令。人民法院应当依法发出支付令。

发生劳动争议,员工可以与企业协商,也可以请工会或者第三方共同与企业协商,达成和解协议。

(一)企业设立劳动争议调解委员会

企业应当设立劳动争议调解委员会,以便及时解决企业与员工之间的劳动争议,建立和谐、良好的劳动关系,但企业不是必须设立劳动争议调解委员会。

1. 劳动争议调解委员会的组成

企业劳动争议调解委员会在企业职工代表大会领导下,负责调解本企业内劳动争议的群众组织。调解委员会由职工、企业行政代表和企业工会委员会代表组成。职工代表由职工代表大会或者职工大会推举产生,企业行政代表由企业行政方面指定,工会代表由企业工会委员会指定。调解委员会主任由调解委员会在其成员中选举产生,其办事机构设在企业工会。没有建立工会组织的企业,调解委员会设立及组成,由职工代表和企业代表协商决定。调解委员会的调解不是解决劳动争议的必经程序。

2. 劳动争议调解委员会的主要职责

(1)及时依法调解该企业内发生的劳动争议。

(2)检查、督促争议双方当事人履行达成的调解协议。

(3)对员工进行劳动法律、法规的宣传教育,做好劳动争议的预防工作。

(二)劳动争议调解的原则

劳动争议调解委员会调解劳动争议应当遵循图6-1所示原则。

| 自愿原则 | 即调解劳动争议应当遵循当事人双方自愿的原则。自愿是调解的前提,当事人任何一方不愿调解,调解就无法进行,自愿是调解达成协议的必要条件,当事人不自愿就无法达成调解协议。自愿原则包括了申请调解必须双方自愿、调解协议的达成必须双方当事人自愿、调解协议的履行必须双方当事人自愿,故劳动争议调解委员会调解必须遵守当事人双方自愿的原则,对任何一方都不得强迫 |

图6-1

图 6-1　调解劳动争议的原则

（三）劳动争议调解的步骤

劳动争议调解的步骤如图 6-2 所示。

图 6-2　劳动争议调解的步骤

1. 申请与受理

（1）劳动争议调解申请的范围如图 6-3 所示。

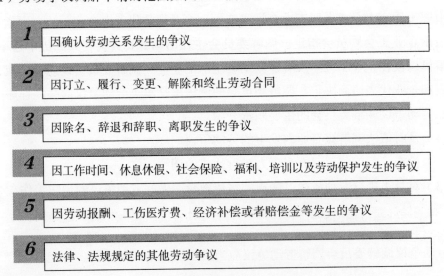

图 6-3　劳动争议调解申请的范围

（2）调解组织。

① 企业劳动争议调解委员会。

② 依法设立的基层人民调解组织。

③ 在乡镇、街道设立的具有劳动争议调解职能的组织。

企业劳动争议调解委员会由职工代表和企业代表组成。职工代表由工会成员担任或者由全体职工推举产生，企业代表由企业负责人指定。企业劳动争议调解委员会主任由工会成员或者双方推举的人员担任。

（3）申请期限。当事人申请调解，应当自知道或者应当知道其权利被侵害之日起30日内，以口头或书面形式向调解委员会提出申请，并填写《劳动争议调解申请书》。

（4）申请劳动争议调解的条件。申请劳动争议调解必须符合图6-4所示条件。

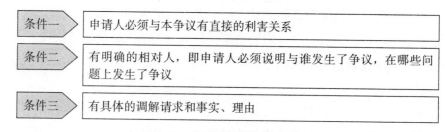

图6-4 申请劳动争议调解的条件

2. 审查

（1）审查申请调解的争议是否属于劳动争议，不是劳动争议的，不予受理。

（2）调解委员会接到调解申请后，应征询对方当事人的意见，对方当事人不愿调解的，应做好记录，在3日内以书面形式通知申请人。

（3）对已经过仲裁裁决或法院判决的，调解委员会不应受理，应当告知当事人按照申诉办理。调解委员会应在4日内做出受理"受理案件通知书"或不受理申请"不予受理通知书"的决定，对不受理的，应向申请人说明理由。

3. 调查核实

劳动争议调解组织对决定受理的案件，应及时指派调解员对争议事项进行全面调查核实，应做"调查笔录"，并由调查人签名或盖章。调查工作一般包括以下内容。

（1）弄清争议的基本事实，即劳动争议产生的原因、发展过程、争议的焦点等。

（2）了解与争议有关的劳动法律法规及劳动合同的规定，为判断争议的是非曲直和确定当事人的责任提供准确的法律依据。

（3）对调查得到的材料进行综合分析研究，并结合劳动法规的有关规定，判明是非，分析双方各自应承担的责任，拟定调解方案和调解意见。

（4）召开调解员会议，通报调查情况，讨论确定调解方案，在统一认识的基础上确定调解意见。

（5）指定调解委员会成员与劳动争议当事人谈话，宣传有关劳动法律法规，提出正确对待调解的要求，通过宣传法律知识及对当事人做耐心细致的思想工作，为调解奠定良好的思想基础。

4.组织调解

调解程序如下。

（1）书记员向会议主持人报告到会人员情况。

（2）会议主持人宣布会议开始并宣读申请调解的争议事项、会议纪律和当事人应持的态度。

（3）听取双方当事人对争议的陈述和意见，询问有关案件、核准事实。

（4）公布核实、的情况和调解意见，征求双方当事人的意见。

（5）依据事实和法律及劳动合同的约定促使双方当事人协商达成协议。不管是否达成协议都要记录在案，当事人核对后签字。

5.调解终结

调解终结的具体方式如下。

（1）当事人自行协调。在调解或仲裁过程中，当事人双方可以自行协商，达成协议，劳动争议的调解即行结束。

（2）当事人撤回申请"撤回调解申请书"。如果当事人在调解过程中撤回自己的调解申请，调解委员会应当准许，并终结调解。在调解过程中，当事人有权拒绝调解，这时调解委员会应当尊重当事人的权利，终止调解。

（3）当事人经调解达成调解协议。经调解达成调解协议的，制作"调解协议书"，各方当事人应当自觉履行。

（4）当事人在法定期限内未能达成调解协议，调解不成，自动终止。

（5）调解委员会调解劳动争议，应当自当事人申请调解之日起30日内结束。到期未结束的，视为调解不成。调解不成的，应做记录并在调解意见书上说明情况，由调解委员会主任签名、盖章，并加盖调解委员会印章，调解协议书一式3份（争议双方当事人、调解委员会各1份）。

四、仲裁

《劳动争议调解仲裁法》"第二章　仲裁"（略）。

企业被员工申请劳动仲裁只是解决劳动纠纷的一种法定方式，被申请、申请都是法定的权利与程序义务。

（一）劳动仲裁对公司有什么影响

根据《劳动合同法》及《劳动争议调解仲裁法》规定，劳动仲裁是解决公司与员工之间发生劳动争议的合法途径。该劳动仲裁裁决结果并不属于行政处罚行为，劳动仲裁案件本身的客观存在并不会影响公司的上市。

劳动仲裁的申请事项，大部分与经济相关，并且除了正常应当支付给劳动者的费用之外，可能还会产生经济补偿金、赔偿金或者双倍工资之类的，具有惩罚性的费用支出；如果用人单位败诉，最直接的影响就是，需要付出更多的经济成本。

劳动纠纷发生后，对企业的形象也是一种负面的影响。现在的网络发达，发生劳动纠纷后，劳动者可能在网上各种渠道发布企业的负面消息，这对企业以后的用人、企业信用，都会造成不可估量的影响。所以企业应规范管理，在发生劳动纠纷后，能协商处理的，尽量协商处理。

（二）劳动仲裁的基本程序

劳动仲裁的基本程序图 6-5 所示。

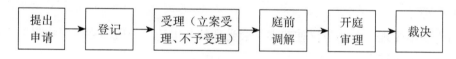

图 6-5 劳动仲裁的基本程序

1. 提出申请

（1）申请仲裁时效。劳动争议申请仲裁的时效期间为一年。仲裁时效期间从当事人知道或者应当知道其权利被侵害之日起计算。

（2）申请仲裁提交的材料。申请仲裁提交的材料如表 6-3 所示。

表 6-3 申请仲裁提交的材料

序号	申请人	应提交的材料
1	劳动者	（1）"劳动仲裁申请书"（详细陈述申诉理由和要求，提交正本一套，并按被申请人数提供副本） （2）申请人身份证明复印件一份 （3）有委托代理人的，需提交"授权委托书"一份，注明委托事项；委托公民代理的，还应提交委托代理人的身份证复印件 （4）被申请人工商注册登记资料（机读资料或被申请人营业执照复印件）一份 （5）附证据清单，证据中一般应包括证明存在劳动关系的资料，如劳动合同书、工作证、厂牌、工卡、工资表（单）、入职登记表（报名表）、押金收据、社会保险缴费清单、考勤记录、奖惩通知、解除（终止）劳动关系的通知（证明）等当事人应提供证据正本一套，并按照被申请人数提供副本

续表

序号	申请人	应提交的材料
2	申请人为10人以上，并有共同请求的，可以推举代表参加仲裁活动	除提交第一类（1）～（5）项资料外，申请人可推举1～3名代表，并提交全体申请人签名的"授权书"。其中属欠薪的员工集体争议案件，申请人还需提交按月列明的拖欠金额明细表
3	用人单位	（1）"营业执照"副本（复印件） （2）"法定代表人（主要负责人）身份证明书" （3）有委托代理人的，需提交"授权委托书"一份，注明委托事项 （4）证据附证据清单，参见第一类"劳动者"第（5）项要求

2. 登记

劳动争议仲裁委员会收到仲裁申请之日起五日内，认为符合受理条件的，应当受理，并通知申请人；认为不符合受理条件的，应当书面通知申请人不予受理，并说明理由。对劳动争议仲裁委员会不予受理或者逾期未做出决定的，申请人可以就该劳动争议事项向人民法院提起诉讼。

3. 受理

（1）立案受理。劳动争议仲裁委员会受理仲裁申请后，应当在五日内将仲裁申请书副本送达被申请人。

被申请人收到仲裁申请书副本后，应当在十日内向劳动争议仲裁委员会提交答辩书。劳动争议仲裁委员会收到答辩书后，应当在五日内将答辩书副本送达申请人。被申请人未提交答辩书的，不影响仲裁程序的进行。

（2）不予受理。劳动争议仲裁委员会收到仲裁申请之日起五日内，认为符合受理条件的，应当受理，并通知申请人；认为不符合受理条件的，应当书面通知申请人不予受理，并说明理由。对劳动争议仲裁委员会不予受理或者逾期未做出决定的，申请人可以就该劳动争议事项向人民法院提起诉讼。

4. 庭前调解

（1）仲裁庭在做出裁决前，应当先行调解。调解达成协议的，仲裁庭应当制作调解书。

（2）调解书应当写明仲裁请求和当事人协议的结果。调解书由仲裁员签名，加盖劳动争议仲裁委员会印章，送达双方当事人。调解书经双方当事人签收后，发生法律效力。

（3）调解不成或者调解书送达前，一方当事人反悔的，仲裁庭应当及时做出裁决。

5. 开庭审理

（1）仲裁庭的组成。仲裁庭由三名仲裁员组成，设首席仲裁员。简单劳动争议案件可以由一名仲裁员独任仲裁。

劳动争议仲裁委员会应当在受理仲裁申请之日起五日内将仲裁庭的组成情况书面通知当事人。

> **小提示**
>
> 根据《劳动争议调解仲裁法》第三十三条的规定,仲裁员有下列情形之一的,应当回避,当事人也有权以口头或者书面方式申请其回避。
> (1) 是劳动争议当事人或者当事人近亲属的。
> (2) 与劳动争议有利害关系的。
> (3) 与劳动争议当事人有其他关系,可能影响公正仲裁的。
> 劳动争议仲裁委员会对回避申请应当及时做出决定,并以口头或者书面方式通知当事人。
> 《劳动争议调解仲裁法》在保留以上规定的同时,增加了仲裁员应当回避的情形。
> (1) 仲裁员是本案代理人的近亲属的。
> (2) 与本案代理人有其他关系,可能影响公正裁决的。
> (3) 私自会见当事人、代理人,或者接受当事人、代理人的请客送礼的。
> 对于在劳动争议仲裁中,如果发现仲裁员与申请仲裁的员工有以上情况,企业要行使自己的权利,申请仲裁员回避。

(2) 延期开庭。仲裁庭应当在开庭五日前,将开庭日期、地点书面通知双方当事人。当事人有正当理由的,可以在开庭三日前请求延期开庭。是否延期,由劳动争议仲裁委员会决定。

(3) 鉴定。仲裁庭对专门性问题认为需要鉴定的,可以交由当事人约定的鉴定机构鉴定;当事人没有约定或者无法达成约定的,由仲裁庭指定的鉴定机构鉴定。

(4) 撤诉。申请人收到书面通知,无正当理由拒不到庭或者未经仲裁庭同意中途退庭的,可以视为撤回仲裁申请。还有和解撤诉,需提交撤诉申请书。

(5) 审理期限。仲裁庭裁决劳动争议案件,应当自劳动争议仲裁委员会受理仲裁申请之日起四十五日内结束。案情复杂需要延期的,经劳动争议仲裁委员会主任批准,可以延期并书面通知当事人,但是延长期限不得超过十五日。逾期未做出仲裁裁决的,当事人可以就该劳动争议事项向人民法院提起诉讼。

(6) 先予执行。先予执行的条件:追索劳动报酬、工伤医疗费、经济补偿或者赔偿金的案件;当事人之间权利义务关系明确;不先予执行将严重影响申请人的生活。先予执行要出具"先予执行申请书"。

6. 裁决

(1) 审理期限。仲裁庭裁决劳动争议案件,应当自劳动争议仲裁委员会受理仲裁申请之日起四十五日内结束。案情复杂需要延期的,经劳动争议仲裁委员会主任批准,可以延期并书面通知当事人,但是延长期限不得超过十五日。逾期未做出仲裁裁决的,当事人可以就该劳动争议事项向人民法院提起诉讼。

仲裁庭裁决劳动争议案件时,其中一部分事实已经清楚,可以就该部分先行裁决。

(2)裁决先予执行。仲裁庭对追索劳动报酬、工伤医疗费、经济补偿或者赔偿金的案件,根据当事人的申请,可以裁决先予执行,移送人民法院执行。

仲裁庭裁决先予执行的,应当符合的条件为:当事人之间权利义务关系明确,不先予执行将严重影响申请人的生活。

员工申请先予执行的,可以不提供担保。

(三)劳动仲裁的结果企业不执行有什么后果

根据《中华人民共和国劳动法》和《劳动争议调解仲裁法》中的相关规定:仲裁庭做出裁决后,应当制作裁决书,送达双方当事人。当事人对仲裁裁决不服的,自收到裁决书之日起十五日内,可以向人民法院起诉;期满不起诉的,裁决书即发生法律效力。当事人对发生法律效力的裁决书,应当依照规定的期限履行。一方当事人逾期不履行的,另一方当事人可以申请人民法院强制执行。

如果劳动仲裁裁决已经生效,可是企业拒不执行,员工可以向法院申请强制执行,申请的费用根据《诉讼费用交纳办法》第十四条的规定缴纳,都由企业承担。

如果企业拒不执行仲裁结果,还可以对企业处以罚款,对于企业主要负责人可以处以拘留的处罚措施。申请强制执行中,产生的如伙食费、交通费、律师费、电信费等各项费用,可以向被执行人——企业主张。

(四)劳动仲裁不服是否可以起诉

1. 企业不服也不能起诉的案件

对于下列一裁终局的案件,企业不服也不能起诉。

(1)追索劳动报酬、工伤医疗费、经济补偿或者赔偿金,不超过当地月最低工资标准十二个月金额的争议。

(2)因执行国家的劳动标准在工作时间、休息休假、社会保险等方面发生的争议。

2. 企业不服可以起诉的情形

尽管企业不服也不能起诉,但有证据证明仲裁庭有违法的情形,可以自收到仲裁裁决书之日起三十日内向劳动争议仲裁委员会所在地的中级人民法院申请撤销裁决。

(1)适用法律、法规确有错误的。

(2)劳动争议仲裁委员会无管辖权的。

（3）违反法定程序的。

（4）裁决所根据的证据是伪造的。

（5）对方当事人隐瞒了足以影响公正裁决的证据的。

（6）仲裁员在仲裁该案时有索贿受贿、徇私舞弊、枉法裁决行为的。

> **法规链接**
>
> 《劳动争议调解仲裁法》第四十九条 用人单位有证据证明本法第四十七条规定的仲裁裁决有下列情形之一，可以自收到仲裁裁决书之日起三十日内向劳动争议仲裁委员会所在地的中级人民法院申请撤销裁决。
>
> （一）适用法律、法规确有错误的。
>
> （二）劳动争议仲裁委员会无管辖权的。
>
> （三）违反法定程序的。
>
> （四）裁决所根据的证据是伪造的。
>
> （五）对方当事人隐瞒了足以影响公正裁决的证据的。
>
> （六）仲裁员在仲裁该案时有索贿受贿、徇私舞弊、枉法裁决行为的。
>
> 人民法院经组成合议庭审查核实裁决有前款规定情形之一的，应当裁定撤销。
>
> 仲裁裁决被人民法院裁定撤销的，当事人可以自收到裁定书之日起十五日内就该劳动争议事项向人民法院提起诉讼。

> **小提示**
>
> 员工不服一裁终局的案件，可以自受到劳动仲裁裁决书之日起15内向法院起诉。
>
> 除上述一裁终局的案件外，对其他所有劳动争议案件仲裁裁决不服的，企业和员工都可以自收到仲裁裁决书之日起15日内向人民法院提起诉讼；期满不起诉的，裁决书发生法律效力。

五、劳动争议诉讼

劳动争议诉讼，是处理劳动争议的最终程序，它通过司法程序保证了劳动争议的最终彻底解决。

（一）起诉要件及内容

起诉必须符合图6-6所列条件。

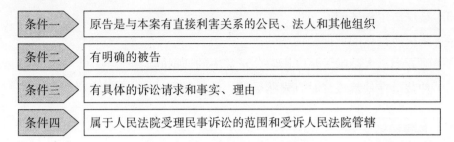

图 6-6 起诉必须符合的条件

起诉应当向人民法院递交起诉状，并按照被告人数提出副本。

原告应预交案件受理费，如申请缓交、减交、免交的，要提出书面申请，并附有特困证明或其他材料等。

当事人必须依法正确地行使诉讼权利，按法院的要求提供必须提供的诉讼材料。

（二）劳动争议的起诉管辖

劳动争议案件由用人单位所在地或者劳动合同履行地的基层人民法院管辖，劳动合同履行不明确的，由用人单位所在地的基层人民法院管辖。

对公民提起的民事诉讼，由被告住所地人民法院管辖；被告住所地与经常居住地不一致的，由经常居住地人民法院管辖。对法人或者其他组织提起的民事诉讼，由被告住所地人民法院管辖。

（三）提起诉讼的时间

（1）自收到仲裁裁决书之日起 15 日内向人民法院提起诉讼；期满不起诉的，裁决书发生法律效力。

（2）不服终局裁决的：自收到仲裁裁决书之日起 30 日内向劳动争议仲裁委员会所在地的中级人民法院申请撤销裁决。

（四）诉讼的步骤

1. 确定侵权类型

确定是什么类型的侵权，侵权造成的损害有哪些。

2. 收集证据

举证范围如表 6-4 所示。

表 6-4 举证范围

序号	类别	举证范围
1	一般情况	（1）劳动关系的证明，如双方所签订的劳动合同，聘用、雇佣关系的证明，未签订劳动合同的应提供工作起止日期及相关证明或者当事人其他协议等证明材料 （2）公民应提供居民身份证明；法人或者其他组织应提供营业执照、法定代表人身份证明或者负责人身份证明
2	因涉及企业开除、除名、辞退职工而引起的劳动争议的	（1）企业开除、除名、辞退职工的决定通知等 （2）涉及培训费的，用工单位必须提供支付培训费的具体依据及必须服务期限等
3	追索劳动报酬的	提供劳动起止日期，所欠劳动报酬的具体数额等有关证据
4	劳动保险、劳动保护引起的劳动争议的	（1）企业交纳养老保险金、住房公积金的有关证据等 （2）职工的工资奖金情况 （3）职工伤势鉴定及医疗费单据等

3. 找准管辖法院

劳动争议案件由用人单位所在地或者劳动合同履行地的基层人民法院管辖，劳动合同履行不明确的，由用人单位所在地的基层人民法院管辖。

对公民提起的民事诉讼，由被告住所地人民法院管辖；被告住所地与经常居住地不一致的，由经常居住地人民法院管辖。对法人或者其他组织提起的民事诉讼，由被告住所地人民法院管辖。

4. 准备材料

劳动争诉起诉的材料如图 6-7 所示。

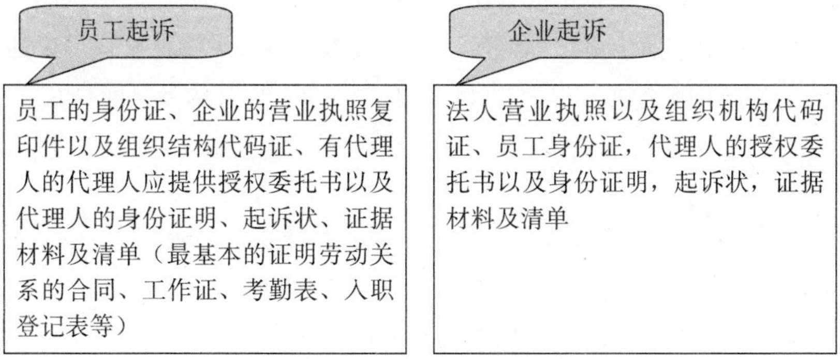

员工起诉：员工的身份证、企业的营业执照复印件以及组织结构代码证、有代理人的代理人应提供授权委托书以及代理人的身份证明、起诉状、证据材料及清单（最基本的证明劳动关系的合同、工作证、考勤表、入职登记表等）

企业起诉：法人营业执照以及组织机构代码证、员工身份证，代理人的授权委托书以及身份证明，起诉状，证据材料及清单

图 6-7 劳动争诉起诉的材料

5. 起诉和受理

人民法院收到起诉状或者口头起诉后进行审查，认为符合起诉条件的，应当在 7 日内立案，并通知当事人；认为不符合起诉条件的，应当在 7 日内裁定不予受理；原告对裁定不服的，可以提起上诉。

6. 审判

（1）一审

① 审理前的准备。正式审理之前人民法院还要做一些准备工作，比如向被告发送起诉状副本，组成合议庭，开展调查或委托调查，通知当事人参加诉讼等。

② 开庭审理。法庭调查时，按当事人陈述、证人作证、出示证言书证等证据、宣读鉴定结论和勘验笔录的顺序进行。进入法庭辩论后，先由原告及其诉讼代理人发言，然后由被告及其诉讼代理人答辩，再由各方相互辩论。辩论之后由审判长按照原告、被告、第三人的先后顺序征询各方最后意见。

③ 依法做出判决。判决前能够调解的，还可以进行调解，调解不成的，应当及时判决。

（2）二审。当事人不服一审判决的，可依法提起二审程序。但须在一审判决书送达之日起 15 日内向上一级人民法院提起上诉。上诉状应当写明当事人的姓名、法人名称及法定代表人的姓名，原审人民法院名称、案件编号和案由，上诉的请求和理由。上诉状应通过原审人民法院提交，并按对方当事人或代表人的人数提交副本。二审人民法院做出的判决为终审判决。

（3）审判监督。当事人也可以申请再审，但须在判决发生法律效力后两年内提出。

六、企业如何应对劳动仲裁与诉讼

根据统计，在实践中企业在劳动仲裁与诉讼中败诉率居高不下，有的地区劳动仲裁案件用人单位败诉率竟高达 80%，有的企业是打一个劳动官司，就赔偿一个，再打一个，又赔偿一个。这种现状也成为困扰企业的最大难题。通过总结，如果企业能做到"事前预防，事中应对，事后总结"这三点要求，将大大降低企业用工的劳动法律风险，让企业立于不败之地。

（一）事前预防

"事前预防"是打好劳动仲裁与诉讼的基础。具体防范措施如下。

（1）完善企业的规章制度，确保员工手册与规章制度合法有效。

（2）企业各部门要加强配合，加强员工考核，收集证据。

（3）完善企业的制度设计，包括考勤管理、工资结构等。

（4）完善员工档案管理，规避劳动争议中不能提供证据的责任。

《中华人民共和国劳动争议调解仲裁法》第六条规定："与争议事项有关的证据属于用人单位掌握的，用人单位应当提供；用人单位不提供的，应当承担不利后果。"对于这一点，企业应该具体采取以下措施来防范。

① 企业必须重视并完善员工档案管理工作。比如，企业制定的规章制度、员工的档案材料、考勤记录、工资发放记录、交纳社会保险记录、绩效考核记录、奖惩记录等。尤其是当这些档案记录对企业有利时，更要注意收集、保管。

② 建立健全档案借阅制度也很重要，防范借后不还或遗失。

③ 要注意一些细节问题。比如，档案室要能与其他部门尽量分开，最好是独立分室，避免人员随意进出；防止公章私盖；档案保管人员本人的档案比如劳动合同等不能由其本人保管等。

（二）事中应对

1. 企业应积极应对仲裁与诉讼，避免不重视

目前实践中，企业在劳动仲裁案件中败诉率高，单位对仲裁案件不重视也是一个根本原因。有的单位甚至认为员工属于无理取闹，仲裁根本不用理，有的连开庭都不去，这最终导致仲裁委的缺席判决，可想而知，这样的判决结果对单位肯定是不利的。

2. 寻求专业劳动法律师帮助，全面了解仲裁的法律风险，知己知彼

由于劳动案件的特殊性，企业与员工在庭上，往往是"针尖对麦芒"，对抗性非常强，很多案件往往从劳动仲裁、一审、二审，有些甚至在高级人民法院再审，但案件要区分特殊性，企业在面对劳动纠纷案件时，最先应该做的是先让专业的律师对案件进行一个全方位的分析，然后区分情况处理。

如果经过专业法务看过，案件确实是单位证据不足，诉讼风险很高，赔偿可能性很大，那么单位就不如在仲裁委/法院组织下进行调解，以把诉讼的风险降到最低，以免造成更大的损失。如果经过专业法务看过，认为单位证据充足，诉讼风险低的，则可以继续按程序走下去。

通过这一程序，可以有效帮助企业加强处理案件的主动性，降低诉讼风险，避免不必要的麻烦。

3. 对"一裁终局"的案件应请律师把关

一裁终局制仅限用人单位，用人单位在部分案件中一旦在仲裁阶段败诉，将可能失去通过法院再审的可能性。这就要求企业首先必须重视劳动仲裁，并做好充分准备。以前那种认为劳动仲裁只是走个形式，等到法院阶段才是真正开始审理的想法必须改变。另外，对于一裁终局的案件，企业在仲裁阶段应聘请专业律师把关、设计应对思路将显得尤为重要。

4. 依法对追索劳动报酬等裁决申请撤销

企业应根据《劳动争议调解仲裁法》第四十九条规定，自收到仲裁裁决书之日起三十日内向劳动争议仲裁委员会所在地的中级人民法院申请撤销裁决。

以上几点是企业面对劳动案件"事中应对"的处置，在仲裁与诉讼发生后，企业

应当积极应对,通过专业律师的专业意见,区分不同的情况,采取不同的诉讼策略,以将企业的用工风险降到最低。

(三)事后总结

"事后总结"即企业查缺补漏以规避风险。

1. 通过发生了的诉讼仲裁案件,查找到企业的管理漏洞,及时改善

企业在诉讼仲裁案件中,通过员工的诉讼抗辩,找到企业管理中的漏洞,进而改善自己。比如,有的员工提出规则制度没有书面告知,没有经过民主程序,这些都可以及时进行修正,进而完善。

2. 完善人力资源的配置,加强人力资源的管理

很多企业对人力资源不重视,有的让行政人员兼任,有的让法务人员兼任。但随着企业规模的不断壮大,人力资源的工作将越来越多,企业在劳动用工方向将面临越来越多的法律风险,在这种情况下,如果企业配备专业人员来做这一领域的事情,可以规避各种各样的法律风险。